教育部人文社会科学研究一般项目
"小学教师德育素养的结构要素与培育机制研究"
（编号:19YJA880023）的最终成果

新时代小学教育专业建设与小学教师教育研究丛书
丛书主编：刘慧

师德发展新走向
小学教师德育素养研究

李敏　等著

天津出版传媒集团
天津人民出版社

图书在版编目（ＣＩＰ）数据

师德发展新走向：小学教师德育素养研究 / 李敏等
著. -- 天津：天津人民出版社，2023.12
（新时代小学教育专业建设与小学教师教育研究丛书 /
刘慧主编）
ISBN 978-7-201-19985-6

Ⅰ.①师… Ⅱ.①李… Ⅲ.①德育—教学研究—小学
Ⅳ.①G621

中国国家版本馆 CIP 数据核字(2024)第 006388 号

师德发展新走向：小学教师德育素养研究
SHIDE FAZHAN XIN ZOUXIANG:XIAOXUE JIAOSHI DEYU SUYANG YANJIU

出　　版	天津人民出版社
出 版 人	刘　庆
地　　址	天津市和平区西康路35号康岳大厦
邮政编码	300051
邮购电话	（022）23332469
电子信箱	reader@tjrmcbs.com
责任编辑	武建臣
装帧设计	汤　磊
印　　刷	天津新华印务有限公司
经　　销	新华书店
开　　本	710毫米×1000毫米　1/16
印　　张	17
插　　页	2
字　　数	220千字
版次印次	2023年12月第1版　2023年12月第1次印刷
定　　价	79.00元

新时代小学教育专业建设与小学教师教育研究丛书

序

新时代中国小学教育专业如何建设？面向未来的小学教师如何培养？这是当代小学教师教育者必须要回应的时代之问。本套丛书是我们——首都师范大学初等教育学院迎接新挑战、抓住新机遇、乘势而上的实践探索与理论研究答卷。

我国小学教师中师培养的历史已有百年，而本科层次培养的历史却很短。首都师范大学初等教育学院，作为我国小学教师本科培养的首批单位之一，其建设发展的历程，也是当代中国小学教育专业建设与小学教师本科层次培养历程的"缩影"。在"十四五"开局之年，面向未来的教师教育改革与创新，我们认为，有必要将我们在小学教师教育理论研究与实践探索过程中的一些重要事件、主要成果整理出版，通过回顾历史来把握当下、创造未来，也为推动具有中国特色的小学教师教育体系、世界先进水平的小学专业建设贡献我们的微薄之力。

首都师范大学初等教育学院，1999年由两所中师——具有百年历史的通州师范学校和颇具影响力的北京第三师范学校合并升格成立，至今走过了22年的发展历程。在此期间，经历了学院文化的大学化、小学教育专业性质的定位、小学教育专业人才培养模式的形成与发展、初等教育学学科建设的确立与起步等至关重要的发展阶段与事件；并在国家一系列教师教育政策的指引下得以迅速发展,取得了显著成绩,被誉为全国小学教育专业的"领头雁""带头羊"。在此过程中的关键事件,可以分为三类。

一、关于小学教育专业建设的政策、项目与成效

在 20 年时间里,对小学教育专业建设产生重要而深远影响的国家政策与项目主要有以下几个:

2007 年,教育部评选国家级特色专业,我校和上海师范大学小学教育专业首批入选。这是建立不足 10 年的高师小学教育专业得到国家认可与重视的"信号",是对全国小学教育界(简称"小教界")的莫大鼓舞。一些省市也相继开展特色专业评选活动,小教界有多家单位入选,由此开启了我国小学教育专业特色建设的探索之旅。小教界围绕着小学教育专业特色"特"在何处、小学教育专业的核心品质到底是什么等问题进行了深入探索。这是推动我国小学教育专业关注自身性质、特色建设,注重内涵发展的重要力量。

2011 年,根据《教育部 财政部关于"十二五"期间实施"高等学校本科教学质量与教学改革工程"的意见》和《关于启动实施"本科教学工程""专业综合改革试点"项目工作的通知》,我校于 2012 年组织申报"高等学校专业综合改革试点"项目,我院小学教育专业的申报得到了学校的支持并获得立项。经过 3 年的建设,完成了"以人才培养质量为核心,进一步改革人才培养模式,凝练人才培养特色,为小学输送优秀教育工作者,在全国小学教师教育院系中起到引领和示范作用"的建设目标,实现了人才培养模式、教学团队建设、新课程体系建设等具体目标,开启了我院小学教育专业综合改革之路。

2017 年,我校接受北京市教委对高校本科专业审核评估。我们通过撰写"本科教学工作审核评估汇报报告",从学院发展概况、办学特色、人才培养目标的实现、质量保障体系建设、存在的问题与努力方向、建设规划等六个方面认真梳理了建院以来的教学工作,为日后申报一流专业建设点和撰写

师范专业认证自评报告打下了坚实基础。

同年,北京市属高校一流专业建设工作启动,我院小学教育专业入选首批一流专业建设单位。2018年5月,我们组织骨干教师团队,研究并依据一流专业建设的具体要求,对我院小学教育专业建设现状、专业建设存在的问题、专业建设目标、专业建设的主要举措等方面做了进一步的梳理与研究。在此过程中,参与撰写的教师思想观念、思维方式不断发生转变,对一流专业建设的理解不断加强。

2018年9月4日,我院接到通知,被指定为全国小学教育专业认证"打样"单位。依据教育部颁布的《普通高等学校师范类专业认证实施办法(暂行)》,经过两个月的高效工作,我院小学教育、美术学(小学教育)、音乐学(小学教育)接受了教育部师范类专业"联合认证",开启了中国小学教育专业认证的历史,也正如教育部教师工作司任友群司长在认证反馈会上所指出的:"为我国的师范教育发展史留下了浓墨重彩的一笔。"这一过程,不仅仅是完成了专业认证这项工作本身,更是梳理与反思了我院小学教育专业的建设历程,研究与憧憬了小学教育专业的未来发展。

2019年,教育部颁布了《关于实施一流本科专业建设"双万计划"的通知》,我院小学教育专业经过层层选拔,入选了首批"国家级一流本科专业"建设点。这一成绩的取得,得益于前期大量的基础性工作,它不仅是扎实的实践探索,更是针对小学教育专业与小学教师教育的学术研究。可以说,我院小学教育专业能入选首批"国家级一流本科专业"建设点,一路走来,每一步都很坚实,每一步都展现了学院追求卓越、敢为人先的探索与创新精神。2020年,根据学校要求,对照《一流本科专业建设点推荐工作指导标准》科学编制一流本科专业3年建设规划方案,提出了深化专业综合改革的六大主要举措,3年后的成效将使我院小学教育专业建设再上新台阶。

二、关于小学教师教育的政策、项目与成效

2010年，教育部启动教师专业标准研制工作，我院有幸在顾明远先生的指导下开展"小学教师专业标准"研制工作。在一年多的研制过程中，我们认真梳理了各国教师专业标准及其相关标准的有关内容，反思了我院小学教育专业建设经验，整理了我们对小学教育和小学教师教育的研究成果，尤其是对小学教师与中学教师的异同的探析，逐步厘清了小学教师专业标准的理念、维度、领域、基本要求等框架与内容，并完成了《小学教师专业标准解读》的撰写。由此不但进一步推动了小学教师教育研究，而且整体提升了我院教师团队的小学教师教育专业水平，尤其是带动了大学学科教师向小学教育专业教师的转型，为我院的发展提供了强有力的专业教师团队。

2014年，教育部出台《关于实施卓越教师培养计划意见》（称为1.0版），全国小教界共有20家入选，我院小学教育专业是其中一员。如何理解"卓越""卓越教师"的内涵，成为影响卓越教师培养计划实施的关键。对此，我们突破"学科教学"本位的思想与思维"禁锢"，提出卓越小学教师的核心是以"儿童教育"为本，并积极探索培养模式，"一体两翼一基"培养机制，解答了"卓越小学教师应如何培养"的问题。

2019年，正值我院成立20周年，我们积极筹备承办了以"走近·对话·共享——多元取向小学教师教育伦理与实践"为主题的首届"小学教师教育国际会议"，来自中国、芬兰、法国、匈牙利、冰岛、日本、韩国、瑞士、澳大利亚、美国等10个国家102个不同单位（其中包括78所大学）300余位专家学者参加，分享了各国小学教师教育的理念、模式及质量保障机制等，为推进国际多元取向小学教师教育模式的彼此交流，共享过去、现在与未来，做出时代贡献，开启了国际小学教师教育模式跨文化、跨领域、跨时空对话的新篇章。

三、关于课程建设的政策、项目与成效

小学教育专业课程建设，既是小学教育专业建设的重心，也是小学教师培养的主渠道，因此如何构建小学教育专业课程体系成为小学教育专业建设与小学教师教育的关键问题。

2012 年，教育部教师工作司开展"教师教育国家级精品资源共享课"建设项目，我们申报的《小学生品德发展与道德教育》课程入选，经过 3 年的建设，在"爱课网"上线，并于 2015 年出版同名教材，之后又在"中国大学慕课"上线。此课程及教材自上线与出版以来，持续受到小教界同人的关注与使用，尤其是师范类专业认证以来，落实立德树人的根本任务，小学德育课成为小学教育专业的必修课，2020 年，《小学生品德发展与道德教育》课程荣获线上线下混合教学"国家级一流本科课程"。

2013 年，在教育部"专业综合改革试点"项目下，开展小学教育专业课程地图研制工作。依据所提出的小学教师核心素养及其指标体系，创制了小学教育专业课程地图。这是基于小学教师理念、理论的对小学教育专业课程体系的设置，突破了之前课程设置的经验性与随意性过重的现象，首创"333"式课程结构，使专业课程内在逻辑清晰、层次清楚，体现科学性、规范性、系统性；确立了"儿童 & 教育"专业核心课程体系，解决了长期以来该专业核心课程不明的理论难题，实现了课程设置"精致化"，在小教界兼具开创性和示范性。

2016 年，教育部颁布《关于组织实施中小学幼儿园教师培训课程标准研制工作通知》，我院承担了"教师培训标准——小学品德与生活（社会）学科教学"研制项目，借此全面深入地研究了小学德育理论与实践及小学德育课程与教学，这一标准研制工作的完成，不仅有利于我院 2019 年在小学教育专业中增设小学德育方向，也为组织开展小学德育学科骨干教师培训打下坚实基础。

总之，高校小学教育专业建设，在我国还是"新事物"，本科层次小学教师培养历史仅有 22 年。在这段历程中，上述所列政策、事件起到了关键作用。本书选取了小学教师教育国际会议、小学教育专业认证、小学教师培养模式、道德与法治课程建设等内容整理出版。未来，我们还将陆续选择影响我国小学教育专业建设与小学教师教育发展的关键事件，进行整理出版。这既是我国小学教育专业建设与小学教师教育研究的现实历程，也是未来的史料；既是鲜活的个案，也是典型的代表；既是实践的呈现，也是理论的贡献。我们愿为此努力付出。

2021 年 9 月 25 日于西钓鱼台嘉园

前　言

　　进入 21 世纪以来,我国基础教育的发展日益增速,职前教师教育的发展与职后师资水平的提升也因此更加受到重视。习近平强调,建设教育强国,基点在基础教育,龙头是高等教育。小学教育是基础教育的重要阵地,其科学化水平也在不断提高,尤其是小学教师专业化发展、专业伦理研究、师德建设与实践等概念或议题已成为研究者们广泛关注和讨论的重要内容。而这些概念或议题均指向了教师德育专业化这一方向。小学教师德育专业化的提升,不仅是落实立德树人根本任务的需要,也是推进教师专业化的首要条件。当前,开展小学教师的德育素养研究是一项具有前沿性和价值性的重要研究工作。

　　近现代教育家陶行知提出过一句流传甚广的名言:千教万教教人求真,千学万学学做真人。赫尔巴特在《普通教育学》中也曾提出过一个著名的观点:没有无教学的教育,也没有无教育的教学。这两位中外教育家的醒世名言都在表达一个最朴素的教育真理,教书和育人是浑然一体的。在我国传统教育伦理思想中也有诸多此类论点。《礼记》曾曰:"师也者,教之以事而喻诸德也。"《劝学》有言:"方其人之习君子之说,则尊以遍矣,周于世矣。故曰:学莫便乎近其人。"不难看出,古今中外,师者,亦是仁者。本研究对小学教师德育素养的关注与讨论,也正是新时代师者形象和师者价值的再聚焦与再思考。

有别于传统师德研究,本研究所关心的教师德育素养更多是从小学教师的育人需要出发,探究小学教师究竟应具有怎样的育人态度和育人能力。研究紧紧围绕"小学教师的德育素养是什么?""可能的结构和内容会是什么?""小学教师的德育素养是否能在职前教师教育中有所关注和养成?"这三个核心问题展开论证,主要包括四章内容:

第一章作为研究的理论起点,对小学教师德育素养在国内外的历史发展脉络、政策背景、相关理论和实践经验进行了系统归纳、分析与阐释,在此基础上概括出了新时代小学教师德育素养的理论支点和实践领域,分析了德育素养的主要内容及特质,并初步构建起小学教师德育素养的理论模型。

第二章对该理论模型的结构框架和主要内容进行了实证检验,通过深入北京市小学现场的长期田野调查,借助观察和访谈工具,从教师的实际工作场域出发,从师生交往、家校合作、专业发展三个维度对小学教师的德育素养结构要素进行了实证分析,从而验证并修正、完善了第一章里提出的德育素养理论模型。

第三章通过在北京市 4 所小学的问卷调查和统计分析,对修正后的、完善的德育素养模型进行了较大范围的实践应用,一方面能够调查和分析现实中小学教师的德育素养现状,另一方面也能进一步检验该模型的信度和效度。本章中尤其关注了身处不同专业发展阶段的小学教师在德育素养上的差异性表现,如专业发展水平差异、性别差异、学科差异、职务差异等,并分析影响不同专业发展阶段的小学教师德育素养的主要因素及影响机制,从而对小学教师在德育素养上的变化发展做出较为全面的描述。

第四章深入探讨了在师范教育中系统培养小学教师的德育素养的制约因素和可行机制。该章以北京市某所重点师范院校中开设小学教育专业的学院为例,结合其经历的师范生培养模式和机制,分别从个人层面和组织、制度层面出发,深入探究培养师范生德育素养上面临的主要困境和制约因素,并通过质性分析探讨了能够提升师范生德育素养的若干机制,从而为更好地培养具备深厚的德育素养的小学教师指明了方向。

小学教师德育素养研究意在推进教师专业化和德育专业化。一方面,我们希望各级各类教育部门进一步健全和完善各类教师工作制度;另一方面,我们希望通过理论与实践相结合的方式,让更多的一线教师捕捉和把握住德育素养提升的具体着力点。比如宽泛的爱与公正在教师的教育教学过程中可能延伸出哪些具体的、相关性的道德,以及表征道德的教育行为。我们希望通过细化的指标帮助工作在一线的教师对德育的理解摆脱过去笼统的印象,通过德育素养概念的提出与研究,帮助教师在教育过程中提升育德的责任心和行动力。

目 录

Contents

001 **第一章 小学教师德育素养概述**

002 **第一节 话语与核心:小学教师德育素养的提出
与基础模型**

002 一、教师的德育素养具有相对独立的边界

006 二、"责任心""行动力":教师德育素养的两个
支点

009 三、教师德育素养的三个实践领域

011 **第二节 旨趣与边界:小学教师德育素养的追溯**

011 一、小学教师德育素养研究的时代背景

013 二、小学教师德育素养的概念边界

016 三、部分国家关于小学教师德育素养的政策文本

021 **第三节 假设与推导:小学教师德育素养的核心
要素与特质**

022 一、小学教师职业规定中的"优良道德"

026 二、小学教师专业伦理中的"关键道德"

029 三、小学教师德育素养的特质分析

038　第二章　基于工作领域的小学教师德育素养结构要素研究

　　039　第一节　小学教师德育素养结构要素的研究设计
　　039　　一、小学教师德育素养的工作取向
　　043　　二、工作取向下小学教师德育素养的研究设计

　　048　第二节　小学教师德育素养结构要素的初步建构
　　048　　一、小学教师德育素养结构要素的意义阐释
　　071　　二、小学教师德育素养的基本框架

　　078　第三节　基于工作领域的小学教师德育素养结构要素
　　079　　一、师生交往工作领域中的德育素养
　　097　　二、家校合作工作领域中的德育素养
　　105　　三、专业发展工作领域中的德育素养

　　114　第四节　修正与完善小学教师工作领域的德育素养结构要素
　　114　　一、小学教师工作领域划分的德育素养初步框架
　　115　　二、修正小学教师工作领域的德育素养结构要素
　　120　　三、小学教师工作领域划分的德育素养最终框架

122　第三章　基于不同专业发展阶段的小学教师德育素养研究

　　125　第一节　概念界定与文献综述
　　125　　一、小学教师专业发展阶段
　　129　　二、教师专业发展阶段相关研究

　　138　第二节　研究方法及分析思路
　　138　　一、研究方法与分析模型

140　　　二、变量与测量

144　**第三节　结果分析**

144　　　一、小学教师德育素养的现状分析

150　　　二、各项德育素养的影响因素及机制

167　　　三、不同德育素养指标间的影响机制分析

170　**第四节　总结与建议**

170　　　一、主要研究结论

180　　　二、改进建议

182　　　三、结语

184　**第四章　小学教师德育素养的培育机制研究**

184　　**第一节　小学教师德育素养需要建立培育机制**

185　　　一、小学教师德育素养是教师专业化发展的
　　　　　生长基点

190　　　二、小学教师德育素养培育机制的研究设计

193　　**第二节　小学教师德育素养培育机制的初步建构**

194　　　一、基于德育素养的小学教育人才培养

204　　　二、基于德育素养的教育实践

218　　　三、小学教师德育素养的培育机制的初步构建

220　　**第三节　小学教师德育素养培育机制的完善**

221　　　一、选取专家

221　　　二、确定问题

222　　　三、咨询过程

226　　　四、呈现结果

238　　　五、结语

240　**附　录**

248　**参考文献**

253　**后　记**

第一章

小学教师德育素养概述

近些年来,"专业化""专业素养"等概念在不断精进的教育改革中被教育界广泛讨论。与此同时,教育部于 2012 年颁布了中小学幼儿园教师专业标准(试行),又于 2014 年展开中小学幼儿园教师培训课程标准研制工作,这两项工作进一步推进了对"教师专业化""教师素养"等概念的规范使用和实践路径。研究者及其研究团队作为这两项工作的参与者,切身感受到在推进教师专业化进程中,我国的教育理论、政策与实践均在逐步明晰教师专业化与德育专业化之间的相对边界,这种理论与实践并进互补的发展轨迹有利于我们更完整、更合理地推进教师专业化发展。而"德育专业化"兼具教育研究与实践取向,如何界定和理解"德育素养"是当前一项重要的基础性研究议题。

第一节　话语与核心：小学教师德育素养的提出与基础模型

一、教师的德育素养具有相对独立的边界

　　檀传宝教授早在 2007 年就提出"教师德育专业化"的命题，①他认为，教师作为德育工作者的历史可以划分为三个阶段，第一阶段是德育工作者的未分化时期，其对应的是经验型教育阶段，特征是教育几乎等于德育，"教师即人师"，所有教师都是德育工作者。第二阶段是教师逐步分化为"专门的德育工作者"和"非专门德育工作者"阶段。与之对应的是近现代专业化教育阶段。这一阶段的一般科任教师（非专门德育工作者）常常会误解工作分工，将德育责任完全推诿给所谓的"德育教师"。第三阶段是指向教育专业意义上的教师的"德育专业化"阶段，这一阶段的特征是包括德育教师在内的全体教师都应走向德育专业化。②实践表明，教师德育专业化在近年来有了越来越明确的政策表达和实践运用，这一教育研究的分化与领域化是我国教育专业化发展的重要表征——即我国的教育发展正在从"量"的积累转向"质"的提升，我们不再模糊地对教师专业化提空洞含混的要求，而是依托各教育领域的专业力量进行深度研究、思考与实践，对教师最基础的教学与德育两大素养领域做必要的区分和界定，以让教师在具体的教育实践中能做到纲举目张、有章可循。

　　那么接下来我们希望关心的是，相比人们熟悉的教师教学素养，教师的德育素养究竟指什么？它有哪些相对独立的内容？本书将围绕教师德育素养开展几项关联研究，尝试对这一新的概念和教师专业发展领域做开创性探讨，尤其是进一步聚焦小学教师的德育素养做深入研究。

---

① 檀传宝.德育教师的专业化与教师的德育专业化[J].教育研究,2007(4):32-34.
② 檀传宝.主动回应时代的呼唤:努力推进"教师德育专业化"[J].人民教育,2012(18):8.

（一）教师德育素养强调教育者作为"人"的品质

教师德育素养十分强调教师作为"人"的基本品质与规格。人们常常给予教师的美好期待大抵是出于这种对人品好、人性美的追求，如希望教师能爱无差等；能倾听、尊重、了解学生；能公正地对待学生等。我们从"素养"一词的意涵中也能觉察到古已有之的对教育者"人"之品质的要求。"素养"一词在现代教育中的广泛使用，始于西方学界。尤其是"核心素养（key competencies）"自20世纪90年代由世界经济合作与发展组织（OECD）提出以来，就成为全球范围内教育发展的重要议题。我们在梳理国外文献时发现，当描述学生的"素养"时多会使用"competencies"（常用来指胜任力、能力、竞争力），当描述教师的"素养"时，最常使用的词是"qualities"（常用来指质量、品质、特性）。这种语词使用的差异和习惯表明，"学生素养"更多是指一种学习能力的养成，是一种被期待的学习结果，强调竞争性；而教师素养除了指向一种顺利开展教育活动所需要的师资条件，还传承着自苏格拉底时代起便根深蒂固的"美德即知识"的圣贤教师形象，它重在强调教师的品质和质量。

在认识教师素养时对所持之人品格的要求在古今中外的教育思想中都是相通的，①只不过一直以来，我们没有把这些美好期待规范化作为对教师的要求，只是附加在对"好教师"的描述上，以至于教师作为"人"的基本品质与规格要求并不在实际工作中具有效力。对教师德育素养的讨论将首先把教师作为"人"的基本品质与规格要求从过去可有可无的附加状态中剥离出来，放置在德育专业化的序列中进行研究及寻求政策上的合法化。②

---

① 如，我国从孔子时代传承下来的有教无类思想就是关于对教师"人"之品质的要求。又如，西方社会关于教师发展的经典手册《有效教师的素养》（James H. Stronge. *Qualities of effective teachers.* Association for Supervision and Curriculum Development. Alexandria, Virginia USA. 2007）用第一整章的篇幅讨论了教师作为一个大写的人所应具有的品质。

② 事实上，教师德育素养的政策合法化进程已经开始，这从中小学幼儿园教师专业标准（试行）的文本就可以鲜明地感受到。教师专业标准中使用了"专业理念与师德"的一级内容维度，并在这一维度下讨论了"职业理解与认识""对学生的态度与行为""教育教学的态度与行为""个人修养与行为"，这其中就包含了大量对做一名合格教师提出的"人"的基本品质与规格要求。

（二）教师德育素养更多指向"师—生"这一关系型存在

当前，我们会使用"全员德育""全时空德育"的理念来参与德育实践，那是否便意味着教师的德育素养也是多指向性的、泛化的？审视教师工作所能涉及的形式及内容，教师确实要与不同的对象打交道——文本、教学、管理……；学生、同事、家长……换言之，教育时空里的一切人情世故似乎都与教师工作有着千丝万缕的关系。而所有这些，都会对教师个体有着直接或间接的德育素养需要。尽管如此，在诸多教师的工作关系中，"教师与学生"始终处在舞台的最中心，我们所关心的教师德育素养也更大程度上围绕"师—生"这对关系探讨教师应该拥有的品质和能力。

因此，这里所呈现的教师德育素养模型是一种能够反映师生双方非教学需要和教育性交往特质的关联图（见图1-1）。该关联图意在揭示教师在对学生产生德育影响时所需要的素养结构与内容，以及指出在哪些领域中教师的德育素养会对学生产生引领和影响。

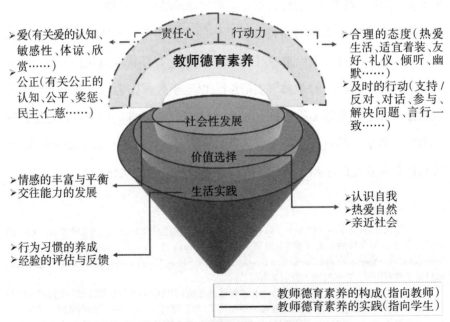

图1-1　教师的德育素养关联图

如图 1-1 所示,责任心和行动力是教师德育素养的两个支点,这两个支点分别对教师提出有关德育知识、情意、行动上的要求。在教师素养的所指上,提出责任心和行动力的一级指标或分类,也是出于对"知、情、意、行"这一德育结构的认同与运用。这里,默认了走上岗位的教师已具有起码的道德知识,但对于丰富多维的教书育人生活和过程,需要教师在情、意、行上付诸更多的心力和行动力。

与此同时,此关联图聚焦"师—生"关系视角来追溯教师德育素养的实践指向,结合"生活实践""价值选择""社会性发展"三个教师对学生施加德育影响的实践领域来进一步的有的放矢地认识教师的德育素养。从各国制定的有关教师专业发展的政策文本中可以看到,这三个教师德育素养的实践领域已在很大程度上达成国际共识。在我国,我们更是通过直接的德育课程改革逐渐清晰了这三个德育工作区域的内容和目标。当前第八轮基础教育课程改革已逐渐将课程和教学的重心由过去强调教师的教转向学生的学。审视当前我国中小学直接德育课程,我们会强烈感受到它的逻辑正是"大德育"逻辑的一个缩影。当前我国初中和小学德育课程内容设置是以学生的生活为主线,以学生不断扩大的生活圈层(自我、家庭、自然、社会、国家、世界)为课程主模块。这种课程逻辑为全体教师的德育工作奠定了良好的认识论基础,同时也让我们更清晰地看到教师德育素养的实践领域与目标——以学生的生活为基础,在此基础上不断回应学生真实的价值问题,进而促进学生的社会性发展。这种基于关系的关联讨论,将会加深我们对教师德育素养的理解和认识。

还需明确的两点是:①关联图中涉及的要素和内容均指向所有教师的德育工作需要,而不是对教师的个人道德做出描述和要求;②关联图中涉及的要素和内容是所有教师应当具有的基本德育素养,而非理想的德育素养目标。

二、"责任心""行动力"：教师德育素养的两个支点

本研究团队曾经在各省市对直接德育课程任课教师和学校的德育工作者做过多轮访谈，[①]最终也证实：在实际发生的德育过程中，"责任心"和"行动力"是最重要的行动依据，对于德育实践中的教师有着方法论高度上的指导意义。

（一）关于责任心

责任心偏重描述所有教师应具备的道德实践品质。人们在讨论德育过程或德育结构时最常使用的就是"知、情、意、行"四要素说，这通常是将道德学习作为起点、以道德实践作为目标来对道德学习者的状态进行界定和阐释的。四要素说对思考教师的德育素养同样具有较强的解释力，但需要我们在定位上认识到教师是道德实践者（言下之意指教师已完成了基础的道德学习）而非初始阶段的道德学习者。因此，这里在讨论教师道德素养时取"道德实践"逻辑而非"道德学习"逻辑，故而将对教师道德认知的要求纳入"责任心"这一道德实践品质的范畴内。在责任心这个支点上，我们提炼出"爱"和"公正"这两项对于教师道德实践的品质要求（有关爱与公正的细致探讨在本章第三节展开）。[②]爱和公正，凝聚了人类与社会之中最强劲的两种需求，它们拥有影响学生当下存在的巨大生命能量，也会在学生未来的社会生活中产生深远的影响。

第一，爱。对于教育世界而言，毋庸置疑，爱是第一属性。从德育素养来审

---

① 课题负责人李敏从 2006—2011 年参与了初中思想品德课程标准研制工作，又于 2014 年至今参与小学品德与生活（品德与社会）教师培训课程标准研制工作，期间用多种形式访谈了一线教师，采集了大量访谈资料。2019 年以来，笔者又带领课题组面向一线教师，开展过多轮焦点访谈及两项调查研究，验证了该基础模型。

② 许多相关研究都高度关注了教师"爱"与"公正"这两种重要品质，并将其列在教师品质的前位。从孔子到韩愈再到陶行知，从亚里士多德到苏霍姆林斯基再到诺丁斯，诸多教育名家均指出教师"爱"与"公正"的重要性。笔者于 2006—2008 年参与的全国师德状况调研也表明，无论是教师问卷还是学生问卷，"爱"与"公正"的教师品质需要均位于前位且不可替代（具体数据见檀传宝等，《走向新师德——师德现状与教师专业道德建设研究》，北京师范大学出版社，2009 年）。

视教师的爱,既是一种情感的期待,更是一种教育的要求。对教师爱的强烈诉求, 也可视为教师德育素养与教学素养最关键的区别——短暂的爱的缺失,或许不会完全阻碍知识的传授;但即使教师在一瞬间收走了爱,那么从实效性上看,德育便没有发生。因此,对于德育实践所需要的教师的爱,我们提出要将之作为一种基本的教育要求来实现。为此,教师应具备有关教师爱的知识、培养爱的敏感性、把握好教师的身份去体谅、欣赏学生……

第二,公正。在人类社会,公正是最基础、最重要的道德,比仁爱、宽恕更为根本。亚里士多德就曾指出:"公正自身是一种完满的德性,它不是笼统一般,而是相关他人的。正因为如此,在各种德性中,人们认为公正是最主要的。……由于有了这种德性,就能以德性对待他人,而不只是对待自身。"①基于此,几乎所有的伦理学都会研究公正问题, 又因为学校在一定意义上也是一个社会,教师在更多时候要面对的是学生集体,所以但凡涉及对教师的要求都会提到公正。公正作为一种重要的德育素养,使得教师能够引领学生适应集体生活,能够在集体生活中不断积累、追求、传递善的力量,帮助学生建立起重要的秩序感。为此,教师应具备有关公正的知识,掌握教育生活中实施公平、奖惩、民主的方法。

在教育世界中,爱和公正可以相通,并不违背。"一个对对象作明智评判的人,也就是个能理解的人,善体谅和具宽容精神的人。因为公正是一切善良的人在与他人的关系中所共有的。"②也正因如此,人们会赋予教师"仁慈"的形象与期待,从某种意义上说,教师的仁慈正是爱与公正的结晶。

(二)关于行动力

行动力偏重描述所有教师应具备的道德实践能力。我们都深感德育工作难做,因为德育工作具有鲜明的在场性、经验性、不确定性和生成性,这更需要教师具有专业的德育行动力。在过去很长一段时间里,我们更多是把教师

---

① [古希腊]亚里士多德,苗力田译.尼各马科伦理学[M].中国社会科学出版社,1990:97.
② [古希腊]亚里士多德,苗力田译.尼各马科伦理学[M].中国社会科学出版社,1990:135.

的德育素养放在个人修养的层面上来看待,做得好的个别老师、个别事件会受到肯定和表扬,但对于更广泛的教师群体,德育素养没有被真正视作合格教师的一项基本素养,也就没有了教育要求上的约束力,这自然会让教师在德育实践上缺少职业驱动和专业指导。于是,低效低能的德育实践从高密度的师生交往那里就开始发生了。为此,在行动力这个支点上,我们提炼出"合理的态度"和"及时的行动"这两项相对笼统的有关教师道德实践的能力要求。态度和行动意在描述人的一类心理势能、习惯和能力,而不仅是一种意识或意愿。从态度和行动上对教师的德育素养提出能力要求,是希望以职业要求为先导赋予教师在德育实践过程中规范、自主的内驱力。梳理国内外有关教师工作的重要文件,[①]合理的态度和及时的行动,包括一些具体的内容,这些具体内容也构成了研究团队在当下和未来多年中会持续研究的对象。

第一,合理的态度。在德育实践中养成对待学生和处理教育事务的合理态度,本就是德育实践能力的重要组成部分。德育实践中教师的合理态度包括:对生活的热爱与理解;适宜的着装;对学生保持友好、适恰的礼仪;倾听学生的需要和表达;具有一定的幽默感。一个保持着合理态度的教师,其自身优质的生命状态就是一种德育资源,师生携手在教育的棋局里下出一盘盘好棋,飞车走马……教师拥有合理的态度,就拥有了一种德育的专业姿态和力量。

第二,及时的行动。在偏重知识讲授的教育世界里,教师的行动力一直不被看重。与此同时,教师面对的是庞大的学生群体,这也是教师愿意发号施令而不愿亲力亲为的重要原因。但古今中外的教育事实表明,"及时的行动"越来越成为现代教师的一项重要能力,从近年来教育现象学成为影响一

---

① 参阅的文本有我国的"中小学幼儿园教师专业标准(试行)"、美国的"教育领导者专业标准:2015"(Professional Standards for Educational Leaders,2015)、英国的"教师标准"(Teachers' Standards:Guidance for school leaders,school staff and governing bodies,2013)、澳大利亚的"教师专业标准"(Australian Professional Standards for Teachers,2014)。

线教师的教育显学就可以感受出来。具体到德育实践,"及时的行动"要求教师做到有支持或反对学生的实际行动;有与学生对话的能力;要积极参与学生的事务和问题解决。此外更重要的一点是,教师要能做到言行一致。及时的行动既是教师的一种实践能力,也应成为教师育人的一种习惯。

三、教师德育素养的三个实践领域

在图 1–1 中,我们看到图 1–1 下方的陀螺体标示出"生活实践""价值选择"和"社会性发展"三个区域,这是教师将学生作为德育对象的三个工作领域,也集中反映出学生道德成长的需要和期待。

第一,生活实践。"回归生活"是这一轮基础教育课程改革的最强音。对教育发展而言,回归生活让人们回归到教育的非工具价值——教育是教人感受生命的存在意义与价值、培养对自然和社会的亲近感和参与能力。"现代教育看重工具价值,因此推行普及化教育,它重视一般的教育形式。然而接受教育的真正价值在于教育的特殊意义——每个心灵都应被赋以教育的结果,懂得生活,具有同情心和毅力的品质。"[①]教育发展从强调"知识教学"走向"生活实践",也反过来说明德育专业化不仅是专业领域发展的细化,同时也是教育顶层设计的一种发展需求。为此,教师需要关心学生的行为习惯养成,帮助学生在待人接物的细微处获得成长;要对学生在教育生活中获得的经验进行恰当评估和反馈,以帮助学生在生活中不断提升自己,积累生活智慧。

第二,价值选择。引导学生进行价值选择是德育工作者的重要职责,然而这个古已有之的责任在当下却显得非常沉重。社会发展的急剧转型、多元文化的对撞、价值观的剧烈变化让教育者深深感到"德育之重""德育之难"。也正因为此,我们把价值选择作为一个相对独立的实践领域提出来,是希望以此让教师认识到引导学生进行价值选择不仅仅是一个德育过程,更是一个

---

① Michael A. Boylan. The ethics of teaching. Great Britain by The Cromwell Press, Trowbridge, Wiltshire. 2005:13–14.

成熟的德育实践领域,它有着特有的方法、主题及目标。为此,教师需要学习和掌握多种价值教育的方法,如价值澄清法、团体公正法等,更为重要的是,教师需要在学生的真实成长中去应对学生的价值困惑,帮助学生在一系列价值冲突的事件中去不断认识自我、热爱自然、亲近社会。有效的价值引导还需要教师加强对时代发展的了解,与时俱进地进行道德学习,从媒介素养到国际理解,不断增强自身的价值敏感性和价值选择力。

第三,社会性发展。人的社会性发展是在学校中被快速推进的,学校作为社会的子系统之一是学生成长的重要社会化环境。在以往的学校教育中,社会性发展的任务未被明确纳入学校教育内容中,它散落在学校的人际交往中并在各项活动中被边际化地实现着。直到第八轮基础教育课程改革,我们才明确提出把促进学生的社会性发展作为德育的重要任务之一。人的社会性发展需要在人际互动中实现,对于教师而言,也就是要在德育实践中帮助学生丰富和平衡情感表达的方式,不断提升人际交往的智慧和能力,进而获得良好社会认知、社会判断的内化品质。

从教师德育素养的两个重要支点入手,再结合学生的三个重要道德成长领域来关联性地认识教师的德育素养,可以让我们更完整、清晰地了解德育素养的构成与实践指向。综上所述,教师只有具备了责任心和行动力,才能在指导学生生活实践、辅助价值引导及促进社会性发展方面富有成效,才能发挥出每一个教师都应具备的德育专业力量。

第二节　旨趣与边界:小学教师德育素养的追溯

一、小学教师德育素养研究的时代背景

(一)政策背景:立德树人的时代要求

长期以来,立德树人一直是我国人才培养的重要理念。立德,指的是一个人要明大德、守公德、严私德,其才方能用得其所;树人,即培养德智体美劳全面发展的社会主义建设者和接班人。党的十八大报告明确指出:把立德树人作为教育的根本任务,培养德智体美全面发展的社会主义建设者和接班人。党的十九大报告指出,"要全面贯彻党的教育方针,落实立德树人根本任务"。要实现"两个一百年"奋斗目标、实现中华民族伟大复兴的中国梦,必须通过教育立德树人,培养大量社会主义建设者和接班人。2018年,《中共中央国务院关于全面深化新时代教师队伍建设改革的意见》的出台进一步为师德建设提供了重要方向与内在动力。党的二十大报告进一步强调,"育人的根本在于立德。全面贯彻党的教育方针,落实立德树人根本任务,培养德智体美劳全面发展的社会主义建设者和接班人"。加强师德建设势在必行,一方面是立德树人的内在要求,另一方面是新时期教师队伍建设的现实需要。近年来教师"失德"等极端事件频发,加强教师队伍师德建设与提升教师职业道德水平刻不容缓。研究明晰中小学教师德育素养的内在结构及具体内容,是立德树人理念在现实中的充分贯彻与落实,也是国家发展的现实需要。

(二)理论背景:教师德育专业化的必然趋势

教师德育专业化是教师专业化发展下的必然产物。自2006年"德育专业化"再次被提出以来,学界开始在教师专业化之下探讨与研究教师的德育专业化。所谓教师德育专业化,即逐步使所有教师具备起码的从事德育工作的专业素养(达到专业标准)。檀传宝教授在探讨教师职业道德向专业道德

转移的历史必然性的基础上指出,教师德育专业化的第一步是建立对所有教师的德育素养专业标准。[①]在教师德育专业化的推动下,人们愈发关注德育专业化理论、教师德育专业化的内涵、制约因素及发展路径等。而教师德育专业化的发展离不开教师专业素养的提升,教师专业素养的重要内核是教师的内在伦理道德,这就需要在教师德育专业化这一重要前提下培养与促进小学教师德育素养。加之近些年,由于个别教师"失德"导致的各类校园事件引起了社会各界广泛的争议,人们开始怀疑教师的专业素养,质疑教师是否具备必要的德育素养。以往的职业道德规范从法律约定、职业约定、社会约定和专业约定四个不同的角度对教师的伦理行为作出了约束,[②]却没有真正走进教师的实际工作,无法对教师形成有效的、具体的工作指导,无法真正实现小学教师的德育专业化。因此,对小学教师德育素养进行研究是促进小学教师德育专业化的核心路径——小学教师在不同工作领域和不同职业发展阶段中所体现的德育素养正是德育专业化的表现,对此进行研究也正顺应了教师德育专业化的发展需要。

(三)实践背景:小学教师亟须德育素养这一专业力量

"古之学者必有师,师者,所以传道授业解惑也。"教师这一角色承担着讲解知识、解决难题、传授道理的重要使命,而小学教师作为小学德育的实施者及重要资源,是小学生成长发展过程中最重要、最直接的影响因素。小学教师作为小学生的重要他人,既要履行"替代父母"的职责,又要充当道德榜样,这就要求小学教师要积极、主动、适切地为小学生精神生命成长提供有效能量,以自身的言行和道德力量为学生提供直接或间接的、有针对性的道德帮助,促进小学生品德养成。[③]小学教师是小学德育的直接实施者,小学

①　檀传宝.德育教师的专业化与教师的德育专业化[J].教育研究,2007,327(4):32-34.
②　刘曼、李敏.小学教师专业伦理建构的国际经验及反思[J].教育科学研究,2022,332(11):84-90.
③　刘慧、李敏等.小学生品德发展与道德教育[M].北京:高等教育出版社,2015:148.

教师具有与生俱来的道德榜样属性,他们自身的言行举止都将对小学生产生或直接或间接的道德影响。因此,小学教师无论是处于哪一专业发展阶段,都应该体现出优质的德育素养,从而借助自身的道德榜样力量来有针对性地促进小学生的品德养成。

二、小学教师德育素养的概念边界

(一)伦理与道德

学界对于"伦理"和"道德"内涵及关系的理解一直存在争议。中国社会的"道德"并不仅仅指向内心,其生产、使用和发展始终遵循着两条路线,一是强调道德成为社会意识形式和行为规范,如传统社会的"三纲五常";二是强调道德旨在提升个人的品德修为。[①]简言之,道德除了诉求指向自身的"反身内省",还谋求指向社会的"道德立法"。而"伦理"主要指人们在处理人与人相互关系中所应遵循的道理和准则。[②]从这一意义来看,在我国道德内涵比伦理更为广泛,道德的内涵包含了伦理的内涵,道德与伦理之间是一种包含关系。[③]不同于我国,康德认为,道德是一种主观准则,而伦理则具有普遍有效性。黑格尔则进一步指出,道德是个体品性,是个人的主观修养与探索,是主观法;伦理是客观的伦理关系,是客观法。[④]简言之,西方的伦理是从社会的角度提出的如何处理人与人之间关系的规范,伦理的根源产生于社会利益冲突;道德是从个体的角度身体力行,行伦理规范而后有所得,道德的根源在于人心。伦理更多地指向社会规范,道德则是对个人所提出的规范要求。这一观点在西方道德与伦理的关系脉络中广为流行。

---

① 檀传宝等.走向新师德——师德现状与教师专业道德建设研究[M].北京师范大学出版社,2009:20.

② 邹渝.厘清伦理与道德的关系[J].道德与文明,2004(5):15-18.

③ 王冬桦.为伦理与道德的概念及其关系正本清源[J].首都师范大学学报(社会科学版),2011(2):119-124.

④ 周坤亮.教师专业伦理决策研究[D].华东师范大学,2016.

通过对中西方道德与伦理的内涵辨析,不难发现一个重要观点:道德强调个人的品德修养,伦理强调处理人与人关系的规范与准则。然而在日常生活与相关研究中,很难对二者作出泾渭分明的区别,尤其是在经验研究中二者大多是通用的,因为它们都是关乎人们行为品质的善恶正邪,乃至生活方式、生命意义和终极关切。①因此,本研究中除了遵循学术界通用的固定用法外,一方面,不对"道德"与"伦理"的用法作严格区分,即二者概念是通用的;另一方面,在研究教师德育素养的概念、内容和特点时,会综合已有的伦理研究、德育研究的成果做辨析和使用。

(二)教师专业化与教师德育专业化

专业化分工是现代经济学奠基人亚当·斯密首先提出的,他认为,社会进步正是劳动专业化分工的结果。法国社会学家涂尔干发表的《社会分工论》详细讨论了社会分工和职业问题,自此之后,社会学家们开始研究专业、职业的特征及标准。随着社会分工的逐渐精细,对教师专业发展讨论的深入,研究点从职业和专业的比较延伸至教育作为一个专业的讨论,教师专业化运动也在各个国家受到广泛的关注和认可。从社会学的角度来看,教师专业化包含两个方面的内容,一是教师个体的专业化,二是教师职业的专业化,二者共同构成了教师专业化。教师个体专业化表现为教师接受教师教育后学到的专业知识、教学技巧、道德实践能力、科学的教学理念等,从而提高自身的综合素质。教师职业专业化是指一个职业(群体)经过一段时间后成功地满足某一专业职业标准的过程,②而这是在教师个体专业化发展的过程中不断向前推进的。从教育学角度来看,关于教师专业化的解读可以从动态和静态两个角度进行。所谓动态的教师专业化,《培格曼最新国际教师百科全书》做出了具体的阐释:"个人成为教学中的一员,并且在教学中具有越来越成熟的转

---

① 何怀宏.伦理学是什么[M].北京大学出版社,2002:9.

② 邓金主编,教育与科普研究所编译.培格曼最新国际教师百科全书[M].学苑出版社,1989:553.

变过程。"①顾明远先生也强调教师在严格的专业训练和自身不断主动学习的基础上,逐渐成长为一名专业人员的发展过程。②静态的教师专业化是指教师职业真正成为一个专业,教师成为专业人员得到社会承认这一发展结果。③综合社会学和教育学两个不同视角对教师专业化的解读,本研究中的教师专业化是教师个体的专业化,将教师个体的、内在的专业化发展作为研究重点,关注其在整个成长与发展阶段的转变过程。

近年来,随着德育学科和德育教师专业化的发展,德育主体逐渐分为两种,即"专门的"和"非专门的"德育工作者,我们通常所说的学校里的德育教师便是前者。目前教师德育专业化已发展到面向全体教师的德育专业化阶段,也就意味着无论是教授哪一门学科的教师,都负有直接尤其是间接德育的责任。④这不仅是教育现实问题的需要,更是社会对教师品质的更高要求。

(三)教师专业伦理与教师德育素养

教师专业伦理概念的提出是教师专业化发展到一定阶段的产物,是在教师职业道德基础上对教师提出的专业化要求。对教师专业伦理内涵的理解有三种观点:一是"规范论",即认为教师专业伦理就是教师专业伦理规范或行为准则;二是"素养论",即认为教师专业伦理就是教师专业伦理素养;三是"精神论",即认为教师专业伦理就是教师专业伦理精神。

目前,关于教师专业伦理的研究仍以理论研究为主导,而在实际的教育场域中,教师专业伦理则更多的以德育素养的形态出现。已有研究者关注德育素养中教师作为"人"的基本品质与规格,关心个人道德层面的自我修养、品质和行为准则。所以在使用上常常与教师的道德修养、德育专业化、师德等一同谈论。然而在小学阶段,有关小学教师德育素养"是什么"尚没有一个

①　邓金主编,教育与科普研究所编译.培格曼最新国际教师百科全书[M].学苑出版社,1989:553.
②　顾明远.教师的职业特点与教师专业化[J].教师教育研究,2004(6):3-6.
③　陈琴、庞丽娟、许晓晖.论教师专业化[J].教育理论与实践,2002(1):38-42.
④　檀传宝.主动回应时代的呼唤:努力推进"教师德育专业化"[J].人民教育,2012(18):8.

较为清晰的界定。

不论是国家提出的"立德树人"教育发展根本任务,还是教育研究领域有关教师道德的讨论,抑或是出于现实生活对师德的呼唤,这一切都在要求教师在教育教学工作中具备基本的道德品质。在小学场域中,小学教师要比其他学段的教师在备课、教学、管理、沟通、家校合作等具体工作上面临更多的道德问题,小学教师需要掌握相应的伦理道德知识与基本道德修养,还需要拥有解决道德问题的育德能力,让德育真正发生。因此,教师德育素养并不仅仅指教师应具备的基本道德品质,更指向小学教师在具体教育教学工作中所体现出的育德能力。

三、部分国家关于小学教师德育素养的政策文本

为进一步推进教师专业化建设,各国在相较而言偏于上位的教师专业伦理方面都制定了一系列方针政策,即依据国情出台相应的教师专业标准或教师专业伦理准则,这些教师专业伦理规范在经过几轮修订后日渐成熟、细致。本研究将选取中国、美国、英国、澳大利亚、加拿大、日本六国的相关政策文本进行梳理,从国际视野的角度切入,以此更好地关心与探讨国内小学教师德育素养的建构。

自20世纪初社会学家开始关心"专业"的特性,教师专业的相关研究在此基础上随之展开。20世纪50年代至80年代,教师专业标准的研究先后受功能主义、社会冲突理论、情境理论等多种理论影响,人们从关注教师专业标准具体维度到关注教师专业化过程中的诸多冲突,再到关注社会历史背景对教师专业标准发展的影响。20世纪90年代后,研究者愈发关注教师专业标准这一重要议题,开始从教师发展的阶段性与动态性入手来思考教师专业标准的建设问题。各国对于不同发展阶段的教师有着不同的专业标准。美国、澳大利亚、英国等国家在此方面具备较为成熟的经验。21世纪后在教师专业标准改革运动中更是产生了大批研究成果,其中对标准的划分也越

来越细致,制定出一系列通用标准、具体标准等。

(一)中国

在我国,1993 年颁布的《中华人民共和国教师法》(以下简称《教师法》)提出"教师是履行教育教学职责的专业人员",这是国家首次以法律方式赋予教师职业的专业性质,以此回应了教师实现专业化的需求。此后,《中小学教师职业道德规范》(2008 年修订)、《小学教师专业标准(试行)》(2012 年)、《新时代中小学教师职业行为十项准则》(2018 年)、《关于加强和改进新时代师德师风建设的意见》(2019 年)等文件在规定师德时逐渐贴近教师专业伦理。其中,《中小学教师职业道德规范》(2008 年修订)提出了"爱国守法、爱岗敬业、关爱学生、教书育人、为人师表、终身学习"六项要求;《小学教师专业标准(试行)》(2012 年)明确规定了小学教师的专业理念与师德、专业知识和专业能力三个维度。专业理念与师德维度从职业理解与认识、对小学生的态度与行为、教育教学的态度与行为、个人修养与行为四个方面进行规定。一系列的文件表明小学教师队伍建设质量受到国家高度重视,小学教师师德师风建设成为国家教育发展的重要战略之一,小学教师专业伦理的相关政策成为促进小学教师专业发展的外部动力。

(二)美国

美国为推进教师专业化建设,制定了全国统一的教师专业伦理准则,有效提升了教师队伍质量和专业伦理水平。美国先后制定《教育专业伦理规范》《优秀教师行为守则》,不断对教师伦理提出新的规定。[1] 2008 年,美国教师教育鉴定委员会修订了《教师教育专业标准》,其中《小学教育教师专业标准》的专业成长、反思和评价部分要求小学教师能根据他们对教学、专业学习、职业道德的研究,主动思考和反思他们的教学实践。小学教师应能不断评价自己专业决策的效果和对学生、家庭及其他专业人员等学习共同体的影响,并

---

[1] 傅维利主编.教师职业道德教育指南[M].高等教育出版社,2009:51.

积极寻求专业发展的各种机会。①而后，美国教师教育与认证州管理者协会于 2015 年发布了《教育工作者专业伦理准则》(*Model Code of Ethics for Educators*)，提出教育工作者应遵循的五项原则：对专业的责任、专业能力的责任、对学生的责任、对学校社区的责任、负责任和合乎道德地使用技术。这是对 1986 年《教育专业伦理规范》的进一步扩大、细化和完善，其扩充了对教师专业伦理的原则，新增了 18 条标准和 86 条具体措施，详尽列举了教育工作者应具备的伦理行为规范，使其更具可操作性。该准则是美国第一份面向全国教育工作者的专业伦理标准，能够进一步提升教育工作者的专业地位，并指导不同阶段的教育工作者正确认识并忠实履行其伦理责任。②

（三）英国

英国一直非常重视教师的培养并致力于教师职业行为规范的制定，以此来有效规范教师的伦理行为。为了让一系列教师行为规范充分发挥实效性，英国又经过长期的实践探索，最终出台了《英国教师职业标准》《专业伦理准则》等一系列行之有效的规范文本来规范教师行为。《英国教师职业标准》明确要求作为一名合格的优秀教师，要具备良好的职业道德、合作精神与端正的教育态度，同时能够培养学生的独立性。③《专业伦理守则》则关照了教师的教学价值取向、教师专业发展认知、教师在处理与学生关系时的价值判断和专业伦理素养，从专业品质、专业知识与理解和专业技能三个维度制定了具有可操作的条款供教师参考与学习。④

（四）澳大利亚

由于澳大利亚实行联邦制，教育权限隶属于各州和领地，所以教师专业伦理规范由各州和领地自行设置。因此，澳大利亚在进入 21 世纪后，各州和

---

① 闫龙.美国新修订的小学教师专业标准的特点及启示[J].教育导刊,2011(10):42-44.
② 韩文根、田丽阳.美国教育职业伦理准则及其启示[J].教学与管理,2020(6):117-120.
③ 郭云飞.英国教师职业道德内涵[J].江西教育,2013(34):41-42.
④ 邹彪.中小学教师专业伦理指标建构研究[D].华中科技大学,2016.

领地重新设置颁布了各自的教师专业伦理规范,如新南威尔士州的《行为规范》(*Code of Conduct*)和首都领地《教师专业实践规范》(*Teacher's Code of Professional Practice*)等。新南威尔士州的《行为规范》提出了教师应遵守卓越、信任、公平、正直、负责、服务的核心价值。首都领地《教师专业实践规范》则指出教师行为的原则:①为公众服务;②回应政府和公众的需求;③具备责任心;④公平和正直;⑤效率和效益。虽然澳大利亚各州有不同的教师专业伦理规定,但都遵循并且认可正直、尊重和责任的核心价值。[①]此外,澳大利亚的《全国教师专业标准》(2011 年版)(*National Professional Standards for Teachers*)也涉及部分教师专业伦理的内容,包括三个领域:专业知识、专业实践和专业参与。[②]其中,专业价值观对教师提出了热爱职业、热爱教育事业、具有奉献精神的要求。

(五)加拿大

在多元文化背景下,加拿大采取积极措施来应对多元价值对加拿大教师专业伦理道德上的挑战。其中,安大略省制定的教师专业伦理相关规定最具代表性,其制定和实施了《教师专业伦理标准》(*Ethical Standards for the Teaching Profession*)与《教师专业实践标准》(*Standards of Practice for the Teaching Profession*),且得到联合国教科文组织国际教育规划研究所(IIEP-UNESCO)的认可与推介。安大略省现行 2006 年修订后的《教师专业伦理标准》,包括序言、目的、主干内容、核心内容四个部分。其主干内容包括关怀、信任、尊重、正直四个伦理概念。其中,关怀要求小学教师具备同情、接纳、兴趣和对发展学生潜力的洞察力的品质,要求小学教师在实践中通过积极影响、专业判断和同理心来表达他们对学生的福祉和学习的承诺;尊重要求小

---

① 张家雯、王凯.激励、共享和引导:澳大利亚教师伦理规范建设取向[J].教师教育论坛,2016,29(5):87-91.

② 刘颂迪.教师专业标准比较研究及启示——以中国、澳大利亚为例[J].继续教育研究,2021(1):80-85.

学教师尊重人的尊严、情感健康和认知发展,要求小学教师在专业实践中以身作则,与学生建立起平等教学的关系,无论在课堂上还是生活中,都要尊重学生的人格,做学生的"良师益友";信任包括公平、公开和诚实,要求小学教师与学生、同事、家长、监护人和公众在信任的基础上建立专业关系;正直包括诚实、可靠和道德行动,要求小学教师进行持续的反思并在其专业承诺和责任中遵守诚信和责任的要求。①

(六)日本

日本受儒家思想影响,教师是享有崇高威望并深受尊敬的职业。也正因如此,社会对教师提出更为严格的要求,比如教师必须处处以身作则,为人师表,成为社会道德的化身。1952 年,日本教师联合大会颁布《伦理纲领》来规范教师的道德品质并沿用至今。《伦理纲领》的具体内容包括尊重学生的个人信仰、对学生不得实施强制和暴力等。②这些具体内容体现了教师对自身、对他人、对自然、个人与团体的道德要求。步入 21 世纪以来,日本教师教育的问题着重集中在专业化上。2005 年,日本中央教育审议会发表《创造新时期的义务教育》答询报告,明确优秀教师的三个必要条件:①热爱教育事业,即对教师工作的使命感,对学生的爱和责任感;②作为专家型教师的能力,具体包括理解、指导学生的能力,管理班级的能力,课堂教学和解读教材的能力等;③综合的人格魅力,包括丰富的人性和社会性,有常识、有教养,懂礼貌及具有沟通能力。③这三个优秀教师的必要条件代表着日本政府及全社会对教师专业发展的期待和要求。此外,由于日本采取中央与地方相结合的行政管理模式且录取、评价中小学教师的权力主要在于地方教育委员会,因此文部科学省不能发布政府层面的教师专业标准。因此,日本部分师范大学开始了

---

① 徐平.美国外语教师语言教学的道德维度[J].吉林师范大学学报(人文社会科学版),2012,40(4):94-97.

② 陈媛媛.我国中小学教师专业伦理的制度保障问题研究[D].沈阳师范大学,2020.

③ 夏鹏翔.日本教师专业化研究[M].天津人民出版社,2022:68.

小学教师专业素养的研究活动,进行小学教师专业素质及标准的理论探索。比如,2008年上越教育大学与地方教育委员会联手制定"专业标准":①作为教师的使命感、责任感及对教育的爱;②作为教师的社会性、人际关系;③教师对儿童的理解和班级管理;④教师的学科指导力。[①]

第三节　假设与推导:小学教师德育素养的核心要素与特质

"伦理学,是关于优良道德的科学。"[②]我国小学界对优良道德的实践探索主要反映在各级各类教师职业规定中的具体表述, 它们规约着从业者在教育教学工作中的"应当",即应当如何做才能符合小学教师的专业身份,才能获得小学教育的价值。然而对于这种散见在各级各类政策文本中的优良道德,人们会发现它们具有一定的时代性和变动性。于是,就有一个与伦理学研究相近的问题被提出,小学教师专业伦理中是否有一些"关键道德",这些关键道德具有较强的稳定性,触及小学教师专业伦理的灵魂和核心,它们与变化着的优良道德有着某种本—末、源—流的关系。而这些关于优良道德、关键道德的探寻和辨析,正构成了小学教师德育素养的核心要素。英国伦理学家罗斯发展了亚里士多德关于"至善"的理论,提出"内在善"和"手段善"。以此作对照,优良道德接近于对"内在善""手段善"的求索,而关键道德接近于对两种善的统一,即关键道德既是"手段"也是"目的"。我们将首先讨论和阐释小学教师职业规定中"优良道德"和小学教师专业伦理中的"关键道德",它们规定了小学教师德育素养的核心要素。在此基础上,我们将运用伦理学中优良道德的推导公式来思考影响小学教师德育素养的重要因素,进而揭示小学教师德育素养的特质。

---

① 夏鹏翔.日本教师专业化研究[M].天津人民出版社,2022:91-92.
② 王海明.伦理学原理(第三版)[M].北京大学出版社,2009:2.

一、小学教师职业规定中的"优良道德"

当前,对小学教师有直接管理与监督作用的国家层面政策文件主要有:《中华人民共和国教师法》(2009 年修正)、《中小学教师职业道德规范》(2008年修订)、《关于加强和改进新时代师德师风建设的意见》(2019 年)、《小学教师专业标准(试行)》(2012 年)。接下来将梳理这四个政策文本中关涉优良道德的维度,对其进行归类并做出阐释。

(一)《中华人民共和国教师法》(2009 年修正)中的优良道德

该法则主要规定了教师的权利和义务。权利方面,指出教师具有基本的教书育人权利、经济权利、参与学校民主管理的权利等;义务方面,指出教师必须遵纪守法、为人师表、爱岗敬业,关心、保护学生。从中可以看到,《中华人民共和国教师法》实际上关心了教师职业的事实性存在与价值性存在之间的张力关系。法条是从权利和义务的角度让遵纪守法、为人师表、教书育人、爱岗敬业、爱护学生等既是职业要求又属于优良道德的若干方面具备了底线的尺度和权力。从法条中去认识优良道德,有一些值得师德研究者和实践者去认识和感知的重要信息:①从法律与道德之间的关系来看,在教师法中规定一些优良道德的内容,是将优良道德规则化的过程,进而优良道德也成了"底线道德",即法规的内容。②从优良道德的产生来看,在教师法中探讨教师的权利和义务,实则在用教师的职业身份这一"事实"存在来赋予教师优良道德以内在道德价值判断之"真"。以上分析,凸显了小学教师德育素养存在与作用上的刚性一面。

(二)《中小学职业道德规范》(2008 年修订)中的优良道德

《中小学职业道德规范》是一线小学教师相对熟知些的政策文本。2008年修订的《中小学职业道德规范》中明确了六个方面的优良道德:爱国守法、爱岗敬业、关爱学生、教书育人、为人师表、终身学习。这六个大的方面同教师法中的规定十分相近,只是这份从业标准会从教师职业特性与要求出发,在具体的方面丰富出更细腻的优良道德维度：勤恳、奉献、公正、严慈相济、合作、廉洁、创新，等等。这些优良道德，其中拿出任意一个来掂量，都会是对人品性与意志的一种卓越要求，恒久具备十分不易。在伦理学理论看来，纳入职业规范的道德也属于底线道德，只是它们没有如之前的教师法那样刚性。那缘何教师行业需要将它们纳入职业道德规范？究其根源在于教师的专业属性使然。

在不断推进教师专业化发展的过程中，为了让职业道德规范这类底线道德发挥出应有的效力，2018 年教育部在 2014 年同名文件的基础上又颁布了《中小学教师违反职业道德行为处理办法》(2018 年修订)，明确了惩戒的方式：处分包括警告、记过、降低岗位等级或撤职、开除。警告期限为 6 个月，记过期限为 12 个月，降低岗位等级或撤职期限为 24 个月。是中共党员的，同时给予党纪处分。其他处理包括给予批评教育、诫勉谈话、责令检查、通报批评，以及取消在评奖评优、职务晋升、职称评定、岗位聘用、工资晋级、申报人才计划等方面的资格。取消相关资格的处理执行期限不得少于 24 个月。

与此同时，教育部于 2018 年同期出台了《新时代中小学教师职业行为十项准则》(2018 年)。准则中明确提出"为进一步增强教师的责任感、使命感、荣誉感，规范职业行为，明确师德底线，引导广大教师努力成为有理想信念、有道德情操、有扎实学识、有仁爱之心的好老师，着力培养德智体美劳全面发展的社会主义建设者和接班人，特制定准则"。准则凝练出"责任感""使命感""荣誉感"三个新型表述，意味深长，再一次在政策文本中提出四有好老师的标准——有理想信念、有道德情操、有扎实学识、有仁爱之心。准则具体从"坚定政治方向""自觉爱国守法""传播优秀文化""潜心教书育人""关心爱护学生""加强安全防护""坚持言行雅正""秉持公平诚信""坚守廉洁自律""规范从教行为"十个方面对小学教师的从业要求与道德准则进行更具有针对性的陈述。

（三）《关于加强和改进新时代师德师风建设的意见》（2019 年）中的优良道德

2005 年教育部出台《教育部关于进一步加强和改进师德建设的意见》，之后在 2019 年教育部等七部门再一次出台《关于加强和改进新时代师德师风建设的意见》（以下均简称《意见》）。对比两个文件不难发现，师德师风建设方面的政策文本从更广泛的内容上对教师的道德提出了要求。《意见》（2005 年）中指出师德包括：思想政治素质、职业理想、职业道德水平三个大的方面。其中对职业理想的要求包括，"广大教师要有强烈的职业光荣感、历史使命感和社会责任感，以培育优秀人才、发展先进文化和推进社会进步为己任，站在时代的前列，努力成为为人民服务的践履笃行的典范。要志存高远，爱岗敬业，忠于职守，乐于奉献，自觉地履行教书育人的神圣职责，以高尚的情操引导学生全面发展。要正确处理个人与社会的关系，反对拜金主义、享乐主义和极端个人主义，把本职工作、个人理想与祖国的繁荣富强紧密联系在一起"。在这一段对职业理想的描述中，可以看到这份意见除了关注之前提及的职业道德规范外，还对教师道德提出了高要求。教师职业道德与教师道德之间既有联系又有区别，教师道德比教师职业道德关涉的范围要广，涉及教师的个人价值观及更宽泛的私德。因此《意见》（2005 年）表现出师德研究的一些传统倾向，"一方面追求规则的外在约束性，试图出于义务的企图保证教师职业道德的全面履行；另一方面又认同'道德是内在要求'，赞美、向往'道德完人'的教师形象"①。

《意见》（2019 年）则更加强调教师专业属性，将师德的内容放置在专业领域内，提出更加具体、明确的道德要求："突出课堂育德，在教育教学中提升师德素养。""突出典型树德，持续开展优秀教师选树宣传。""突出规则立德，强化教师的法治和纪律教育。"这三个具体到教师专业情境中的优良道德指

---

① 李敏."教师道德"与"教师职业道德"辨析[J].当代教育科学,2009(4):12-14.

向，表达出当前师德内容更加明确了以课堂为主阵地、高尚师德为榜样、底线师德为防守的优良道德适用边界。

由此我们看到，有关师德建设的两份政策文本，一方面回应了教师法、教师职业道德规范等政策文本中有关优良师德的要求；另一方面更重要的是，师德建设的政策发展开始回应优良道德与教师专业之间的内在关系，进一步点明了当前教育发展阶段下优良道德最迫切需要关切的三个适用边界。

（四）《小学教师专业标准（试行）》（2012 年）中的优良道德

2012 年出台的《小学教师专业标准（试行）》中，首次将师德与专业理念关联在一起作为该标准基本内容中的第一个重要维度。这反映出自 21 世纪以来，学界对师德的认识逐渐摆脱了社会期望取向，越来越走向专业考量。"专业理念与师德"维度下共包含四个领域：职业理解与认识、对小学生的态度与行为、教育教学的态度与行为、个人修养与行为。由这四个领域作为示向来对小学教师的优良道德加以规定，遵从了伦理学所倡导的优良道德的产生路径——教师职业中的优良道德应由教师职业的"事实"，即专业性来规定和评价。

专业视野下的小学教师优良道德会大大降低之前存在的虚泛和无力的表征，当下由专业需要决定的优良道德具有较强的实践性和执行力。《小学教师专业标准（试行）》中提到的优良道德主要包括：遵纪守法，爱岗敬业，职业认同，为人师表，团结协作，关爱、尊重、信任小学生、德育为先、尊重教育规律和小学生身心发展规律、乐观向上、富有爱心等。值得关注的一点是，专业标准在拟制过程中①经反复研讨之后将小学教师的个人修养与行为纳入优良道德的内容之中，主要是考虑到小学教师的个人修养与行为，尤其是性格特点固然是教师的个人特质，一般情况下并不能做对错优劣的道德价值评价，

---

① 课题负责人李敏于 2010—2012 年参与了小学教师专业标准的研制工作。

但结合小学教育和小学生发展的特质和需要，就将其纳入专业标准之中。这一维度对当时的幼儿园、中学教师标准的拟制都有影响，是这次专业标准的一处亮点。

二、小学教师专业伦理中的"关键道德"

提出"关键道德"一方面是受伦理学中人们常论及的对于"内在善"与"手段善"两者内容及关系的影响；另一方面也是由于描述与规定小学教师道德的政策、研究、实践太过多样，优良道德的内容被无限放大，以至于消弭了对教师道德特质，尤其是基于专业的道德特质的确证。这里聚焦的关键道德，回到两个判断标准上来：①古今中外的学校教育对小学教师讨论最多、强调最多的道德要求；②对于小学教育专业而言，教师的关键道德需要同时具备手段价值和目的价值。在诸多的优良道德中，满足以上两个标准的有两个关键道德："教师的爱"和"教师的公正"。

课题组查阅了大量文献，在各种理论维度下进行甄别和论证，又经历两轮由小学教师对维度评价的赋分调查，得出以下两个列表的结论，从中可以看到教师的爱和教师的公正对小学教育产生的纵深影响。围绕这两个关键概念所做的一线调查，初衷并非希望从两个关键道德中引出所有的优良道德，这种想法本身也是不成立的。有些优良道德可能受道德主体、道德目标等相关因素的影响，会程度不一地与关键道德存有关联，但绝不都是直接联系。提出关键道德，并对其进行分解，是希望进入小学场域，借助小学教师群体真实的育人经验与认识，进而建立起小学教师专业与小学教师道德之间紧密关联的重要思维，为此我们要考虑教育者与教育对象的关系、教育教学过程本身的要求等问题，而不是像之前那样把许多有关师德的讨论不断泛化到个体道德、人性与良知等讨论方向。

表1-1　关键道德：小学教师的爱

关键道德	延伸道德	具体指向	态度	行为
爱	敏感性	道德敏感性	亲切、温和、鼓励、耐心、接纳、包容、适度、敏锐、积极、尊重、关心、无私、欣赏	能够对学生的道德行为进行识别、判断和解释 当学生犯错，能察觉是否为道德问题 能对自身行为的道德水平保持敏感
		情绪敏感性		敏锐察觉学生的情绪变化、异常情况 能够察觉自身情绪变化 进行自我情绪管理
	尊重	遵循身心发展规律		顺应学生性情 促进学生身体的发展 关心学生的心理需要 根据学生年龄阶段特点调整教书育人的方式
		发展的眼光看学生		谨防对学生持有固化观念 以发展的态度督导学生 选择能够促进发展的教育惩罚方式
	关怀	教师自我关怀		关心自己的心理需要 关心自己的健康状况
		学生关怀		接纳有错误的学生 回应学生的需要 施以恰当的言语关心（包括在校内出现的各种积极、消极的事件） 鼓励学生的正确行为 给学生留有自己的空间 善待特殊学生
	赏识	欣赏		能够发现学生身上的闪光点 经常对学生说鼓励性的话语 鼓励学生参与具有挑战性的活动
		调动积极性		
		激发潜能		运用合理的奖励措施

表1-2　关键道德：小学教师的公正

关键道德	延伸道德	具体指向	态度	行为
公正	理性	客观行事	严肃、客观严谨认真、仁慈一视同仁民主、保障学生权利、因材施教	遇事冷静，不情绪化处理问题
		保持清醒的头脑		行事果断
				自我反思
	仁慈	同情		宽恕学生错误并能帮助学生改过
		宽恕		有同理心
		救助		善待特殊学生
				避免语言倭化
	平等	一视同仁		公平分配资源
				保持谦虚，向学生学习
				尊重听取学生意见
				客观评价学生
	民主	权利与义务		听取学生的意见
				学生公开选举
	学生权益意识	保障学生权利		优先考虑学生权利
				正面引导学生发展
				保护学生隐私
				将选择权交给学生
	个体差异意识	因材施教		能够觉察到学生之间的不同
				弹性动态地评价学生
				对待不同类型的学生采取不同的处理措施

　　教师的爱与教师的公正既是一种教育的手段，也是一种教育的目的。这两个关键道德应该深植于小学教师的职业认同感里，自觉表现在他们的教育教学行为中。爱和公正在长久以来的教师专业伦理发展历程中都是两项极为重要的价值和内容，在诸多重要教育文献中也都会有所涉及。也正因为此，在最初构建教师德育素养理论模型时，爱和公正作为"责任心"维度下的两项核心内容最早被识别和提炼出来。"心之所向，行之所往"，在教师德育素养的整体理论模型中，"责任心"又直接规定了"行动力"的方向与内容。(行动力的具体内容分解见后期研究呈现〔第二章第二节中表2-4〕)

三、小学教师德育素养的特质分析

无论是从伦理学对优良道德的基础认知来看,还是从以上分析的存在于顶层政策文本中的优良道德和已形成研究共识的关键道德来看,优良道德都不能随意制定。"制定优良道德必与道德价值相关,优良道德是与道德价值相符的道德规范。"伦理学是关于优良道德或道德价值的科学,意味着伦理学就其根本特征来说,是一种规范科学或价值科学而不是描述科学或事实科学。[①]而伦理学中的元伦理学讨论了由于道德价值(优良道德)的产生和存在的来源、依据问题,认为优良的道德规范只能通过道德目的,从行为事实如何的客观本性中推导、制定出来:所制定的行为应该如何的道德规范之优劣,直接说来,取决于行为应该如何的道德价值判断之真假;根本说来,则一方面取决于行为事实如何的事实判断之真假,另一方面取决于道德目的的主体判断之真假。并由此得出一个道德价值和优良道德规范推导公式:

前提 1:行为事实判断之真理

前提 2:道德目的判断之真理

结论 1:道德价值判断之真理

结论 2:优良道德规范

这个道德价值和优良道德规范推导公式及其所包含的四个命题被称作伦理学的公理或公设。我们借伦理学中的这个公理或公设来思考和寻找小学教师德育素养的相应元素及其所指,如表 1-3 所示。

---

① 王海明.伦理学原理(第三版)[M].北京大学出版社,2009:3.

表1-3 决定伦理学公理/公设的小学教师德育素养所指

伦理学公理/公设	伦理学所指	小学教师德育素养所指
前提1:行为事实判断之真理	人性:人的伦理行为事实如何之本性	1.小学生身心发展特点及需要 2.小学教师的特质
前提2:道德目的判断之真理	道德价值主体:社会为何创造道德	道德价值主体:小学教育(社会子系统之一)的道德目的是什么
结论1:道德价值判断之真理	道德价值和道德规范:伦理行为应该如何的优良道德	道德价值和道德规范:小学教师伦理行为应该如何的优良道德
结论2:优良道德规范		

在表1-3中,我们可以看到,结论1与结论2所对应的道德价值和道德规范,即小学教师伦理行为应该如何的优良道德,正是第一节中我们所展示和讨论的内容。推导出这些内容的小学教师德育素养的两个前提的所指是:①"小学生身心发展特点及需要"和"小学教师的特质"构成前提1所关注的小学教育行为事实。如同伦理学中是把行为事实判断之真理指向了"人性"相似,在小学教育工作领域中,小学生、小学教师两个主体的特殊性构成了教育中客观存在的"行为事实"。②而作为小学教育世界中的"道德价值主体:小学教育(社会子系统之一)的道德目的是什么"构成了前提2所关注的小学教育道德目的。如同伦理学中是把道德目的判断之真理指向用"社会需要"作为量尺相似,在小学教育工作领域中,小学教育作为社会子系统之一,其"社会价值"构成了教育生活的"道德目的"。那么在这样的一系列推导条件下,欲了解小学教师德育素养的学段特质,实质上是在关心三个决定性元素:①小学生身心发展的特点及需要;②小学教师的特质;③小学教育的价值。这三个因素决定了小学教师德育素养的"向善""示范""发展"等若干重要特质。

(一)小学教育对象的童蒙性与伦理价值起始于"向善"

有关中国儿童的养育及教育智慧,集中体现在中国传统蒙学教育中。6~12岁的小学儿童正处在中国传统教育所谓的童蒙教育时期。[①]在中国传统教

---

① 古代童蒙时期,一般认为年龄上限在15岁,如,《礼记》曰"十五成童,舞《象》也"。

育中，"童蒙"常常与"养正"紧密联系在一起。早在先秦时期，《周易·蒙卦》就提出，"蒙以养正，圣之功也"。什么是"童蒙"？《说文解字》中说："蒙，童蒙也，一曰不明也。"干宝曰："蒙为物之稚也，施之于人则童蒙也。"[①]意思均为幼稚、未明，对人的发展阶段而言就是年少无知，还处于懵懂的阶段，故曰"童蒙"。何为"养正"？孔颖达疏："能以蒙昧隐默自养之道，乃成至圣之功。"[②]明王守仁《传习录》卷中："毋辄因时俗之言，改废其绳墨，庶成蒙以养正之功矣。"[③]张载也曾解释道："蒙以养正，使蒙者不失其正，教人者之功也。"[④]可见，"养正"的基本含义就是要涵养正道，培养正知正见，从而养成良好的品行，完成自身修养的完备。由此，传统童蒙教育也主要是以伦理道德教育为主，尤其是以日常行为规范教育为核心，在"人伦日用"中达到培养人的目的。

中国传统教育通过童蒙教育表达了两种教育假设：①通过行为习惯的养成来育人。如，朱熹认为，儿童教育要从日常生活的小事抓起，从小要"教之以洒扫、应对、进退之节、爱亲、敬长、隆师、亲友之道"。从生活小事做起，积累不断应对外部世界的道德和能力，是传统蒙学教育的重要任务。②正面教化促进儿童德性发展。如，孔子曰："道之以德，齐之以礼，有耻且格。"[⑤]从中可以看出，我国古代童蒙教育十分重视正面的道德教化，"孟母三迁"的故事也传递出正面引导对于儿童成长的重要作用。由此我们看到，对于儿童教育，"向善"作为重要的伦理价值从古代中国就有了起源，而且我们也能深切地意识到，儿童教育的向善性与儿童自身的童蒙性和向善性是相互决定、内在一致的。

现代小学教育研究与实践也十分关注小学阶段的"向善"价值，尊重小学儿童对积极环境和安全感的本能需要。处在生命初始阶段的儿童，欣欣然像

---

① 李鼎祚.周易集解.第二卷[M].中国书店,1984:8.
② 高亨.周易大传今注[M].齐鲁书社,2009:74.
③ 汉语大词典编辑委员会.汉语大词典[M].汉语大词典出版社,1992:552.
④ 张载.正蒙·中正篇.张横渠集[M].商务印书馆,1936:50.
⑤ 杨伯峻.论语译注[M].中华书局,1980:12.

初蕾绽放,一切都是最美好的样子。这一阶段的儿童,其生命观念、情绪情感、自我认知等方面具有一定的阶段发展特质。据上海市一项调查发现,小学各年级儿童生命认知情形具有较大差异,共有四个具体维度:

①具体形象的认知——依赖具体事实或者借用口号性的句子来表达自己对生命的理解;

②生命本质的认知——对生命的理解不再依赖具体的事物和事实,能从生命本质特点的角度描述生命,强调生命的普遍性、有限性、不可逆性;

③表达态度的认知——表述生命的本质特征,并表达自己对待生命的态度;

④感悟哲理的认知——对生命的哲理性感悟主要包括理解生与死的对立、对生命价值和生命过程的思考。[①]

表1-4　各年级儿童生命认知各类别所占人数及比例(%)

对生命的认知	2年级	4年级	6年级	8年级	11年级
具体形象	37(32.70)	23(16.30)	12(7.10)	8(5.30)	13(9.00)
生命本质	49(43.40)	51(36.20)	52(30.60)	40(26.30)	46(31.70)
表达态度	24(21.20)	63(44.70)	91(53.50)	70(46.10)	30(20.70)
感悟哲理	3(2.70)	4(2.80)	15(8.80)	34(22.30)	56(38.60)
总计	113(100)	141(100)	170(100)	152(100)	145(100)

注:括号内为各类别在年级中所占人数比例。

在表1-4中可以看到,小学阶段与初中阶段儿童的差异性。2年级儿童以具体形象的认知和生命本质的认知为主;4年级和6年级的儿童以生命本质的认知和表达态度的认知为主;8年级的儿童以生命本质的认知、表达态度和感悟哲理为主;11年级的儿童与8年级类似,但感悟哲理占据最大比例。研究显示,到小学6年级时,儿童还不善于在生命问题上以感悟哲理的方式去认知,他们倾向于以丰富、具象的方式去感知生命,并且多倾向于参与积极的生命体验和生命资源。有80%的儿童对生命过程的体验都是积极的。

---

① 李丹、陈秀娣.儿童生命认知和生命体验的发展特点[J].心理发展与教育,2009:1-7.

小学生对生命事件的感知形式和卷入方式表明了童年时期对于积极情感体验的强烈需要和生命安全感的基础需求。与正面教育相反的教育方式有逆向激励、预警引导、消极试错等具体方式方法。有研究表明,在儿童时期接触过多的负面社会事件、家庭成长经历等会对儿童造成一定程度上的成长阻碍,影响儿童亲社会行为能力的发展,会不同程度地导向一种应激障碍,严重者会出现过度焦虑、强迫心理,乃至抑郁状态。①

这里需要进一步聚焦"小学儿童是追求善的人"这一命题。已有研究表明,儿童在很小的时候就对某些行为产生了朴素的道德意义的认识。儿童会感受到必须做某些事情,不应该做某些事情,他们开始认识到某些规范的权威性。儿童也在探究着善。儿童初临人世,精神世界还没有或者很少具有先入之见,周围的一切甚至他自身都是那样的陌生、新奇、不可思议,这很容易使他对这一切产生困惑,并因此激励他们去认识、理解和解释周围的一切。儿童在探索世界的时候,不仅会注意"繁星密布的苍穹"——自然的宇宙,而且也会注意到"内心的道德法则"——道德的宇宙,即什么是好的、坏的或善的、恶的。儿童不仅对一些生活中常见的道德现象充满兴趣,有时还会对一些比较深奥的伦理问题进行思考,有些问题会使成人甚至最有智慧的成人(包括伦理学家)都面临一种严峻的挑战。②儿童对世界的认识,包括对道德现象的认识,并不像成人想象得那样浅薄。马修斯建议"成人(无论是教师、父母还是研究儿童的人员)在儿童面前要抛掉优越感,俯首倾听儿童提出的认知方面或道德方面的问题"。他认为,儿童提出的问题或发表的意见,有时会使成人,甚至许多领域的专家大受启发。③由此我们能够看到,儿童的"向善性"作为伦理向度在现代学校教育中成为开展小学教育的重要始基,进而决定着小学教师德育素养需要具备相应的特质。

---

① 伍新春等.青少年创伤后心理反应的影响机制及其干预研究[J].心理发展与教育,2015:117-127.

② [美]加雷斯·皮·马修斯,陈国容译.哲学与幼童[M].生活·读书·新知三联书店,1989:4.

③ 刘晓东.儿童精神哲学[M].南京师范大学出版社,1999:35.

通过以上对古往今来置身于不同教育形态中的小学生所共有的童蒙特点，我们认识到小学生成长的向善性决定了小学教育也需要满足向善性，而这种向善性更是构成了我们揭示小学教师之道德价值/优良道德的行为事实，成为小学教师德育素养的一种特质。

(二)小学教师角色的应验性与伦理建设侧重于"示范"

工作中的小学教师具有怎样的学段特点？这是一个很有必要进行讨论的问题。现代教育对小学教师的期待是成为优质的综合型教师，他们需要在德、智、体、美、劳五大基本学习领域以尽可能综合、融通的方式给予小学儿童应验性的教育影响。小学教师角色的应验性在这里是指小学教师在传道授业解惑时，需要做到以身示范，甚至"身教"比"言传"更为重要。换言之，小学儿童会更自然地选择从小学教师身上获得由教师应验的知识、能力、价值观。形成这种现象的原因在于，小学教师是童年时期儿童的重要他人，同时又是儿童初级社会化的引路人。小学教师的特质由其所面对的受教育对象(小学生)及小学教育的特点来决定。6~12岁的小学儿童经历了婴幼儿时期的第一个生长高峰之后，在小学阶段身心发展进入一个相对平缓的阶段。这一时期，小学生的自主性感知觉能力、注意的持久度、思维的逻辑性会获得重要的发展，尤其是情绪情感能力经历了一个由被动反应向主动表达的漫长发展过程。小学生的这些身心发展的特点，一定程度上决定了小学教师在他们生命中的重要位置，也因此形成了小学教师专业伦理的"示范"特质。

在小学阶段，小学教师专业伦理的示范特质是如何表现的呢？其发生机理又是什么？这是一个崭新的问题视角，但答案并不令人陌生。首先，小学教师专业伦理的示范特质表现在其所担当的"替代父母"的职责上。当小学生离开家、离开父母进入小学校园时，小学教师就有代替父母角色的责任。正是这样的一个角色责任，才使得小学生在学校里有困难了、受伤了时，最先想到的是教师，尤其是班主任，这也正是教师能直接影响小学生身心发展的重要原因所在。在小学生眼中，教师是真实的肉身存在，可以走近、可以亲近、可以求助、可以依靠……从这个侧面来看,小学教师专业伦理的示范性来源于父母式的"言传身教"。其次,小学教师专业伦理的示范特质还表现在小学教师是学生"形影不离"的榜样。小学教师因其特有的职业身份,会被小学生视为值得信赖、尊重和敬仰的人。小学教师的言行举止、待人接物都对儿童发展具有榜样示范作用。教师作为榜样,他们通过自己鲜明的形象、高尚的情操和富有感染性的人格魅力,把社会对个体的规范要求和现实生活中的言行有机结合起来,展示在儿童面前,为儿童发展提供了一种可资借鉴或选择的参照坐标。①这种小学教师的榜样示范作用,实质上正是一种专业的伦理力量。

而无论是小学教师扮演着替代父母的角色还是成为学生形影不离的榜样,其对小学儿童发生影响的内在作用机理是模仿。模仿(mimesis),是人类学研究中的一个重要概念,教育过程可以被认为是一个模仿的过程。这里的模仿(mimesis)可以表示"使自己相似"(making oneself similar),表现自我(representing oneself),表达(expression)等意义。②它并不是简单地复制拷贝行为,始终都是外部世界与自我表达的交叉堆叠后建构生成的。洪堡认为,人类创造外部世界的同时,也创造了人类的内部世界,因此也就形成了教育。模仿是人类内部世界与外部世界交流的一种机制,为人类面向世界、感受世界、作用世界创造了可能。③在模仿机制的作用下,儿童会抽离自身,突破主体的个人局限,朝模仿对象靠近,主动通过身体的运用和表达,借助这种蕴含身体范式的行为模仿,来接近外部世界,将外部世界转换进自己的内部世界,形成一种实践性知识储存在内部世界。几乎在整个小学阶段,小学生会因为教师的长久陪伴和榜样作用而潜移默化地实现着这种具有教育意义的模仿。

综合以上分析,我们发现小学教师角色中存在着"应验性",它与小学生

---

① 朱小蔓主编.中国教师新百科(小学教育卷)[M].中国大百科全书出版社,2002:416—417.
② [德]克里斯托夫·武尔夫,张志坤译.教育人类学[M].教育科学出版社,2009:60.
③ 张志坤.仪式与教育[A].滕星.教育人类学通论[C].商务印书馆,2017:301.

的身心发展需要相契合,这种应验性决定了小学教师对小学儿童所产生的影响是一种"示范性"的伦理影响。由此,"示范性"构成了前提 1 小学教师之优良道德的又一行为事实,它也因此成为小学教师德育素养的一种特质。

(三)小学教育阶段的养成性与伦理过程侧重于"发展"

养成教育是小学教育阶段的重要任务和特点,已取得小学教育界的共识。已有的养成教育研究多集中在讨论 6~12 岁的小学儿童应如何更好地促进行为习惯、品德、社会性三方面发展的教育。有关心理学研究的成果也证实小学阶段是养成儿童良好品行的重要时期。从人的品德心理发展阶段看,7~11 岁这一阶段是道德行为习惯的养成期。这一关键时期具有"两易律"。也就是说,良好的习惯和品德在这一时期是最容易培养和形成的,同时也是不良习惯和品德出现频率最高的多发期。①而社会性发展是现代教育发展在小学教育领域里新近提出的教育内容与目标。这里,"社会性"与"自然性"相对应,自然性多体现为儿童的天性与生理特性,随着个体的生长和发展不断表现出贴近个性特质的变化;社会性主要指儿童参与社会生活、关系、活动时需要不断增进的能力、智慧和道德。

除了以上有关养成教育内容与目标的已有认识以外, 人们之所以使用"养成"一词,还表明了这样两种认识:①养成教育重视过程性。养成教育中的"养"字,延续了最初生物学上"养活"一词的生动表达,延伸到参与人类社会发展的"养成",呈现出一种能够使种群向上向好方向发展的方式。在"养"的过程中,要求人们要遵循事物的发展规律,福禄培尔把儿童比作花木,他认为,每种花木都有自己独特的成长规律。儿童也如此,小学阶段的教育需要关照儿童完整的生活和个体性,走进儿童的物质生活、精神生活和内心世界,观察和发现儿童的天性和才能,帮助他们在成长的路途中分辨自己的潜能、获得发展的能力、养成健全的人格。②主体发展优先于教育评价。养成教育中

---

① 曾欣然.德性心理活动规律探索[M].西南师范大学出版社,2012:134.

的"成"字,表达的是一种评价目标。"成"的汉字字源是由大斧头的象形和一小竖构成。意思是大斧头向下砍。它指杀牲取血誓盟,由此产生办好了、可以、达到一定程度、定性、成果、成为、其中之一等。①"成"代表着事物发展到一定的形态或状况,实际上就是一种"结果"。养与成连在一起使用,意味着持续的主体发展(而非某一次考评结果)与小学阶段养成教育的使命更为接近。

由小学教育阶段的养成性分析,我们发现促进"发展"是承前启后的小学教育的突出价值与特点。在促进"发展"的价值方向下,小学教育的基础性、综合性才可能真正有条件被推进、落实。由此,我们也得出,促进发展构成了小学教育(社会子系统之一)的道德目的,发展被视为一种道德价值的方向, 即发展性作为小学教育的道德目的会在推断小学教师之道德价值/优良道德时提供判断。发展性也因此成为小学教师德育素养的一种显性特质。

通过以上分析发现,小学阶段教师德育素养除了在各级各类文本及古今中外丰富的小学教育实践中涉及的优良道德,更聚焦地体现在"小学教师的爱"和"小学教师的公正"这两个关键道德上;而在特质方面,则表现出"向善性""示范性""发展性"三种差异性特质。

---

① 窦文宇、窦勇.汉字字源——当代新说文解字[M].吉林文史出版社,2005:395.

第二章

基于工作领域的小学教师德育素养结构要素研究

　　小学教师作为小学德育的实施者及重要资源,是小学生成长发展过程中最重要、最直接的影响因素。小学教师作为小学生的重要他人,既要履行"替代父母"的职责,又要充当道德榜样,这就要求小学教师要积极、主动、适切地为小学生精神生命成长提供有效能量,以自身的言行和道德力量为学生提供直接或间接的、有针对性的道德帮助,促进小学生品德养成。①但在此过程中,小学教师在不同的工作领域中常常面临伦理困境,因此,建构基于工作领域的小学教师德育素养结构要素能够在一定程度上为小学教师提供伦理指导,辅助小学教师在具体的伦理困境中作出正确的道德判断或道德选择。

---

　　① 刘慧、李敏等.小学生品德发展与道德教育[M].高等教育出版社,2015:148.

第一节　小学教师德育素养结构要素的研究设计

一、小学教师德育素养的工作取向

教师的工作是对教师工作生活现实的高度可读且经常有趣的描述。[①]在已有教师工作研究成果中，直接阐述小学教师工作具体内容的研究相对较少，相关研究更多地关心教师工作压力、工作时间、工作生活质量、工作满意度等问题。一位小学教师在进入教育教学工作之前，首先要了解自己的具体工作内容。目前，对相关教师标准、教师工作时间及教师工作任务等线索的探寻能够为小学教师工作领域划分提供依据，且能更好地厘清其工作领域的具体内容。

（一）教师专业文本下的教师工作领域划分

教师专业文本主要指前文所提到的教师专业标准与一些教师专业伦理标准，各种标准或准则中不同维度的划分能够在一定程度上表明小学教师的工作划分指向。如我国 2012 年颁布的《小学教师专业标准（试行）》[②]中"专业理念与师德"维度下划分为"职业理解与认识""对小学生的态度与行为""教育教学的态度与行为"和"个人修养与行为"，这四个领域分别指向了教师职业、小学生、教学、教师自身。简言之，在《小学教师专业标准（试行）》（2012 年）中，小学教师的工作在"专业理念与师德"维度体现为教育教学与关心教师个人专业发展；"专业能力"维度下划分为"教育教学设计""组织与实施""激励与评价""沟通与合作"与"反思与发展"，这五个领域指向小学教师的教学、管理、评价、与同事或家长沟通合作、教师自我的反思与发展。

---

① R W.Connell. Teacher's work[M]. Sydney: Allen Unwin, 1985.

② 教育部关于印发《幼儿园教师专业标准（试行）》《小学教师专业标准（试行）》和《中学教师专业标准（试行）》的通知[EB/OL]，(2012−09−13)，http://www.moe.gov.cn/srcsite/A10/s6991/201209/t20120913_145603.html.

2012 年英国颁布的《英国教师职业标准》明确要求作为一名合格的优秀教师,要具备良好的职业道德、合作精神与端正的教育态度,同时能够培养学生的独立性。具体内容包括:教师首先要热爱自己的事业,愿意为教育事业做出贡献,必须具备良好的职业道德,做到热爱学生,尊重学生;整个教学过程的实施需要教师之间共同努力合作,相互配合,在相互合作中为学生树立良好的榜样;要通过指导、监督、展示有效实践、提供建议和反馈帮助同事的专业发展;鼓励家长和监护人积极参与孩子的进步、发展和身心健康的对话、交流的全过程;教师能够确保开发学生的教育潜能,建立平等、尊重、信任的师生关系,为学生提供个性化教学等;教师应该具备正确的价值观、态度和高标准的行为。①这些要求同样体现出教师的一些专业工作,如教学、与家长沟通、保持自己的专业性。

此外,2004 年 12 月,德国出台第一个国家层面的教师教育培养标准《德国教师教育标准:教育科学》(*Standards für Die Lehrerbildung:Bildungswissenschaften*,以下简称《标准》),《标准》从四大能力领域和 11 项能力指标规定了教师所要达到的标准。②四个领域包括教学(teaching)、教化(education)、判断(judgment)、创新(innovation)。其中,教学(teaching)处于首位,要求教师必须在指导学习和教学的过程中成为专家,关注知识和能力;教化(education),强调教师在参与民主、非暴力解决冲突、宽容等事件中态度和关注的价值;判断(judgment),要求教师能够分析学生的学习过程和进展,向学生提供形成性反馈和总结性反馈,并能够给出恰当等级的成绩;创新(innovation),即要求教师要富有创造力,能够开发教学和教育过程,参与学校发展,并关注自我发展。③这里指标指出了教师的教学工作、管理工作、沟通工作与自我发展四个维度。

① 郭云飞.英国教师职业道德内涵[J].江西教育,2013(34):41—42.
② 彭学琴、张盼盼.德国教师专业伦理建设探析——基于《德国教师教育标准:教育科学》的分析[J].中国成人教育,2019(22):75—78.
③ 万明明.21 世纪德国教师教育标准的发展、实施与评价——访德国 IQSH 主任 托马斯·里克–包雷克[J].山东高等教育,2018,6(2):79—84.

(二)教师工作时间下的教师工作领域划分

工作时间,又称法定工作时间,是指劳动者依照法律法规进行劳动的时间。世界经济合作与发展组织将教师工作时间界定为与教学直接相关的时间和教学间接相关的时间。[①]教师作为劳动者,其工作时间的构成基本涵盖了教师日常工作的主要内容,教师工作时间相关研究可以帮助我们从另一角度了解更具体的小学教师工作内容。

刘淑兰认为,教师的工作时间指教师用于学校教育、教学活动和其他方面的劳动时间。[②]其中,教学时间包括用来备课、上课、辅导、批改作业、检查学生学习成绩等环节的时间;教育时间指教师做学生思想政治工作,培养学生道德品质、良好行为习惯所用的时间,包括班主任工作、团队工作、与学生谈话及家访工作的时间等;其他工作时间包括课外活动时间和第二课堂活动时间,如学科活动、科技活动、文体活动、兴趣小组活动等劳动时间;行政和社团工作时间,如教研组长、备课组长、年级组长、工会、共青团、党支部工作的时间等;承担教育改革实验、教育及教学科学研究所付出的时间。[③]张小菊、管明悦则认为,小学教师工作时间是指教师一天从进校到离校从事教育教学活动的劳动时间,包括教学时间、教研时间、沟通管理时间、自我发展时间和完成与教育教学相关的其他事务的时间。[④]其中,教学时间指教师为完成教学任务所花费的时间;教研时间指教师为解决在教学过程中发现的问题,和同事一起沟通交流研讨以提高课堂教学质量的时间;沟通管理时间指教师花费在督查学生、处理学生个别问题、与家长交流上的时间;自我发展时间指教师进行与教学相关的读书学习与听课所花费的时间;其他事务时间指教师为处理学

[①]　OECD.TALIS 2018 Results(Volume 1):Teachers and School Leaders as Lifelong Learners[EB/OL]. https://doi.org/10.1787/1d0bc92a-en.2019-06-19.

[②]　刘淑兰主编.教育评估和督导[M].华东师范大学出版社,2000:144.

[③]　刘淑兰主编.教育评估和督导[M].华东师范大学出版社,2000:144-145.

[④]　张小菊、管明悦.如何实现小学教师工作量的减负增效——基于某小学教师40天工作时间的实地调查[J].全球教育展望,2019(6):98.

校管理者安排,需要完成临时任务所花费的时间。①刘奎在其研究中将教师工作时间划分为:完成教学任务时间、提供教学支持时间、个体专业发展时间、其他事务性工作时间四个维度。完成教学任务时间主要是上课的时间;提供教学支持时间主要是为上课提供支持工作所花费的时间,例如备课、作业批改、学生管理、做课件等;个体专业发展时间主要指自主学习、进行教学反思等活动所花费的时间;其他事务性工作时间指的是教师完成学校的事务性会议、家校沟通等工作所花费的时间。②刘乔卉、裴淼基于教师时间日志将教师工作时间划分为学科教学时间、学生管理时间、学校事务时间、专业发展时间四个一级指标。③

(三)教师工作领域划分的其他依据

除了能够从国家文本以及工作时间的相关研究中剥离出教师的工作领域之外,教师工作职责与工作任务的划分同样能够让我们更进一步明确教师工作领域。李新翠将教师工作任务分为四层:第一层是教师的核心工作任务,即教书和育人,这两个任务是相互交叉的;第二层是直接为第一层工作服务的相关工作,包括设计教学计划、备课和对教育教学进行评价,如批改作业、组织考试等;第三层是支撑前两部分工作的保障性工作,包括专业发展、专业合作、沟通交流和学习现代技术四个方面;第四层是其他行政性和辅助性工作,包括参加有关会议、对外联络、辅导和组织学生课外活动以及参与有关决策等。④也有一些学者指出,优秀教师的工作包括备课与管理课堂、规范和监督学生行为、具体教学的实施三个方面。⑤此外,教育情境中的关系也可以作

---

① 张小菊、管明悦.如何实现小学教师工作量的减负增效——基于某小学教师40天工作时间的实地调查[J].全球教育展望,2019(6):98.

② 刘奎.小学教师工作时间管理现状研究[D].上海师范大学,2021.

③ 刘乔卉、裴淼.中小学教师的时间困境——基于T市中学教师的混合研究[J].教育学术月刊,2021(6):76-82.

④ 李新翠.教师真的需要这样工作吗?[N].中国教育报,2014-09-16(006).

⑤ 杨兵、夏凌翔、黄希庭.教师工作自主问卷的编制[J].西南大学学报(社会科学版),2009,35(1):17-20.

为教师工作领域划分的依据。一般认为,教育情境中围绕教师存在着个体与集体两个层面的四类关系:教师与学生、教师与家长、教师与同事、教师与社会公众的关系。其中,教师与学生的关系是教育专业活动中最主要的人际关系。[①]

总的来看,小学教师的工作是十分繁重的,涉及多个方面,主要围绕教学、班级管理、家校合作、学校行政事务与教师专业发展五个方面展开。

二、工作取向下小学教师德育素养的研究设计

(一)研究思路

本研究依托于"小学教师德育素养的结构要素与培育机制研究"[②]课题,在课题负责人李敏提出的教师德育素养模型基础上进一步关注小学教师德育素养在真实师生关系场域和学校关系场域中的不同表现。首先基于课题组前期已建构的小学教师德育素养结构要素,通过梳理分析相关文献及各国教师专业标准,初步确定小学教师不同工作所需要的德育素养;通过访谈法、德尔菲法对不同教师工作中的德育素养结构要素进行细化与修正,使指标结构更清晰、内容更完整;通过对一线小学优秀教师不同工作中德育素养的价值优先性进行排序, 对小学教师在不同工作中最优先考虑的德育素养进行讨论,呈现出小学教师在真实工作中体现出的德育素养。综上,围绕以下几个关键主题,依托研究方法,有针对性地逐步开展研究:

第一,初步明确已有研究与政策文本中的小学教师德育素养;第二,探讨小学教师工作领域划分中德育素养的各级维度及价值优先性排序; 第三,构建不同工作领域的小学教师德育素养框架。

(二)研究方法

本研究重在关心小学教师在工作实践中应具备的德育素养,探索小学教

---

① 冯婉桢.教师专业伦理的边界以权利为基础[M].教育科学出版社,2012:76—77.
② 2019 年教育部人文社科规划基金项目"小学教师德育素养的结构要素与培育机制研究"(项目编号:19YJA880023)。

师在不同工作情境中对德育素养的选择与需求,建立小学教师在不同工作中的德育素养框架。显然,工作实践中的德育素养问题是十分复杂的。在明确的诸多工作情境中,应该如何做、最好的行动过程为何,往往是一个令教师困惑不堪的问题。①而且,不同的小学教师对工作中的德育素养的呈现与需求有着不同的理解,他们实现自己心中合伦理教学的方式也不尽相同。所以,对小学教师在不同工作中德育素养的探究也必然是一个复杂的问题。这需要我们不能仅仅停留在理论层面,更要真正走进小学教师的工作场域,在小学教师工作生活中寻求情境化的教育意义。因此,研究以访谈法为主,辅之德尔菲法,来获得对小学教师如何理解他们的工作、如何描绘工作中的德育素养、如何描述小学教师、如何解释他们的伦理选择与判断的过程性理解,并归纳与总结出在不同工作领域下小学教师集中体现的道德实践品质与能力,建构小学教师工作领域的德育素养框架,以期能够为小学教师在面临具体教师工作时需要更具体的伦理行动提供参考。

1.访谈法

小学教师的德育工作具有鲜明的在场性、经验性、不确定性和生成性,研究者需要了解被研究者的所思所想。因此,研究者借助访谈法可以获得关于被研究者在经验、观点、思考等方面的深入回应,进而收集到与研究问题相关的信息。本研究选用半结构化访谈,访谈对象选取北京市的共 14 名优秀小学教师,包括市骨干、学科带头人等,具备极其丰富的德育经验。在访谈中,我们更期待听到小学教师对于不同工作中德育素养的真实需求与行动。因此,访谈内容围绕爱、公正、倾听、榜样示范、客观地评价、合理的奖惩、化解冲突、专业化发展这八项德育素养展开,鼓励小学教师以事件、案例等多种方式表达自己的理解与做法,并且研究者可以就受访者感受最为强烈的德育素养进行追问。在此基础上,通过文献分析和已有的德育素养结构要素框架,依据

---

① 卢乃桂、王丽佳.西方教学伦理研究的路向与问题[J].全球教育展望,2011,40(8):10-14.

67位一线优秀小学教师对不同工作领域中的德育素养进行优先性排序,讨论小学教师在不同工作中最优先考虑的德育素养,以此集中呈现小学教师在不同工作中对德育素养的需求,以及小学教师在工作中对德育素养的真实选择与考量,在原有小学教师德育素养结构要素理论模型的基础上,初步确定不同教师工作划分中的小学教师德育素养框架。

2.德尔菲法

由于本研究属于初探性研究,其内容具有争议性和复杂性,因此需要经由优秀小学教师的相关经验与体悟,并且由德育领域专家发挥其智慧与专业知识,通过反复的专家意见征询使研究结果更具合理性。

本研究采用德尔菲法来识别小学教师在具体教师工作中体现的德育素养。德尔菲法是根据某一问题邀请相关领域的专家对这一问题进行经验判断,最终达成一致意见的方法,是一种专家咨询法。该方法的核心是通过匿名的方式进行几轮函询征求专家们的意见,然后对每一轮的意见进行汇总整理,作为参考资料再寄发给每位专家,供专家们分析判断,提出新的论证意见。如此多次反复,意见逐步趋于一致,得到一个比较一致且具可靠性的结论或方案。本研究的专家团队由优秀小学教师组与德育领域专家组构成,优秀小学教师组负责对各项工作中德育素养的价值排序,德育领域专家组负责对不同具体教师工作场域下小学教师德育素养中结构要素的内在合理性提出问题,通过征求四轮专家意见,根据研究结论,明确小学教师工作领域划分的德育素养最终框架。

(三)研究过程

本研究的访谈资料获取于2021年1月完成,分析资料及排序资料整理集中在2021年9月至2022年1月完成。

由于我们进入实地调查的时间总是有限,如果可以的话,我们会选择那些能够更容易进行研究的样本。在诸多现实不可抗因素的影响下,研究采用目的性抽样的策略选择研究对象,有目的地抽取能够为研究问题提供最相关、最丰富信息及相较而言较有发言权或权威的优秀小学教师,由此深化对研究问题的理解。①对于小学教师的选择主要考虑教龄、是否担任班主任、职称与单位等方面。

首先,教龄是选择受访教师及后续进行德育素养优先价值性排序教师要考虑的首要因素。不同教龄的教师由于其成长背景、教学经验与理念不同可能对教师德育素养有不同的理解。并且已有研究表明,教师的专业伦理发展表现为五个阶段。第一阶段(0—4年)为入职期,教师对专业及专业伦理一般持非常积极的态度,但此阶段的教师一般会依从外部的要求。第二阶段(5—16年)为发展期,教师个体对专业伦理的认同随着其自身教学经验的积累而不断深入,逐渐向认同并践行的方向发展。第三阶段(17—21年)为停滞期,教师可能正"积攒力量"以完成从"他律"向"自律"的转变,或者是重新认知与理解专业伦理。第四阶级(22—27年)为稳定期。教师一般多处于一个比较稳定的高水平的认同阶段。一些教师专业道德的学习状态向"信奉性道德学习状态"转化,教师个体对于专业道德的认同逐渐提升为价值的内化。第五阶段(28年及以上)为保守期,许多教师的职业心态下滑,为退休做准备,但多数教师仍然坚持其内化的价值。②据此,本研究选择了不同教龄的教师。

其次,在我国小学中,德育工作长期由班主任与学校的德育部门承担,其中班主任作为与学生、家长交往最为密切的教师角色之一,其需要进行的道德教育与伦理决策更为频繁与集中。因此,小学教师是否担任班主任也是研究需要考虑的条件。

最后,小学教师的职称也是一项重要考量因素。研究需要尽可能地获得最相关、最丰富的信息,这就对小学教师的综合素质提出要求。小学教师的学历、已取得的职称、已发表的科研成果等都可以为小学教师的综合素质提供参考。

基于以上考虑,研究者最终选取了14名受访小学教师,并请67位小学

---

① 陈向明.质的研究方法与社会科学研究[M].教育科学出版社,2000:103.
② 檀传宝.论教师"职业道德"向"专业道德"的观念转移[J].教育研究,2005(1):48-51.

教师对不同工作领域下的德育素养进行价值优先性排序。以下为受访教师资料,出于研究伦理的考量,研究者对受访教师进行编码。

表2-1　受访教师信息

受访教师编码	教龄	是否为班主任	职称
1C1(20210109)	27	是	高级教师
1W2(20210109)	21	是	高级教师、骨干教师
1W3(20210109)	23	是	一级教师
1Y4(20210109)	15	是	一级教师
1Z5(20210109)	24	是	高级教师、学科带头人
1L6(20210110)	30	是	一级教师、班主任带头人
1F7(20210110)	47	是	一级教师、骨干教师
2G1(20210116)	30	否	正高级教师
2L2(20210116)	4	是	二级教师
2G3(20210116)	10	否	二级教师
2Z4(20210116)	26	否	高级教师、学科带头人、骨干教师
2Z5(20210116)	5	是	二级教师
2Z6(20210116)	7	是	二级教师
2B8(20210116)	3	是	二级教师

选定受访小学教师之后,包括研究者在内的课题组成员于2021年1月份进行了访谈工作。在进行正式访谈之前,研究者在前期理论梳理的基础上,围绕已有研究中的德育素养结构要素事先准备好一份半结构化的访谈提纲以引导访谈顺利展开。

在访谈过程中,访谈者将依据访谈的具体情况对访谈内容作灵活的调整,随时准备好将"从访谈情境中萌生的机会"纳入实际访谈中。由于道德或伦理的相关话题本身就十分敏感,研究者向受访教师说明研究意图,强调研究的保密原则,并通过相对轻松的话题入手,或者请教师围绕感受最深切的德育素养讲述一些自己亲身经历的事件或案例,以此打开受访者的话匣子,使受访者自如地表达观点。课题组成员对受访教师的访谈时间控制在120分钟左右,并在征得受访教师同意的情况下进行录音。

在占有并分析大量文献与访谈资料的基础上,67位优秀小学教师依据自己真实工作需要对不同工作中的德育素养进行价值优先性排序。这一排序结果对于不同工作中德育素养框架建构及小学教师的德育素养诉求做了重要补充与集中呈现。

此外,为了研究的专业性,研究者请9位专家完善小学教师工作领域划分的德育素养框架,专家们的建议对研究非常具有参考价值。

表2-2　专家信息

专家	研究职责	数量
优秀小学教师组	对小学教师各项工作中的德育素养进行价值排序	67人
德育领域专家组	确定内容是否完整;对应是否准确	9人

(四)资料的归纳与分析

本研究的资料分析对象主要是大量的访谈资料,需要将每一份原始资料进行反复阅读和诠释。首先,在访谈结束当天就将访谈资料进行文本转录,并撰写访谈备忘录,进行研究资料的初步反思性阅读。在这个过程中,研究者需要依据研究问题,在原始资料中找寻不同的意义。对受访者的话语及观点进行初步的关切与思考,对资料进行初步的编码并记下对资料的大体想法。其次,对原始资料进行第二阶段阅读,关注小学教师所讲述的关键事件与案例。这些关键事件与案例涉及大量关乎德育素养的内容,需要进行细致地阅读和准确地理解,并在此基础上,对体现德育素养的部分资料进行归类与整理。最后,再次阅读原始资料,关注受访者在不同工作过程中呈现出的德育素养整体状态,使资料更完整、生动、真实。

第二节　小学教师德育素养结构要素的初步建构

一、小学教师德育素养结构要素的意义阐释

小学教师德育素养的初始模型强调小学教师应具备的道德实践品质与道德实践能力,即责任心与行动力,也是该模型的两大支点。责任心这一支点偏重描述所有教师应具备的道德实践品质,行动力则偏重描述所有教师

应具备的道德实践能力。①依据上文确定的小学教师德育素养结构的两个支点,本节在已有研究基础上,通过对 14 名优秀一线小学教师的深入访谈,对责任心与行动力所包含的具体维度进行更深地挖掘与细化,并最终确定小学教师德育素养的结构与要素。

(一)责任心:代表人类社会最有力的道德需求与实践品质

小学教师在面对身心尚未发展成熟的小学生时,首先是一个具有道德的人,诚如已有研究及规范文本的要求,小学教师应具备公平、尊重、耐心、诚实、负责、幽默等美德。通过文献及文本分析,加之对小学教师的访谈,本研究重在追寻既能影响学生当下存在,也会影响学生未来社会生活的道德实践品质,即爱与公正,二者代表了人类社会最有力的道德需求与实践品质。②

1.爱

在访谈过程中,几乎所有小学教师都会在不同程度提及"爱"或与其相关的内容,直接表达自己作为小学教师对学生的爱。小学教师的爱是教育的基础,如果小学教师没有真正理解爱的内涵,那么教育场域中教师的爱有可能变得支离破碎。毋庸置疑,爱作为教育世界的第一属性,教师需要具备"爱"这一道德品质。

> 我认为我对孩子的爱,是真诚的。但是我能够把他(学生)家长对我的那些不理解放一边,对孩子给予比别的孩子更多的关爱,我觉得他后来慢慢地阳光起来了。——1C1(20210109)

> 它(爱)其实包罗万象,我倾听学生就是一种尊重,尊重是不是爱的一部分呢,可能我做得都比较琐碎,但是最后也都在爱的范围里。——1W2(20210109)

---

① 李敏.教师德育素养新模型[J].人民教育,2016(23):20-24.
② 李敏.教师德育素养新模型[J].人民教育,2016(23):20-24.

小学教师更多地通过自己亲身经历的教育事件来表达他们对爱的理解,爱在不同的事件中呈现不同的形态,由此延伸出更深层次的道德维度。

> 我在跟他(学生)沟通的时候,他就说自己特别不开心,我说为什么? 他说,"因为我觉得同学们都不是太喜欢我,老师也不太喜欢我。当我纪律不太好的时候,可能同学们就会批评我。然后当我成绩不好的时候,我就觉得我自己特别差劲、特别糟糕,活着也没有什么意思,我也没有办法,我也不能跳楼是吧? 我就拿这些东西在我身上画一道什么之类的。"之后我就告诉他,"其实老师特别喜欢你,你没有发现吗?"他说没发现, 我就给他举例子。老师如果能够跟孩子共情是特别好的一个方式,他会觉得有一个人是喜欢我的,愿意跟我沟通,我并不是想象当中那样的人。我觉得这一点是特别必要的,这也有利于处理相关的问题和矛盾, 老师对同学的关爱和互相理解会有助于他很好地去处理他和其他人的矛盾,或者能够沟通得更顺畅一些。我觉得这个是在处理问题时能够帮助孩子在这方面有所提升, 有所改进的一个很重要的方式。
>
> ——1Z5(20210109)

在这一真实事件中,小学教师的爱以共情、理解的形态出现。共情意味着教师在处理道德问题时, 能够站在学生的角度感知和理解学生的想法与情感,并借助恰当的语言及动作有意地将这种理解传递、反馈给学生,让学生从内心感受到自己被理解、接纳,从而能够学会站在他人立场思考自己的言行。小学教师的共情不是缺乏行动的情感,是能够激发教师仁爱之心的重要指向,教师站在学生视角产生情感的共鸣能够帮助其做出更恰当的道德判断,同时也能够唤醒学生的自我道德意识。

学生的各种矛盾问题将小学教师直接推入具体的道德情境并被动地展现道德实践品质与能力,但当矛盾没有发生时,小学教师依然需要主动进行相应的道德实践。

　　其实我不知道到底是谁弄了一地卫生纸，但是在全班学生面前一说，告诉他们我知道了是谁弄的，然后你就看下边孩子们的脸，还有他们的眼神，也有一部分靠经验，你眼睛一扫，心里大概就有谱了，像他们年纪小，很多时候事都写脸上。——1L6（20210110）

　　她确实举手了，好，叫她回答问题，结果就低头，你让她抬起头来，并安慰鼓励着她，然而她看着你的眼神好像都有点害怕，吭吭哧哧的，不太自信，后来我经常叫她，想着多锻炼她，让她当众发言，其实这样的孩子很多，就得逮着谁"提溜"谁。——1F7（20210110）

　　小学教师所面临的众多挑战之一是迅速判断工作中出现的道德契机，比如学生的面部表情可能表明他正在尝试弄清楚一个问题；与成人缺少眼神接触的孩子可能是感到惊慌、内疚或不自信；一个学生讲话语速快表明他的热情、投入或困惑，而讲话犹豫或缓慢表明他困惑、心理负担过重和疲劳。[①]要获得这种洞察力，教师就要熟悉学生的性格与背景，获取学生的个人需求，并对他们的不同行为作出适当反应。在此基础上，小学教师就能够通过感知学生的情绪变化和异常情况，敏锐地预见、识别和解释教育问题，作出合理的道德判断，并适时地抓住机会，采取适当的教育措施。

　　此外，所有受访教师都提到了尊重、赏识与关怀，这在国家政策文本以及研究中皆有提及。首先是尊重，小学教师能够遵循小学生的身心发展规律，根据学生年龄阶段的特点来调整教书育人的方式，正视学生之间学习水平、成长背景等各方面的差异，能够用发展的眼光看待学生。其次是关怀，小

_____

① ［美］丹尼斯·海斯；王智秋主编，李敏副主编，周琳等译.小学教育百科全书[M].天津人民出版社，2021：140.

学教师既能关怀学生,也能关怀自己。对学生的关怀体现在关心学生的身心发展、课余生活等方面,能够运用恰当或委婉的表达来回应学生的正面需要,给学生留有自己的空间,关注贫困家庭及特殊家庭学生。对教师自我的关怀则要求小学教师关心自己的心理需要与健康状况,正确看待自我情绪的表达等。最后是赏识,小学教师能够欣赏学生的闪光点,运用合理的评价促使学生在赏识中认识自我、肯定自我,调动学生的积极主动性,在信任的基础上激发学生的潜能。不难看出,除了共情、敏感性之外,尊重、赏识、关怀同样重要,也属于爱的具体道德维度。

教师的道德实践需要教师的爱,这是一种基本的教育需求,也是小学教师德育素养中最为关键、最为基础的一项素质。小学教师的爱是一种情感期望,更是一种强烈的教育诉求。德育素养与学科素养、教学素养之间的最大差别在于对小学教师良好道德品质的期望和需求。从道德教育中对"爱"这一德育素养的探讨可以发现,"爱"的暂时缺失并不妨碍"知识"的传递,但是,从道德教育的实效性来看,如果仅仅是教师在教育教学的某一时刻没有投入或体现"爱","爱"就不会发生,学生也不会被道德教育所影响,也就没有产生德育的实质作用。

2.公正

在小学教师应具备的道德实践品质方面,除了爱,受访者们一致强调了公正这一美德。公正在人类社会中一直处于根本且重要的位置。亚里士多德就曾指出:"公正自身是一种完全的德性,它不是未加划分的,而是对待他人的。正因为如此,在各种德性中,人们认为公正是最主要的……它之所以为最完全的德性,是由于有了这种德性,就能以德性对待他人,而不只是对待自身。"①因此,人们对公正的关注一直存在,学校作为社会的一部分,自然不可避免地需要讨论公正。公正作为小学教师工作的必然要求,是一种非常重要

---

① [古希腊]亚里士多德.苗力田译.尼各马科伦理学[M].中国社会科学出版社,1990:94.

的德育素养。在各国教师专业伦理准则中也有体现,如澳大利亚首都直辖区教育局的《教师专业行为准则》(*Teachers Code of Professional Practice*)要求小学教师必须以正直、公平和适当的方式行事;尊重学生的权利,征求学生意见;决策过程中遵守程序公平等。① 美国《教育专业伦理规范》中"不得因种族、肤色、教义、性别、国籍、婚姻状况、政治或宗教信仰、家庭、社会或文化背景或是性取向差异而不公平地对待学生"等规定都体现了"公正"这一重要伦理维度。②

首先,小学教师的公正需要以理性为前提。一位受访教师讲述了自己曾经在面对学生不良行为时的状态,形容自己"整个人是失控的",在事件过后的反思中,这位受访教师说道:

当你理性站在第一位的时候,可能问题就好解决一点。不要急躁,你一急躁孩子也会越来越失控的, 你自己就得强制自己先冷静下来。——1C1(20210109)

还有一位受访教师讲述了曾经处理自己消极情绪的事件:

老师也是人呀,都会有消极的时候,我刚入职的时候就被一个孩子伤害得特别深,后来这个孩子转学了,我当时真的就想破罐子破摔了,但是当我一进班,看到其他的孩子都安安静静地抬头看着我,这股劲就被憋回去了,我当时就什么都没说,跟往常一样还正常上课,下课回办公室我就哭了起来。后来仔细想想自己不能因为一个孩子就不管其他孩子了。——2B8(20210116)

---

① 澳大利亚首都直辖区教育局《教师专业行为准则》[EB/OL](2014-03-19),https://www.education.act.gov.au/__data/assets/pdf_file/0007/17692/TeachersCode_ofProfessionalPractice.pdf.

② 檀传宝主编.教师职业道德[M].北京师范大学出版社,2015:202-204.

虽然人们在作出道德判断的过程中，感性和理性是相通的，但对于小学教师而言，理性能够为教师当时的道德判断提供导向与支撑，使其处于公立的立场去思考如何解决眼前的道德问题、如何实现学生对公正的道德诉求，这意味着小学教师的公正需要保持理性，能够克制和稳定自己的不良情绪，不轻易受外部工作环境的影响，且在面对突发状况时能沉着、准确、迅速地做出反应，冷静处理。

其次，小学教师要做到平等，即一视同仁。教师要用同一个标准或规则对待学生，不因学生的学业成绩、性格、相貌等因素区别对待学生，能以平常心对待质疑，听取意见，勇于承认自己的不足与过失，做到客观评价学生。正如这位小学教师的做法：

> 他们(学生)也比较信任我，觉得我是一个比较公正的老师，没有说学习好的孩子就偏袒，也没有因为这个孩子学习不好，就什么事情都让这些孩子去背锅。所以有的时候在班里或者那些学习不好的孩子在受欺负的时候，我也会为他们去说话。所以孩子们会觉得在我眼中，他们是可以找到自己的价值和地位的，而不是因为孩子学习成绩不好就全盘否定。——1Y4(20210109)

再次是民主。小学教师理解中的民主，多体现在班级管理之中，尤其是在选派班干部、队干部的时候，对于有经验的教师来说，在这类班级活动中体现自己的民主有利于更好地进行教学和管理，也能够和学生建立平等和谐的师生关系。在一线教育现场中，民主的交往方式使得自由、平等、尊重、多元、宽容、妥协、协商和平等观念浸透于学生的道德意识之中，体现于学校班级生活的每一个细节。[①]

---

① 李镇西.教学民主的意义[J].四川教育,2003(10):23.

对于竞选班委这一事务,我会秉承公平公正的原则,我会告诉孩子们一个标准,比如说选体委,作为体委要能为大家服务,要积极参加运动,同时还要配合老师,带动其他同学,大概跟孩子们说是这样的一个标准。第二步就是通过平常上课也让孩子们来推举,你们觉得哪个同学比较符合这个标准,他们也许会推举一个两个三个,然后让他们三个人再竞争,给自己拉拉票,之后再请其他同学进行投票,我一般会让他们(学生自己)来选,我觉得这还是比较公平公正的,孩子们有可能也会受我这种做法的影响。——2L2(20210116)

我们班里的活动,尤其是竞选、评奖这种,一定是民主的。怎么去发挥民主？首先你这个正当程序的观念是必须得自始至终有的,选举的程序也是通过民主议事来确定。……我特别强调一点,民主程序一旦形成,我们就要不遗余力地遵守。即便你觉得有异议,在执行过程中大家觉得有问题了,但在我们民主商议调整出来的新的程序出现之前,我们还是要严格地遵循现有的程序,即便它是有问题的,是比较机械化的。这对培养学生的规则意识、程序意识及民主意识是非常重要的。——2Z5(20210116)

在特定活动中的教师民主能够促进师生之间形成相对平等的关系,在师生交往的基础上,双方进行和平、尊重、愉快的良性互动,形成民主的愉悦氛围,从而建立一种民主型的师生关系。在这一过程中,教师向学生传递民主的信号,潜移默化地对学生的道德意识乃至道德行为施以正向的影响。

最后是权益意识,小学教师不仅要保障学生的权益,也要保障自己的权益。法律对教师与学生的权益有刚性的规定,小学教师需要优先考虑及保障学生权益,避免语言倭化等。另外,小学教师自己的权益同样需要保障。

(二)行动力:促使教师实现高效高能德育实践的专业行动与实践能力

责任心是对小学教师内在道德实践品质的要求,它从内部驱动小学教师有意地促进和示范着伦理美德,这些伦理美德的实现需要通过教师的一系列行动外化出来。换言之,小学教师的德育工作具有鲜明的在场性、经验性、不确定性和生成性,需要教师具有专业的道德实践能力。[①]在小学场域中,小学教师往往面临比其他学段更为复杂密集的道德情境,因此小学教师需要更为专业的道德实践指导,或者说专业的育人能力,以帮助教师实现更高效高能的德育实践。已有研究成果与访谈资料呈现出一线优秀小学教师需具德的具体、真实且丰富的道德实践能力,由此我们最终得出小学教师道德实践能力的六个方面:倾听、客观地评价、合理的奖惩、化解冲突、榜样示范、专业化发展。

1.倾听

随着教育理念的更新与教师专业水平的提升,倾听在教育教学中愈发重要。教育的过程是教育者与受教育者相互倾听与应答的过程。[②]这就要求教师承担起培养和发展学生倾听能力的责任,也要站在欣赏、体味学生的立场,以倾听的姿态面对学生。

> 我觉得无论是教学还是日常,包括各种德育活动,我认为倾听是基于对孩子的尊重。只有尊重才能耐下心来蹲下身子去聆听孩子们的声音、他们的想法、他们的观点,甚至他们的不同的意见。——1C1(2021 0109)

> 如果说道德品质的话,我觉得倾听首先是对孩子的一种尊重,尊重孩子是老师应该放在第一位的,比如我从来不会打断孩子的发言,哪怕

---

① 李敏.教师德育素养新模型[J].人民教育,2016(23):20-24.
② 李政涛.倾听着的教育[M].华东师范大学出版社,2017:3.

他说的不对,再有就是孩子犯错了,他在解释时,我也会耐心听他讲。
——2G1(20210116)

从这两位教师的表述中我们可以看出,当前小学教师在工作中能有意识地觉察小学生的语言表达,成为小学生倾诉的对象,帮助学生排忧解难等。实际上,小学教师不仅需要倾听学生的语言与表达,更要倾听学生所表达的情绪与想法,站在学生立场与其产生情感的共鸣,以更好地满足学生"被倾听"的需要,促进良好师生关系的建立,促进教学效果的最大化,实现教师的自我发展。

我觉得倾听不是嘴上说的,是要走到内心深处的。而且在倾听他人的同时,还要反思自己的行为举止。所以说倾听的过程是一个较为复杂的内心变化的过程,要边听边反思,然后再作出决定。——1C1(20210109)

教师在教育教学中觉察学生的言语或非言语行为,如眼神、肢体动作、语言、情绪等,能够当学生倾诉的对象,帮助学生排忧解难,主动了解学生各方面的情况等。但在倾听过程中,教师常常忙着捕捉学生的语言,而难以思考其中的意义以及背后的原因。因此,当学生出现一些状况时,能够通过倾听进行归因,以更好地帮助学生解决问题就显得极为重要。同时,小学教师既然要倾听,就不能只倾听"好学生","后进生"同样需要"被倾听"。还要倾听学生的不同见解,不打断、不逃避学生的回答等。此外,除了倾听学生本人,小学教师还需从同学、家庭、其他科任教师等不同主体倾听学生、了解学生。

实际上,倾听不仅仅需要"听",还需要教师对学生的语言给予反馈和反应,表达出自己是否真正明白学生表达的内容,并且进行恰切地回应。

有价值的回应的前提,一定是真正的倾听。我觉得倾听的前提是思考,一定是要边听边想,倾听、思考、回应是一个连续的过程。你在听的时候一定要边听边想,他到底想说什么,或者他到底说了些什么,无论是他说的对还是错,原因是什么?这才是倾听。然后你才能够给他给予一种有价值的回应,而不是"好,我知道了,请坐"。——2Z4(20210116)

正如这位受访者所述,教育是需要倾听和提供价值性回应的,小学教师在倾听过程中给予学生恰切的回应十分必要。在师生相处的过程中,双方有三分之二的时间用于交谈,而其中又有三分之二的时间是教师在进行讲话。并且,师生在交谈过程中,教师回应具有一定的导向性,主要表现在学生"听众"的数量上以及教师在不同性别、不同能力和需要的学生之间所分配的时间上。对此,教师的回应必须有明确的指向性和激励性,如,学生问候老师后,教师要及时以言语、微笑、点头或摇手等方式进行回应。并且,教师在学生遇到困难时要给予引导和鼓励;犯错时要及时纠正。

倾听作为道德实践能力之一,需要体现出尊重、谦逊、耐心和宽容等特质,而不仅仅是在信念或认知模式上的优秀。一般来说,小学教师倾听意识的萌生有利于教师在信念或认知模式上的完善,从而使之不断趋向优秀。具有倾听意识意味着小学教师能够把学生当作与他一样处于平等地位的人,意味着他虽掌握"真理"却能够接纳各种看似"幼稚"的话语,意味着他对"真理"的唯一性与暂时性有着清醒的认识。这些都彰显了教师对学生的尊重、自身的虚心与宽容等品质。①

2.客观地评价

评价在教育过程中有着十分重要的作用,是教师日常工作中不可分割的一部分。②许多教师规范文本都将评价作为检验教师专业发展、教育教学实

---

① 宋立华.解释学视域下教师的倾听意识及其萌生[J].教育理论与实践,2016,36(26):6-8.
② Schafer WD.Essential Assessment Skill sin Professional Education of Teachers[J].Educational Measurement:Issues and Practice,1991,10(1):3-6.

践实效性的重要手段。在澳大利亚的相关教师发展标准中,评价贯穿整个教学过程,教师需要"制订及应用一系列全面的评估策略,以诊断学习需要、符合课程要求;使用学生评估数据评估学习和教学项目;利用学生反馈、学生评估数据、课程知识和工作场所实践,审查当前教学和学习计划"[1]。我国的《小学教师专业标准(试行)》将评价作为小学教师专业能力的重要维度,要求小学教师"灵活使用多元评价方式,给予小学生恰当的评价和指导;引导小学生进行积极的自我评价"等。此外,Popham 认为,教师缺乏评价的素养是专业自杀的表现。[2]可以看出,评价是小学教师必备的一项专业素养,是小学教师道德实践能力的一种。小学教师如何在评价中发挥德育的力量是非常重要的,这对小学教师的评价提出了更高的道德要求。

通过梳理教师专业标准等政策文件及优秀小学教师访谈资料,研究认为小学教师在对学生进行评价时,必须做到多元和公正。这一点在访谈过程中也得到了印证。

这个学生他只是注意力差,所以上课会经常不举手就发言,但是我们看学生不能这么片面,实际上这个孩子做事情特别好,让他做什么事情,他都特别认真地帮你干,他也有特别好的地方,当老师的都应该看到。——2Z6(20210116)

评价学生,我的一个基本的原则是优点说足,努力去发现他身上的闪光点,问题以建议的方式说出来。无论是再调皮、再特殊的学生我也会努力发现他的优点,然后把优点尽量全面、完整、适当地放大,比如说有

---

① 吴军其、王薇. 中小学教师专业发展标准的比较分析——基于6份典型教师专业发展标准的质性研究[J]. 现代教育管理,2021(5):77-85.

② Popham WJ.Why Assessment Literacy Is Professional Suicide[J]. Educational Leadership,2004,62(1):82-83.

些孩子自信心不强,我会适当地放大一些,当然不是无限放大。然后问题和不足不说,那么在此基础上,告诉学生,"如果你想更好地提升自己,那你可以在哪一些方面进行完善呢?"再比如说太小气或小心眼的孩子,我会告诉他,"你可以用心观察一下,在你的身边有这些优点的同学和伙伴也有很多,你可以去发现他们身上像你这样的优点,然后去接纳他们,这样你会获得更多的朋友。"我用这样的一种很具体的建议,告诉他可以怎样做,因为每个孩子都不一样。——2Z5(20210116)

多元评价要求小学教师的评价标准与方式因人而异,评价尺度适中,能够根据事情的严重程度判断评价的轻重程度;要善于发现学生的变化并及时给予评价;评价依据不仅仅局限于学习成绩,要综合考虑卫生、体育、品德等多个方面;评价语言要多样化、人性化。此外,客观地评价还需要教师做到公正,要求小学教师从客观事实出发,不掺杂教师的主观情感,评价时做到"就事论事、一视同仁、公平公正"。在评价中,不急于给学生扣帽子、贴标签,也就是不用同一把尺子来衡量每位学生。①

3.合理的奖惩

小学教师采用合理的奖惩,对小学生的道德判断乃至道德行为都有极大的正面影响。在小学生和教师的心目中,奖惩是非常重要的:

我认为表扬和批评都是教育的手段,教育不应只呈现一面性,鼓励也只是其中之一,你要知道,如果小孩子只是鼓励的话,他可能真的不知道方向在哪儿了。引导他们,也会让他们正确地认识到老师的表扬和批评,这是教育中一种正常的,应该有的手段。——1W2(20210109)

---

① 刘春梅.小学生品德评价存在的问题及对策研究[D].湖南大学,2014.

通过受访者的回答不难看出，奖惩是教师进行教育教学的常用手段之一。作为传统教育手段，奖惩如一门艺术有其自身的合理形态，科学的奖惩能够促进或矫正学生的行为，有利于学生发展。科尔伯格的道德发展阶段理论表明，在个体道德发展的不同阶段，奖惩的实际效果与意义有很大区别。6~12岁的小学生基本处于个体道德发展的前四个阶段。对于处在道德发展的前三个阶段的小学生而言，不同形式与程度的奖惩是其进行道德判断的基本依据。从第四个阶段之后，小学生将以抽象的道德准则、道德观念为道德判断的依据。在实际教育过程中，很多小学教师都有自己的一套奖惩模式，或者与学校整体奖惩机制相一致，或者是自己的教育经验使然，但多数教师都会选择奖励为主、惩戒为辅的奖惩观。奖励则多是口头表扬、代币奖励等形式，惩戒多数为口头批评的形式。

> 我在班里对学生奖励一般是口头上的多，表扬一下、夸奖一下。一年级的时候，我是每个月会给他们印一些小奖片，每个月会发他们一次。到每个学期末，学生拿这堆小奖片到我们这换奖品。比如说换一些学习用品，橡皮、小本儿及小玩具。惩罚基本上是以口头批评为主。——1W3（20210109）

> 我觉得奖励其实很有必要的。我通常会利用我们学校的一套奖惩制度。每个学期都可以奖励他们"生长币"，到年终，他们可以到我们的超市去购物。我一般的话也会用到，对于学生好的行为进行奖励，不好的也会相应扣除他的"生长币"。这些孩子特别喜欢"生长币"。因为老师平常对他们奖励的还是比较少的，比如说他表现好，他要累积到几次之后才会给他一个。所以"生长币"对他们来说还是比较有用的。——2L2（20210116）

　　惩罚是一个比较敏感的话题。其实惩罚本身并不多,应该说更多的就是批评教育,这个还是较多的,然后围绕他这个问题的破坏范围大小进行批评,有的批评教育可能是关于他一个人的,就是单谈,那如果是涉及集体荣誉问题,或者说这个事真的有重大影响,好多人也都知道,那我们也需要在全班面前批评教育。——1W2(20210109)

　　奖惩源于一种相信外部刺激能够改变行为的信念。小学教师在奖励时要灵活,需要考虑到儿童的年龄、性别,在恰当的时机给予口头上奖励、动作类奖励和物质奖励。同样,惩戒也需要考虑儿童的基本情况,多方面进行惩戒,但要注意保护孩子的自尊心,不讽刺、挖苦学生。

　　在真实的教育教学活动中,教师们都有自己的一套标准,这个标准或是与学校要求一致,或是以小学生行为守则等为准,更或是全体学生所共同制定并认可的标准,帮助双方划定事情有所为,有所不为的界限,这一界限能提高师生的奖惩感受度。因此,小学教师进行奖惩还需客观公正,保证奖惩的标准一致。

　　第一节班会我就让他们自己去制定班规,然后他们真的比我还要狠,他们这个奖励都还行,跟我刚开始给他们定的差不多,但是惩罚这个项目,比如说我可能会扣两张奖票,他们可能会扣20张,我就说那么你们都同意,咱们就按照这个来。之后就会发现,有的孩子挺在乎这个奖票的,他们就会约束自己的行为。——2Z5(20210116)

　　值得一提的是,受访教师在谈到惩戒相关内容时,访谈者通过对方的语气、动作、眼神能感受到受访者的谨慎、严肃与无奈。关于惩戒,近些年部分教师很少使用甚至不敢使用惩戒权,教师的权利缺少有效的保障。一些教师滥用惩戒权,致使学生的身心发展受到侵害,也使教师的惩戒权陷入两难境地。随着对教师惩戒权关注度不断上升，国家教育部制定并颁布《中小学教育惩戒规则（试行）》（以下简称《规则》）。《规则》首次对教育惩戒的概念进行了定义，规定教育惩戒是"学校、教师基于教育目的，对违规违纪学生进行管理、训导或者以规定方式予以矫治，促使学生引以为戒、认识和改正错误的教育行为"[1]，明确教育惩戒不是惩罚，而是教育的一种方式，强调了教育惩戒的育人属性，是学校、教师行使教育权、管理权、评价权的具体方式。《规则》还强调，实施教育惩戒应当遵循教育性、合法性、适当性的原则，"符合教育规律，注重育人效果；遵循法治原则，做到客观公正；选择适当措施，与学生过错程度相适应"[2]。

　　惩罚最初仅仅是希望改善学生的不良行为，但由于部分教师没有合理使用惩罚，导致不仅没有使儿童改善行为，相反地，成为将儿童挤下黑暗的深渊。[3]可见，奖励和惩罚均具有两面性，需要合理地进行奖惩，以达到减少学生错误行为，帮助其形成优良道德的目的。

　　4.化解冲突

　　小学教师在教育教学中会遇到各种突发事件，这些突发事件发生在学生个体、学生与学生、教师与学生之间，因其事发突然、形式多样，常在教师意料之外，这对小学教师的知识经验、专业能力、心理素质等方面来说无疑是巨大的挑战。这也反映出小学教师解决这些问题时所欠缺的专业素养与能力，只有冷静沉着、机智、理解包容地应对，才能有效把握每一个冲突背后的德育契机。

　　这些突发事件总是以意外的方式出现，不同教师即使面临同样的事件其解决方式也会有所差别，但教师们所持有的解决方法的共识是：保持冷静。

---

　　① 教育部颁布《中小学教育惩戒规则（试行）》——教育惩戒，有"法"可依，http://www.moe.gov.cn/jyb_xwfb/s5147/202012/t20201230_508113.html.
　　② 教育部颁布《中小学教育惩戒规则（试行）》——教育惩戒，有"法"可依，http://www.moe.gov.cn/jyb_xwfb/s5147/202012/t20201230_508113.html.
　　③ 陶行知.陶行知教育文集[M].四川教育出版社,2007:61.

　　我第一次给一个班上课的时候，我记得特别清楚，那节课讲游戏的内容，孩子就炸开锅了。我当时是先扫视一圈，他们就安静了，然后我说咱们班一直都是特别优秀的班级，纪律也应该是非常棒的，有的同学甚至已经是小队长、中队长了。我说完这话，身后就有孩子笑，因为我是在下边来回走的。我就立马回头很严肃地说："谁笑呢？"然后孩子们都指一个孩子，我就让他站起来，问他为什么笑，他指了指另外一个男孩说"老师，他刚摸你屁股。"——1Y4（20210109）

　　由上述可知，该受访者在遇到突发情况时瞬间陷入了困惑，小学教师在日常教学工作中常常面临不可控的突发事件，尤其对于新手教师而言，需要具备一定的教学机智才能较好地处理和应对。

　　我当时脑子就蒙住了，因为我从来没遇到过这种情况，一瞬间就不知道怎么办了。然后问他指的那个男孩，让他站起来，问他是不是这样，当时这个男孩都快哭了。后来想想其实当时没有做一个很好的处理，是课下叫两个孩子又单独询问的，结果是笑的那个孩子撒谎，还诬陷别人。这个事情我一直记得，因为我当时是新老师，经验少，遇到这个事情我应该第一时间冷静下来想我怎么解决，而不是大脑空白，被孩子的话头牵着走，不知道做什么。——1Y4（20210109）

　　这段访谈内容凸显了受访者对于过去经验的反思和成长意识。她意识到自己在教学工作中面对突发情况时可能未能有效地处理局面，特别是对于两个孩子的单独询问导致结果不准确的情况。她的自省显示了她对于改进和提高自己在类似情境下应对能力的愿望。这种意识到自身处理问题的局限性及改进空间的反思态度是一个小学教师德育素养提升的关键要素。小学教师应该及时反思和认知自身在特定情境下的表现，以及寻求有效的解决方案,有助于其提高专业能力和德育素养,增强对于类似情况的应对信心。新手教师随着经验的积累和反思的深化,才能在未来的教学工作中更好地处理类似情况,切实提升教育实践的质量和育人的实效性。

　　家长直接去教委投诉我,其实就是诬告。所以当时我的情绪就是不想干了,然后大发雷霆,觉得自己特别委屈。然后我一个朋友跟我说:"你别老这么委屈了,你能不能职业一点? 你以前见的都是纪律差的,这回你见了一个跟你玩智商的孩子,你应该觉得这是一个财富,是你教师生涯当中的一个案例,你能把它解决好了,把它转化好了,你就又有了一个新的成绩。你现在完全是被他们牵着鼻子走,你能不能跳出来? 你这么生气,你干嘛?"他跟我说完这番话之后,我想我这样的话,实际上就没法去解决问题了。——1C1(20210109)

　　在真实教育环境中,这种冲突事件时有发生,小学教师首要做的就是保持清醒的头脑,保持理智与冷静,第一时间对事件进行准确的甄别与判断。只有正确、恰当地了解事件,小学教师才能有效化解这些冲突事件。与其他学段不同,小学教师要处理的矛盾问题相较其他学段而言更多,即便是经验丰富的老教师也会陷入这类事件,所以小学教师需要第一时间控制情绪,保持冷静。因为小学教师自身任何过激或失控的状态不仅不能有效解决突发事件,反而会造成对学生的伤害。很多小学教师在事后会反思与懊悔,如果当时能够克制自己的情绪,保持理智,即使在事件发生的当下没有立刻找到问题的有效解决策略,也不至于对学生造成不良影响。

　　每次去解决问题的时候,我的方法基本就是把他搂过来,安抚他的情绪。然后我就搂着他拍着他脑袋,搂着让他入我怀里。开始他还跟我较劲,急着挣脱。我就一直搂着他不撒手,慢慢地他就软下来了。之后我慢慢地跟他说话:"你今天一定又有什么不痛快的事了,在课堂上发生什么事了?"我就先给他一个输出的机会,他往往就会先指责别人,老师怎么着同学怎么着,我也是先顺着他来说。其他老师和同学可能是有说话不对的地方,我说这是人之常情。我试着一点点地开导他,他最后说道:"我也不想这样,他们不给我面子什么的。"往往软下来之后他会承认自己的一些问题。每次好了之后,我都会带着他给老师道歉,或者说自己跟我表决心以后再也不这样了,每次基本上是这么一个过程。另外一个很重要的就是对孩子进行一个共情,然后跟他一起分享,理解他,倾听他,同时还要关注他的闪光点。——1C1(20210109)

　　在保持冷静与理智后,教师可以采取机智的方式应对。教育机智来源于小学教师对教学的深刻理解和丰富的教学实践经验,与其自身所秉持的教学理念及促进学生积极发展的教育目标相一致。实际上,教育机智并不神秘,它由突发事件所引发,并在小学教师处理事件的过程中得以发展,从而也提升了小学教师整体心理素质与解决问题能力。经验丰富的教师在多数情况下可以游刃有余地、机智地解决偶发的冲突事件,并且能够站在学生角度去理解、包容,在处理问题时要就事论事,不戴有色眼镜看人,不因学生的"身份"而有所偏颇。最后,小学教师运用灵活多变的方法,将矛盾与冲突转化为可能,并借助事件中某些有利因素,抓住机会,进行迂回式的教育,以实现道德教育的有效性。

　　5.榜样示范

　　"学高为师,身为正范。"教师的品行对儿童道德发展具有榜样作用。[1]在小学阶段,小学教师是儿童模仿和学习的重要他人,小学教师的言行举止、待人接物等对小学生都具有示范作用,通常会被小学生模仿。这种模仿并不是

---

① 刘慧、李敏等.小学生品德发展与道德教育[M].高等教育出版社,2015:147.

简单的复制、拷贝行为，而是外部世界与自我表达的交叉堆叠后重构生成的。在这个模仿的过程中，儿童在对外部世界建立理解的同时，自己的内部世界也得到扩展与重构，内部世界与外部世界得以沟通，新的内部世界一旦被重构，在相关外部世界的刺激下，儿童内部世界的实践性知识就会被激活，儿童便会在模仿的机制下采取积极的行动来表达自己的看法。[①]因此，榜样示范是小学教师必不可少的德育素养之一。

> 老师的榜样引领，甚至可以说是故意性的引领，会加速孩子好习惯的养成。比如说我们想让孩子做一件事情，我们可以故意这样做一段时间，特意去做榜样，那种潜移默化的影响也是很重要的。比如我在写板书的时候书写就特别规范，特别漂亮，让孩子们潜移默化地学会了，自己的字也写得漂亮了。——1C1（20210109）

受访者强调了教师的榜样作用在塑造学生行为和习惯方面的重要性。小学教师通过自身的言行举止，甚至有意识地展示榜样行为，可以加速孩子良好习惯的形成。这种潜移默化的影响是教育过程中非常关键的一部分。该教师特地强调了自身特质和行为对学生的影响，并以板书规范书写的例子说明了如何有意识地展示榜样行为，以达到教育目的。这种自我要求和自省的态度体现了她作为小学教师的责任感和专业精神。总体来说，小学教师通过榜样示范行为可以帮助学生塑造良好的学习习惯，这对于开展教育实践和丰富教育研究都具有启示意义。

> 他（学生）会觉得老师获得荣誉证明老师做得好，对于自己是一种激

---

① 谢维和、李敏.小学教育原理[M].高等教育出版社,2021:191.

励。然后老师出现问题,能去改正、去解决问题对于他们而言也是一种示范,自己的言行举止对于孩子而言都是一种隐性的教育影响。——2Z6(20210116)

　　我在备一节课,这节课既是为学生准备一节精品课,又是在为学校的荣光做争取的时候,我的全力以赴其实本身就是给学生做一种榜样,就像这种团结友爱也是对班风凝聚的引领。他们也会知道同学之间是一个集体,我们应该团结友爱,这都是榜样的引领。——1W2(20210109)

可以看出,榜样示范对于小学教师和小学生的重要性不言而喻。教师们大多通过自己的规范行为习惯来潜移默化地影响学生,所以小学教师要求学生做到的,自己首先要做到,要求学生不做的,自己坚决不做,做到言传身教。小学教师还要有良好的习惯。这一阶段对于小学生行为习惯的养成格外重要,教师的习惯也更容易引起学生的模仿,这就要求小学教师保持个人衣物、身体等个人卫生的整洁;有使用文明语言、不随意丢垃圾、爱护公物等良好的文明习惯;还要遵守交通规则,有良好的交通习惯等。此外,小学教师的榜样示范还体现在形象方面,要求小学教师做到适宜着装,服装、饰品、发型等符合教师形象。

6.专业化发展

教师在从入职到退休的整个任职期间,都要求进行"持续的专业发展",教师的德育素养同样需要持续的专业发展与提升,每位教师个体的品格是专业素养中的关键组成部分,[1]如果教师的品格和素养不健全、不完备,那么就会直接或间接地影响学生的身心发展。因此,教师的专业化发展至关重要。

首先,教师的职业认同是发展的重要前提。较强的职业认同感对于小学

---

① [美]休·索科特;王凯译.教师专业素养的道德基础[M].福建教育出版社,2018:13.

教师德育素养的形成与提升有积极促进作用。

> 对于我来讲,我其实从小就想当老师,当老师就是我的理想,所以说能够成为老师,实现了理想是很幸福的一件事儿啊! ——1W2(20210109)

> 我是打心眼里喜欢这份工作,喜欢孩子,所以我在工作中遇到很多困难也好,难题也罢,我还是愿意去克服和解决它。——1W2(20210109)

小学教师足够认同自己的专业,这种认同的感知可能是制度变革和教育变革的基础,可能有助于他们处理教育的变化,还可能有助于他们与同事合作。[①]这种内在的高度认同感成为教师工作中的重要内驱力。

其次,反思也与教师职业认同关系密切。安特奈克等人认为没有反思,就没有自我。他们强调,要想把自我向教师发展,就必须发展反思技能。通过反思,教师把经验与他们的知识和感觉相关联,愿意并能够把与社会性相关的东西综合到他们作为教师的自我形象中去。[②]

> 反思很重要! 我一直认为反思是一件非常重要的事,这个反思有前期反思和后期反思。前期反思,就是说我在做一件事之前我的预设,特别是班主任面对的都是细碎的工作,我一个任务布置下去之前是要经过很多思考的,比如这种情况,你们怎么办? 那种情况怎么办? 我是要有预设的。当你有了这种失败的经验和教训就会开始反思,会在这件事情之后想哪个地方出问题了。给学生布置一个任务的这个小的环节,都要有思考,有前思和后思,前思其实就是预设好,后思就是总结和找问题或是

① BeijardD,Verloop N,Vermunt JD.Teachers' perceptional identity:An exploratory study from a personal knowledge perspective[J].Teaching and Teacher Education,2000(16).
② 魏淑华.教师职业认同与教师专业发展[D].曲阜师范大学,2005.

优秀经验。——1W2(20210109)

受访者强调了反思在教育实践中的重要性，尤其强调了前期反思和后期反思的区别与作用。所谓的前期反思，即小学教师在执行任务之前，需要进行充分的预设和思考，尤其在应对复杂而细碎的工作时，这种前期准备显得尤为关键。后期反思指向小学教师基于教育实践经验的总结和评估，通过审视失败经验和教训，找出问题并寻求改进，或者总结成功经验应用于未来的教育实践中。这种前后期的反思过程有助于小学教师不断提高自身的专业能力，加强教学的质量和效果。小学教师应重视反思的两个阶段，稳步提升其对于自身行为和教育经验的思考和总结能力。

我会觉得反思很重要，而且我也会教我的学生要反思。其实跟做比起来，思考更重要。另外你思考好了再去做，是会事半功倍的。做完之后再去思考自己做的事情或行为，问问自己这样做对不对，如果不对应该怎么做，时间久了会有帮助的。——2G3(20210116)

美国著名学者波斯纳曾提出这样一个公式：教师的成长=经验+反思。反思是当前公认比较符合现实的促进教师专业成长的有效途径之一。在进行教育活动前，教师们会设想自己言行的后果；事后反思包括写反思日志、记录教学生活及虚心倾听他人反馈等方式。这一完整的反思线条能够帮助教师更好地实现自我发展，进一步激发教师终身学习的自觉冲动，从而提升自身的教学水平。[1]因此，教师的专业发展还需要终身学习。教师必须始终朝着人类文化发展的方向前进，树立终身学习意识，追求教育教学的最高境界和最佳效果，不断地塑造自我、超越自我。[2]

① 顾彩红.新教师反思重建教学的路径探析[J].上海教育科研,2018(10):72-74.
② 李颖.解读教师专业化发展的系统结构[J].东北师大学报,2005(6):131-136.

我们不否认这些理论对我们精神的引领,学校、市区组织的各类学习,会激发我的这种积极性,包括提升自己的教育教学水平,是有着不可估量的影响,它不一定会时时指导着我,但是不定什么时候我哪个问题在脑子里打结了,可能某一个想法,谁说过的什么观点,就会指引着我,就会解开了这个结,所以说长久的、专业的学习,也是很重要的。——1W2(20210109)

我从六年级下来以后又到了现在的一年级,其实相差了五六岁的孩子,他们又不一样了,就是教育必须要求老师有终身学习的能力。——2Z6(20210116)

小学教师长时间在一线工作,积累了大量的道德实践经验,在一定程度可以依靠已有经验及一些固有理论进行道德实践,基于小学生的特点需求,面对正处于不断变化发展中的儿童,小学教师仍然需要自我更新。正如德国著名教育家第斯多惠说过,"只有当你不断致力于自我教育的时候,你才能教育别人"[1]。唯有教师树立终身学习的理念,并付诸行动,才会自然影响到学生的学习态度及行为,从而实现高效的道德实践。

二、小学教师德育素养的基市框架

本章基于小学教师德育专业化的本然状态,对当前小学教师德育素养的学理研究与政策文本进行梳理,再结合一线优秀小学教师的经验,在原有小学教师德育素养理论模型之上进行补充与细化,得出小学教师德育素养结构要素的基本框架。

---

① 王建勤.终身学习:教师专业化的根本要求[J].中国成人教育,2009(12):74-75.

表2-3　小学教师德育素养的结构要素——责任心

支点	一级维度	二级维度	具体内涵	态度	行为
责任心	爱	敏感性	道德敏感性	亲切、温和、鼓励、耐心、接纳、包容、适度、敏锐、积极、尊重、关心、无私、欣赏	能够对学生的道德行为进行识别、判断和解释 当学生犯错,能察觉是否为道德问题 能对自身行为的道德水平保持敏感
			情绪敏感性		敏锐察觉学生的情绪变化、异常情况 能够察觉自身情绪变化 进行自我情绪管理
		尊重	尊重身心发展规律		顺应学生性情 促进学生身体的发展 关心学生的心理需要 根据学生年龄阶段特点调整教书育人的方式
			尊重学生个体差异		能够觉察并正视学生之间的差异 弹性动态地评价学生 对待不同类型的学生采取不同的处理措施 尊重学生的文化、民族等成长背景的差异
		关怀	教师自我关怀		关心自己的心理需要 关心自己的健康状况
			学生关怀		接纳有错误的学生 回应学生的需要 施以恰当的言语关心(包括在校内出现的各种积极、消极的事件) 鼓励学生的正确行为 给学生留有自己的空间 善待特殊学生
		赏识	欣赏		能够发现学生身上的闪光点 经常对学生说鼓励性的话语 鼓励学生参与具有挑战性的活动
			挖掘潜质		
		仁爱	共情		站在学生的视角思考 有同理心 善待特殊学生 避免语言倭化
			包容		
	公正	理性	客观行事		遇事冷静,不情绪化处理问题 行事果断
		平等	一视同仁		公平分配资源 保持谦虚,向学生学习 尊重、听取学生意见 客观评价学生

续表

支点	一级维度	二级维度	具体内涵	态度	行为
		民主	建立民主的关系与氛围		听取学生的意见 学生公开选举
		权益意识	保障学生权益		优先考虑学生权利 正面引导学生发展 保护学生隐私 将选择权交给学生
			保障教师权益		维护教师合法权益 维护教师身心健康 给予教师公平的发展平台

表2-4　小学教师德育素养的结构要素——行动力

支点	一级维度	二级维度	具体内涵	态度	行为
行动力	倾听	敏锐地觉察	有倾听的意识 对学生语言有一定的敏感性	亲切、温和、鼓励、耐心、接纳、包容、适度、敏锐、积极、尊重、关心、无私、欣赏、理性	觉察学生的情绪、情感变化，并主动化解 主动了解学生信息 关注个别生并主动询问
		开放的态度	切忌"先见"或"偏见" 鼓励学生的"异向交往"话语 倾听的内容多样，根据具体的情况而定		不能只倾听"好学生"，而让"差生"禁言 课堂上认真倾听学生对问题的不同见解，不打断、不回避学生的问题或反馈 在班规制定、活动策划、板报设计、班级布置等班级管理活动中倾听学生的意见
		信息收集与处理	教师 同学 家庭		学生之间发生矛盾，要听明缘由 找学生谈心，通过倾听谈话内容来了解学生 从学生的课堂表现中，了解学生的学习状态及知识掌握情况 从学生的言语和行为表现中，觉察其与同学和家人之间的关系 通过与各科老师交流，了解学生的学习特点 通过与班里同学对话，了解学生的状态 通过与家长沟通，了解学生的身心健康情况

续表

支点	一级维度	二级维度	具体内涵	态度	行为
		归因			当学生犯错时,用心聆听,寻求背后的原因 学生遇到作业、学习或生活上的问题找老师求助,教师要认真倾听并提供帮助 学生出现迟到或没交作业等情况时,要善于倾听、了解原因 当学生之间发生矛盾,或学生与家长之间出现隔阂时,教师需多倾听学生的心声,协助调节
		恰切地回应	及时反馈		及时点评学生的观点 及时批改和评阅作业 及时给予帮助 对学生的积极行为给予肯定 学生帮老师处理事务后,教师应表达谢意 学生问候老师,教师要及时以言语、微笑、点头或摇手等方式回应
			引导和鼓励(有明确的指向性、激励性)		善于用追问的方式加以引导 及时纠正学生的错误观点 学生因紧张回答问题磕磕绊绊时,教师应给予鼓励 对学生学习成绩的进步给予肯定和鼓励
	客观地评价	多元评价	评价标准、评价方式多元 评价的尺度要适中 善于发现学生的变化并及时给予评价 评价依据不局限于学习成绩 评价语言要多样化、人性化		班里问题学生的调皮行为有所改正时,要及时给予肯定和表扬,鼓励其继续保持 在班级优秀学生评选中,综合考虑成绩、卫生、体育、品德等多个方面 避免当众批评,保护学生的自尊心和自信心 表扬或者批评学生时,用语应具有激励性,做到文明用语
		公正评价	从客观事实出发,不掺杂教师的主观情感		就事论事,不将学生过去的错误牵扯进来 评价一视同仁,不因某学生是"优生"而进行偏袒 评价公平公正,严格按照班里共同制定的规则进行

续表

支点	一级维度	二级维度	具体内涵	态度	行为
合理的奖惩	奖励		个体:表扬要具有灵活性(因材施奖)考虑到儿童的年龄、性别,在恰当的时机给予口头奖励,动作类奖励和物质奖励		肯定性的话语鼓励 给予眼神、爱抚、点头称赞、竖大拇指等称赞性鼓励 物品、奖状、奖金等鼓励 及时作出反应 得到大多数学生认可的事教师应表扬、奖励 对待男生和女生选择恰当的措施(一般情况奖励比惩罚有效,但男生批评时进步最大,女生表扬时进步最大) 对于怯懦、自卑感重的学生,应以表扬鼓励为主,帮助他们树立自信心 对于性格暴躁、好冲动的学生,多进行表扬
			群体:教师要具有客观公正性,保证奖励标准一致		当赏则赏 考虑学生本人对奖惩的态度与期望 不朝令夕改 具体表扬 不集中在一个人身上
	惩戒		个体:考虑到儿童的年龄、性别,在恰当的时机给予口头上批评等形式,基于德智体美劳五个方面对儿童进行惩戒,因材施惩,旨在从学生的短板出发,借用短板进行惩戒,如体育方面,适当罚跑		根据学生的年龄阶段特点来调整惩罚的方式 保护孩子的自尊心,不讽刺、挖苦学生 禁止殴打、罚站、辱骂等,超过学生身心承受能力的行为 视情况言语责备、警告 视情况及时反映或课间休息时谈话、批评教育
			群体:教师要具有客观公正性,保证惩罚标准一致		当罚则罚,对不足之处予以指正
化解冲突	冷静沉着		师生(群体)冲突		不命令,不用斥责、高压、威胁的语言和姿态 必要时应真诚道歉 真诚地与学生沟通交谈 合理退让,冷静看待问题 教师可适当加重语气、调整语速,注意多运用幽默而不具攻击性的诙谐的语言

支点	一级维度	二级维度	具体内涵	态度	行为
榜样示范		机智应对	师生(个体)冲突		给予学习障碍、学习困难儿童更多的耐心与指导,以包容的心态面对学生 学生故意寻求他人关注时,教师可暂时不予理睬,课后进行处理 个体若反驳、争辩来挑战教师权威时,教师可微笑示意,保持课堂稳定,学生心态平和后,教师再予以关心
		理解包容	生生冲突		忌刻薄讥讽、翻旧账、全盘否定甚至人身攻击 设身处地替学生着想,处理问题要就事论事,"只对事,不对人" 把握好惩戒尺度
		适宜的着装	服装、饰品、发型等		穿着样式简单大方 进入校园穿着有袖子的上衣、过膝盖的裙裤,不穿过高鞋跟的鞋子 在学校不戴花哨夸张的饰品 发型不夸张 行走姿势端正,身体挺直
		良好的习惯	生活习惯 文明习惯 安全习惯		保持衣服、头发整洁 不随意动他人物品 使用文明语言,不随意丢垃圾,爱护公物 遵守交通规则
		言行一致	教师要求学生做到的,自己首先要做到,要求学生不做的,自己坚决不做 言传身教		要求学生不讲粗话,要讲文明、讲礼貌;要求学生不乱扔纸屑、不随地吐痰;要求学生不迟到、早退等,教师首先应要求自己要做到 在活动中带头示范,做好表率 在课堂外看到学生,主动打招呼 答应学生的事情要做到
	专业发展	职业认同	正确的职业观念		了解教师职业现状和发展前景,教师职业角色对教师自身素质和能力的要求等 认识到教师职业的复杂性、示范性、创造性、延续性、群体性、迟效性、间接性和广延性 认同教师职业的价值与意义,认同教师职业的发展性 牢记教师使命,保持育人初心

续表

支点	一级维度	二级维度	具体内涵	态度	行为
					关注时事政治,明确政治立场,坚持国家教育方针 落实立德树人根本任务 传播中华优秀传统文化,弘扬真善美
			坚定的教育信念		努力克服个人困难 不轻易放弃,迎难而上 保持自信,对每一位学生负责 相信教育的力量
			深厚的职业情感		具备职业归属感,能意识到自己属于教师群体中的一员 自觉将职业规范内化,为所从事的职业感到光荣和骄傲
			自我价值的实现		通过职业体现生命的价值 具有完成在职业责任中没有明确规定但有益于提高职业工作效能的行为倾向 能够自我反思,并付诸行动 自觉加强自身内在修养,丰富见识 把握前沿教育教学理论,提高自身综合素质
		终身学习	自主学习		积极参加教师工作培训 积极学习育人知识
			前期预设		学习其他教师的优点 遇事多思考
		反思	事后反思		思考自己言行中的不足并不断改正 写反思日志或记录教学生活 善于做个人教育教学总结 虚心倾听他人的反馈,积极进取

　　以上内容明确了小学教师基本德育素养的内容,划分得也较为详细。"责任心"和"行动力"部分已经具备了清晰的各级指标。这让我们初步了解到在现实教育教学中小学教师必然涉及的德育素养,那么哪些德育素养是小学教师不同工作场域中的突出体现还需进一步明确。

第三节　基于工作领域的小学教师德育素养结构要素

小学教师德育素养结构要素是对全体小学教师在所有工作中应具备的整体要求。在不同工作中，小学教师所展现的德育素养存在差异。审视教师工作所涉及的形式及内容，教师要与不同的对象打交道——文本、教学、管理……学生、同事、家长……教育时空里的一切人情世故似乎都与教师工作有着千丝万缕的关系。而所有这些，都会对教师个体提出直接或间接的德育素养要求。[①]

本节在之前研究的基础上，结合 14 位一线优秀小学教师的访谈，明确小学教师在师生交往、家校合作、专业发展三项工作场域中需要的德育素养，并请 67 位优秀小学教师依据自身真实工作需要对德育素养进行价值性排序。哲学家罗斯认为："不是在善与恶，即正价值与负价值之间进行选择，也不是在善与非善，即有无价值之间进行选择，而是在善与善，即正价值与正价值之间进行选择。"[②]这种艰难的选择从本质上讲是关乎道德的选择。[③]小学教师需要在具体工作中判断对哪种德育素养的道德考虑给了他们认为其分量更重的理由，以在不同工作中最终被选择且被认定为最重要或最优先考虑的德育素养，即小学教师需要在两种或以上的正向价值观念与行动中进行艰难的选择。因此需指明的是，小学教师所依据真实工作需要而做出的价值排序选择，并不是对德育素养本身的价值判定，而是在每一个工作场景中，哪一德育素养相较而言更有力度、更需要优先考虑，那么排序相对靠前的德育素养即为小学教师在进行某一工作时所真正关注的德育素养。

①　李敏.教师德育素养新模型[J].人民教育,2016(23):20-24.
②　韩东屏.论道德困境[J].哲学动态,2011(11):24-29.
③　[美]古德莱德、索德、斯罗特尼克主编;汪菊译.提升教师的教育境界:教学的道德尺度[M].教育科学出版社,2012:243.

一、师生交往工作领域中的德育素养

师生交往是一个意义丰富的活动过程,在学校教育这种特殊的环境中,师生交往不仅是知识赖以传授的条件,更是关照师生双方美好道德品质养成的重要组成部分,加之德育素养本身在更大程度上关照"师—生"这对关系,因此,本书选取课堂教学与班级管理两项能够基本涵盖师生交往的具体工作领域,以此探讨小学教师在师生交往工作场域中的德育素养。

(一)师生交往中小学教师的德育素养

不同工作面对不同的工作对象,小学教师所展现的德育素养也会不同。即便同在师生交往的工作场域中,小学教师在课堂教学及班级管理中也会因具体工作情境的差异而展现出不同的德育素养。

1.课堂教学工作中小学教师的德育素养

受访教师所传递出的信息大多围绕课堂教学,比如备课、上课、学业辅导、批改作业和评价等,课堂教学自然成为师生交往的主阵地,小学教师也在更为具体、真实的不同工作中展现不同的德育素养。

(1)备课时需具备的德育素养

首先,备课这一工作似乎并没有学生直接参与进来,但作为教育活动不可或缺的重要环节,准备教材中的知识只是教师备课的一个方面,更需要教师在教授知识的同时能够明智地预见其中可能隐藏的道德问题,想象各种道德行动的可能性。

> 除了教他们(学生)数字、加减法这种数学知识以外,我希望他们能够感受到数学的逻辑美、数学的严谨,我希望他们在对待任何事都有严谨的态度,这些是在备课过程中都要想到的。——2Z4(20210116)

> 备课要看学生的情况,每个班的学生水平不一样,同一个班中每个

孩子又不一样。——1W2（20210109）

受访教师来自不同学科，从他们的理解中不难看出各个学科本身包含着许多重要价值或道德教育的因素，教师备课的过程也是认真挖掘这些可以利用的价值因素的过程。比如数学课和科学课中科学家的生平业绩、生活和治学态度；语文课中文学作品中榜样人物的道德作用，一些历史伟人的美好德行；体育课所展现的自我控制对个人健康和品行的重要性，等等。①此外，备课还需要立足学生身心发展规律与个体差异，用发展的眼光去准备一堂课，基于学生兴趣创设自主学习的情境。这些都表明，小学教师在备课这一工作中，需要具备敏感性，要尊重、关怀和赏识学生，具备"爱"这一德育素养。

其次，备课还要求小学教师做到公正。正如受访教师所言：

备课不是只给好学生的，是面向全体学生的，设计的内容、形式要符合这个班所有的学生。——2Z4（20210116）

我在备课的时候其实很容易感到烦躁，不是因为我不喜欢，而正好是因为热爱这份职业，我总是想准备得非常完美或是想给学生讲更多的东西。——2Z5（20210116）

从小学教师的表达中可以发现，小学教师需要平等对待学生，一视同仁。备课所涉及的全部教学资源应是符合所有学生的，做到资源的公平分配。更为重要的是，在备课中，教师的情绪是需要教师自身加以关注并得以调节的。这就要求小学教师要理性，能够稳定自己的情绪，在工作时保持专注。

---

① 檀传宝.学校道德教育原理[M].教育科学出版社,2015:128.

最后，备课有助于小学教师的专业化发展。备课的内涵已经指明小学教师要"终生备课"，人们认可"一杯水，一桶水"的道理，小学教师同样需要准备比书本知识更多的内容，仅仅依靠过去已有知识与经验对于当今身处数字时代的学生来说已经不够用了：

> 现在很多东西他们都知道的，没准比我们知道的都多，所以我们也必须得和时代接轨，我们也得接受新知识，才能教给他们更多的内容。
> ——2L2(20210116)

《小学教师专业标准(试行)》(2012)明确要求小学教师具备终身学习的基本理念，学习先进小学教育理论，了解国内外小学教育改革与发展的经验和做法；优化知识结构，提高文化素养；具有终身学习与持续发展的意识和能力，做终身学习的典范。①所以备课这一环节需要小学教师终身学习，促进自己的专业发展。此外，备课是一节课的准备，小学教师的一言一行都需要提前规划，因为在教学过程中，教师的每一句话、每一个动作都是有其存在意义的。所以小学教师在备课时需要设想到自己言行的后果，做到反思中的前期预设，这也是教师德育素养的一部分。

(2)上课时需具备的德育素养

从小学教师自身来看，对于课堂教学这一存在大量道德信息的工作，受访教师们一致认为，小学教师在此工作中需要具备爱、公正、倾听、客观地评价、合理的奖惩、化解冲突、榜样示范、专业化发展这八个德育素养。教授小学生在很大程度上依靠在成人和儿童之间创造和保持一种互相信任和尊重的关系。儿童欣赏处事公平、对他们个人感兴趣、做法透明、目的明确、解释

---

① 《小学教师专业标准(试行)》[EB/OL].(2012-09-13),http://www.moe.gov.cn/srcsite/A10/s6991/201209/t20120913_145603.html.

有益、不持批判态度、面对困境毫不退缩的老师。①这是从学生角度来看教师应具备的道德品质。

> 教师的主业就是教学,在课上所教的内容、言行、传递的观点都会对学生产生道德影响,所以教师需要爱学生,对学生公正,还要认真倾听、评价他们,所以这些德育素养都是需要的。——2G1(20210116)

> 一节课之后还要做教学反思。——1Y4(20210109)

> 在课上不确定的因素有很多,特别考验教师的能力,所以我认为这八个素养教师都要具备。——2L2(20210116)

正如受访教师们所理解的,课堂和学校中存在着大量的道德信息,小学教师对待他人的行为和态度,尤其是对待学生,展现了对于一系列道德和伦理原则不同程度的敏感性、正式和非正式的惯例、相互作用和实践。从这个方面讲,小学教师建构课堂所做的课程选择,采取的教学决定,与学生非正式的社会交往,对于学科教学和课堂管理的形式化策略,他们的评价方法,以及很多教师在此工作中根据需要采取的其他措施等, 这些都极有可能以道德和伦理的方式深刻地影响学生。②

奥斯古索普(Osguthrope,2008)指出,我们应该培养性格良好、具有较好道德素养的小学教师,因为他们的这些品质会直接影响到课堂教学和学生培养。③课堂教学是师生交往的主要场所,师生在课堂这种共同的教育情境

---

① [美]丹尼斯·海斯;王智秋主编,李敏副主编,周琳等译.小学教育百科全书[M].天津人民出版社,2021:32-33.
② [美]伊丽沙白·坎普贝尔;王凯、杜芳芳译.伦理型教师[M].华东师范大学出版社,2011:30.
③ [美]丹尼斯·海斯;王智秋主编,李敏副主编,周琳等译.小学教育百科全书[M].天津人民出版社,2021:311.

中不断地进行交流与对话。在这一过程中,师生互相传递信息,不断地沟通与交流,以促进师生的共同发展。这意味着课堂教学既是教师向学生传授知识的教育过程,也是教师促进学生形成特定个性心理品质的发展过程。[①]作为课堂的"掌舵者",小学教师想将载满学生美好心灵的小船导向何处,取决于他在课堂上展现了哪些德育素养。因此,小学教师在课堂教学中所关心并展现的德育素养是至关重要的。

(3)学业辅导时需具备的德育素养

受访教师在谈论这一工作中小学教师应具备的德育素养时,表达了很多他们自己的理解:

> 辅导的时候需要耐心,因为有的孩子可能要反复讲很多遍。——1C1(20210109)

> 辅导也分学生,辅导很优秀的学生与学习困难的学生肯定是不一样的,前者一点就通,后者可能要掰开揉碎很细致地讲。——2G3(20210116)

> 他听没听懂,从脸上的表情和小动作都能看出来。——1Y4(20210109)

> 当老师久了你就能分辨孩子到底听没听懂,对你讲的感不感兴趣……没听懂的孩子眼神要么是飘到别处了,要么是眼神迷茫,你跟他对视马上就能看出来。——1W3(20210109)

受访老师的表达指明了小学教师需要具备爱这一德育素养,能够在学业辅导时根据学生的个性特点调整教学方法,相信学生的潜能,还需要小学

---

① 吴康宁等.课堂教学社会学[M].南京师范大学出版社,1999:194.

教师敏锐地觉察学生在接受辅导过程中的情绪变化,更要运用激励性评价来调动学生的积极性。

除爱以外,学业辅导要求:第一,小学教师能稳定自己的情绪,理性、平等地对待接受课后辅导的孩子,即小学教师要公正。第二,要求小学教师在学生遇到作业上的难题时应提供帮助,对于学生发出的信号作及时反馈,即小学教师要倾听。乐于认真倾听儿童诉说的老师会让孩子们受益匪浅,能够提高他们的自尊感、动机和学业成绩。[①]学业辅导可以反馈教师的教学效果,有助于教师更好地掌握学生各方面的接受情况。第三,要求小学教师客观地评价学生,做到多元和公正评价。第四,合理的奖惩,即奖励与惩戒。对于小学教师而言,在学业辅导中常用表扬与批评。

作为课堂教学的延伸,学业辅导历来受到教师和学生的重视。适当的学业辅导有利于加强学生对知识的理解与应用,开拓学生的知识面,使学有余力的学生超前发展,使学有不足的学生巩固理解。学业辅导也可以帮助教师及时发现和纠正教学中的不足与失误,通过解决学生学习、生活中的疑问实现教学相长。[②]当小学教师进行学业辅导时,小学教师需要具备爱、公正、倾听、客观地评价与合理的奖惩五种德育素养。

(4)批改作业时需具备的德育素养

批改作业看似与德育没有关系,而事实则恰恰相反。小学教师在批改作业的过程中检查自己的教学效果,这一工作也是对学生进行道德教育的重要途径。通过批改作业,小学教师可以发现学生的学习态度、学习方法、思想作风等隐含在作业中的道德信息,从而及时捕捉这些信息,利用批改作业这一工作对学生进行无声的道德教育。受访者对这一工作中小学教师应具备的德育素养有不同的理解。

---

① [美]丹尼斯·海斯;王智秋主编,李敏副主编,周琳等译.小学教育百科全书[M].天津人民出版社,2021:32-33.

② 朱昌平、周浩、朱陈松、沈媛.卓越计划之课后辅导"三环"实施方案[J].实验室研究与探索,2012,31(6):129-132.

> 所有孩子的作业都得认真看，不能因为谁平时表现好，就默认他作业做得也很好，这样是不公平的。——1C1（20210109）、2Z4（20210116）

> 批改作业是很重要的事情，它只代表了学生学习到了多少知识，不能因为作业没做好，就否定整个人，他可能其他地方做得很好。我第一年教学的时候就犯了这样的错误，我当时说一个孩子"你作业都做不好，你还能干什么"，说完我就后悔了，非常后悔。——1W2（20210109）

受访教师明确指出，批改作业需要"公平"，对所有学生的作业持同样的态度，一视同仁，这是公正最核心的要求，符合小学教师德育素养中公正的内涵。同时，小学教师的言行对于学生的道德发展有重要影响。在上述事例中，受访者认为学生作业做不好，其他事情也做不好，这是以偏概全的行为。不论是教师专业标准还是师德规范中都否定这种行为。小学教师需要对学生进行客观地评价，评价依据不局限于学习成绩，要综合考虑成绩、劳动、体育、品德等多个方面。

> 做得好的表扬，做不好的鼓励。当然也会有生气的时候，高年级的可以批评，低年级的大多数都是鼓励，个别的会多说（批评）一些。——2G1（20210116）

在批改作业时，对于表现优秀的学生，教师会进行口头表扬，还有书面评价，比如"优秀"两个字，表示优秀的图案印章等。对于表现没有达到优秀的学生，教师针对高中低年段会有不同的奖惩方式。比如低年级多以鼓励为主，例如肯定性的话语，给予眼神、点头称赞、竖大拇指等方式；中高年级会客观、实事求是地和学生讲问题，对于表现非常糟糕的学生会进行言语责备。

这实际上体现了小学教师需要进行合理的奖惩,掌握奖惩的适度原则,施以学生正向的道德影响。

> 当学生的作业与往常不一样时,就应该想一下他是不是遇到了什么问题,尤其是班主任,对于学生的情况应该非常了解。我一般会把反常的同学单独叫到办公室,询问他是不是发生了什么事情,或者是问一下别的科任老师有没有这种情况,要多关心学生。——2L2(20210116)

"关心""询问"等行为既体现了小学教师的爱与倾听,更体现了小学教师的敏感性。在充分了解学生的基础上,小学教师才能够敏锐的觉察学生的异样情况,并借助与班中同学、科任教师的沟通,在"询问""关心"学生的情境中做到爱与倾听。

受访教师们对于批改作业的理解,以及他们在这一工作中的行为生动地展现了在具体工作中小学教师应具备多种德育素养,归结来说主要有:爱、公正、合理的奖惩、客观地评价与倾听。

(5)学生评价时需具备的德育素养

在小学教师进行学生评价时,不难发现,他们实施多种评价方式,"对学生个体学习的进展和变化的评价,包括对学生学业成绩、思想品德、个性评价等方面的评定"[1]。

> 要看到每一个孩子的进步,这其实是小学教师很难做但是必须做的一个方面,我觉得是需要教师用心的,关爱孩子才会用心关注孩子的变化。——2G3(20210116)

---

[1]　陈玉琨.教育评价学[M].人民教育出版社,2014:59.

　　　　学会表扬他,从他自身的角度去表扬,不管哪一方面,只要他自己有进步就会表扬他,然后指出他的一些问题帮助他解决,慢慢就会好一些。——2Z5(20210116)

　　受访者的表述强调了小学教师应关注每个孩子的进步,并强调这是一个必要而有挑战的任务。她认为,教师需要付出心血和关怀,才能真正观察并关注学生的变化。这种关注需要教师投入心力,因为每个孩子的进步可能涉及多个方面,需要细心观察和评估。小学教师给予学生正向的鼓励能够激发他们的自信和积极性,有助于全面发展学生的能力。总体而言,小学教师的关怀和鼓励在塑造学生成长和发展方面的重要作用。她强调了教师的责任感和积极的教育态度,以及如何通过认真观察、合理的表扬来促进学生的进步。这些观点对于教育研究者来说具有启示意义,尤其是在理解小学教师的角色塑造和学生激励方面。

　　　　我们班有小组评价和个人评价,除了我去评价他们,我还要求班里进行小组和个人评价,有小组评价公示栏和个人评价记录单。通过这种方式培养他们的集体荣誉感,促进他们各个方面的成长,因为评价的指标有很多,比如上课举手回答问题、纪律、还有参加班级或学校活动,等等。——1Z5(20210109)

　　在小学教师进行学生评价的过程中,小学教师首先对小学生的日常表现进行观察与判断,发现和赏识每一位小学生的点滴进步,因此学生评价需要小学教师的爱。其次,灵活使用多元评价方式,给予小学生恰当的评价和指导,引导小学生进行积极的自我评价,则体现了小学教师对学生作出客观地评价。最后,利用评价结果不断改进教育教学工作,则体现了小学教师的专业发展。《小学教师专业标准(试行)》(2012)规定小学教师要具备"激励与评价"的专业能力,[①]同时也与小学教师在这一工作中应具备的爱、公正、倾听、客观地评价、合理的奖惩、专业化发展六种德育素养一致。

2.班级管理工作中小学教师的德育素养

> 一个老师的政治思想意识的高度及他自己的美好品质,其实很容易在他的管理中影响到孩子们,这个应该放在很高的一个位置。——2L2(20210116)

正如这位小学教师所言,在班级管理中,小学教师所具备的德育素养很容易对学生产生多方面的影响。班级是学生共同学习、劳动、生活的场所,是小学教师影响学生、管理学生的有效环境和特殊阵地。班级管理的最终目的是培养和教育学生成为合格的人才。[②]班级管理常常需要班主任、任课教师及全体学生的共同参与。通过访谈,发现常规管理、组织活动及解决问题三个具体工作常常是互相交叉或同时存在的,这意味着小学教师在具体工作中所需要的德育素养是相同的。一位受访教师所描述的管理案例还原了班级管理的现实样态:

> 我这个班里有一位"特别"的学生,不是学习"特别",是他这种为人处事,经常在班里捣乱、顽皮,甚至撒谎,他自己这样就算了,他会鼓动其他同学和他一起这样做,基本上后期影响了整个班级。对于我来讲,处理这种情况,是要营造一个很好的班级氛围,对于那些调皮捣乱的、纪律不好的,他们规则意识微弱,所以我要先树立一个整个的班级氛围,比如说40个人的班,那39个人都在那儿安静写作业,那你说就这一个说话,他

---

① 《小学教师专业标准(试行)》[EB/OL](2012-09-13),http://www.moe.gov.cn/srcsite/A10/s6991/201209/t20120913_145603.html.

② 檀传宝主编.德育与班级管理[M].高等教育出版社,2007:244.

去找张三说话,张三不理他,张三在写作业,找李四,李四不理他。如果别人都是遵守规则的,那他也就只能安静下来,所以我认为营造良好的班级氛围是一个很重要的环节。——1L6(20210110)

受访教师描述了在班级中遇到具有挑战性的学生,并强调了对于这种情况必须及时、果断地进行处理。这种学生的负面行为不仅影响自身,还波及整个班级,因此教师意识到采取措施对整个班级的氛围进行塑造是至关重要的。小学教师应努力通过创造一个良好的环境,让学生们理解规则和纪律的重要性,试图降低"问题"学生的负面影响。通过这位受访教师描述的班级中其他学生对规则的遵守和互相激励的情景,可以发现树立积极的班级文化的至关重要性。该案例凸显了教师对于管理困难学生所需的敏锐观察力和行动决心,还强调了班级管理和氛围对学生行为的影响,以及如何通过积极引导来改善学生的态度和行为,这对于小学教师的班级管理工作具有较强的实践价值。

学生身边的小环境营造也非常重要,比如排座位,这是非常有学问的,在我们班排座位是一件大事儿,全班一盘棋,因为我要涉及每个组,每个组里有高矮个,男女生,中队干部,然后比如说爱说话的,他周围应该是安静的,是内向和外向的结合,两个犯冲的学生必须给他们扯开,就是这些元素。像学习不好的、不爱听讲的,要给他往前"提溜",涉及很多方方面面的牵扯。所以学生周围小环境的营造也是我特别看重的。

班级里必须有一个统一的规定,这个班规必须是所有人都认可的。那我是会专门用班会课进行班规的制定,一些底线的规定肯定我会提前准备好,然后留一些空白给学生,让他们自己去想,他们作为班级的小主人,他们需要遵守什么,什么样的规定能让我们班级越来越好,自己制定的规则必须自己执行遵守,像我们班就有赞卡奖励制度、减分制

度等。——1Y4(20210109)

案例中的教师进行班级管理的两个方式,一是营造班级氛围,二是学生参与制定班规。首先,这位教师在面对班里"刺头"的情况时,冷静、理性地根据其对学生的了解,对不同类型的学生采取不同的处理措施,做到了尊重和关爱学生,通过排座位等方式营造理想的班级氛围。其次,制定班规中很重要的一点就是让学生自己有机会参与其中,这样既调动了学生的积极性,又营造了民主的班级氛围,尊重学生主体,认真倾听学生的想法。

有研究者对小学优秀班主任的素质结构进行了实证研究,发现小学优秀班主任素质包括:第一,人际交往倾向:包括尊重他人、宽容性、换位思考、耐心、合作精神、公平公正和诚实正直;第二,个性魅力:包括上进心、自信心、情绪稳定、兴趣广泛、责任心,爱岗敬业和公德意识;第三,团队管理能力:包括组织能力、激励能力、协调能力、选人育人能力、因材施教能力、计划能力、说服能力和情绪觉察能力;第四,认知能力:包括理解能力、信息搜寻能力、灵活性、反思能力和创造性;第五,知识经验:包括教育理论知识、教育信念和经验性知识。该研究还发现,"耐心""责任心""情绪觉察能力""诚实正直""兴趣广泛"等素质是小学班主任特有的素质。[1]结合案例,可以发现小学教师在班级常规管理活动中对教师德育素养的诉求,比如需要爱、公正、化解冲突、倾听与合理的奖惩。

此外,小学教师还应该做到客观地评价,比如每周的班队会,教师要求学生就上周的综合表现进行陈述自评,然后请同学进行论证评述,最后教师再做总评;对班干部的评价标准更为严格;评价要公平公正,严格按照班里共同制定的规则进行,做到公正评价。专业化发展要求小学教师在进行常规管理时及时地反思。榜样示范则要求小学教师在常规管理工作中做到言行一致,

---

[1] 邓艳红主编.小学班级管理[M].华东师范大学出版社,2010:32.

与学生共同遵守班级的规章制度,以更好地落实班级管理。

(二)师生交往中小学教师德育素养的价值排序及分析

上一部分我们明确了师生交往中小学教师所需要的德育素养,然而当小学教师在同一工作中面对如此多的德育素养时也需要视情况而进行道德考量,这就需要小学教师身处不同工作场域时对所有德育素养作出相应选择。下表为当小学教师身处师生交往工作场域时以最优先、次优先的顺序对德育素养进行的价值排序。

表2-5　师生交往中小学教师德育素养的价值排序

德育素养	频数								加权平均数	排序
	8	7	6	5	4	3	2	1		
爱	43	6	7	2	2	1	2	0	6.75	1
倾听	7	20	16	8	8	7	0	1	5.52	2
公正	6	22	13	8	8	4	2	2	5.19	3
客观地评价	4	5	11	16	16	7	4	3	4.21	4
榜样示范	4	8	9	6	6	12	14	1	4.03	5
合理的奖惩	0	1	4	6	6	17	16	2	2.88	6
专业化发展	3	4	1	11	11	4	8	23	2.64	7
化解冲突	0	1	1	3	3	4	8	21	1.97	8

表2-6　课堂教学中小学教师德育素养的价值排序

德育素养	频数								加权平均数	排序
	8	7	6	5	4	3	2	1		
倾听	24	10	18	4	4	3	1	1	6.24	1
爱	23	3	6	5	7	7	4	5	4.9	2
客观地评价	0	16	9	20	6	6	3	1	4.73	3
公正	3	18	7	9	6	7	9	3	4.49	4
合理的奖惩	3	2	13	6	14	8	8	4	3.9	5
榜样示范	7	9	2	7	4	9	17	5	3.7	6
专业化发展	7	6	6	3	6	4	6	23	3.28	7
化解冲突	0	3	2	5	12	14	9	14	2.69	8

表2-7 班级管理中小学教师德育素养的价值排序

德育素养	频数								加权平均数	排序
	8	7	6	5	4	3	2	1		
公正	27	7	8	3	3	2	2	0	6.58	1
爱	27	20	4	9	3	1	6	1	5.4	2
客观地评价	4	17	7	14	10	6	2	2	4.88	3
倾听	4	11	22	7	6	6	2	1	4.82	4
榜样示范	3	4	10	12	7	13	7	2	3.81	5
合理的奖惩	1	3	5	5	14	14	8	8	3.07	6
化解冲突	1	4	4	8	5	11	13	13	2.87	7
专业化发展	0	1	2	3	7	2	14	26	1.82	8

依据师生交往中德育素养的价值排序,爱、倾听、公正是小学教师最关切的三种德育素养。小学教师在师生交往中会最优先考虑爱;在课堂教学中会最优先考虑倾听;在班级管理中会最优先考虑公正。综合排序的结果表明,不论是从工作整体还是具体来看,这三种德育素养对于小学教师的现实工作而言都是十分重要的。

1.爱:师生交往的核心价值

从师生交往的本质来看,师生交往本就是教师与学生之间的互动联结,是一种特殊的人际交往过程,它不仅是师生之间相互作用和影响的方式,也是师生之间情感和智慧的交流、精神与生命的沟通。因此,师生交往意味着双方在这一过程中需要相互尊重、相互倾听、相互关心和接纳等,才能实现道德教育的有效共振。小学教师在师生交往中优先考虑爱这一德育素养印证了这一点,正如舍勒认为,爱是人之为人的本质,因此在师生交往这一工作场域中,小学教师的爱是重中之重。

从爱这一道德实践品质自身来看,爱作为教师的核心道德品质已经在诸多政策文本及理论实践中得以认同和验证。但我们所关心的小学教师的爱,绝对不是天然的、本能的表现,也不是出于对某个体的好恶,而是具有深刻社会内容的高级情感表现,是教师对教育工作的社会意义深层认识基础上产生

的一种专业情感。①从这一层面来看,小学教师首先要认可教师的工作内容和对象,正如受访教师所述:

> 我其实从小就想当老师,当老师就是我的理想,所以说我觉得能够成为老师是很幸福的一件事!我是打心眼里喜欢这份工作,喜欢孩子,所以我在工作中遇到了很多困难也好,难题也罢,我还是愿意去克服它和解决它的,这个是我百分之百的一种状态。——1W2(20210109)

爱学生与爱职业其实是一条双向逻辑链条,小学教师除了热爱自己的职业,更爱学生。

> 你看我们天天对着这些孩子,如果不爱他们,工作真的没法做下去。——1Y4(20210109)

> 我跟你说,你当老师,你的工作就是和孩子相处,所以你必须喜欢孩子,如果你不喜欢,那你这个工作会做得非常累。——2L2(20210116)

> 从情感的角度上来讲就基于学生,我可能觉得爱是更重要的。——1W3(20210109)

> 如果你是一个小学老师,抛开别的不谈,我觉得爱孩子是最重要的。——2Z4(20210116)

---

① 魏宏聚.论师生交往中"师爱"发生的价值秩序——以霍懋征、斯霞"师爱"实践探寻"师爱"发生机制[J].河南大学学报(社会科学版),2013,53(3):143-148.

只要是面对学生,那我认为爱就是第一位的。——2Z5(20210116)

小学教师所面对的是 6~12 岁的儿童,其自然性和社会性方面都处于脆弱期和稚嫩期,此时闯进他们生命中的小学教师无疑成为他们需要无限信任的"陌生人",在这一处境下,小学教师的爱便成为共识,在师生交往中才能延伸出爱之下诸如敏感性、尊重、关怀、赏识、仁爱的道德实践品质。所以,小学教师在师生交往中把爱作为最应优先考虑的德育素养,符合师生交往本质的选择,也是师生交往工作中理应追求的核心价值。

2.倾听:课堂教学中实现生命对话与互动实践的首选方式

通过课堂教学工作中德育素养的价值排序,我们发现小学教师将倾听放置于首要位置,即在课堂教学中,面对所有的德育素养时,小学教师会最优先考虑倾听,简言之,小学教师在这一工作中更关注自己是否有倾听的意识及倾听的行动。

过去教师的倾听仅仅是倾听且不打断学生在课堂的发言,随着教师素质整体的提升,我们发现小学教师在课堂上通常会选择"蹲下身""俯身""贴近(走近)学生""拍拍肩膀""直视"等动作向学生传递自己在倾听他的信号,不仅关心学生的言语行为,还会关心如学生情绪、动作等非言语行为及"未能言说"的话语。这都表明倾听是一种教师在教学实践过程中运用倾听的理念及方式来审视和应对课堂上诸多状况时自觉形成的具有稳定性和持续性的道德实践能力。

我觉得教学及各种德育活动中的倾听,首先是基于对孩子的尊重,然后耐下心来蹲下身子去聆听孩子们的声音、他们的想法、他们的观点,甚至他们的不同的意见。——1C1(20210109)

　　作为一个很好的倾听者，我想让他(学生)把这些话宣泄出来、说出来，他的心情就已经平复了一半了，这样其实我并没有让我的课乱掉，同时也让其他同学看到了老师是关心他们每一个人的。所以当时我主要是让他去倾诉，然后理解他。——1Y4(20210109)

　　我上课最喜欢走来走去，哪个孩子回答问题，我会尽可能地走到他身边，或者走不到的我就眼睛一直看他。——2G1(20210116)

诚然，课堂教学中确实存在着大量的师生互动，这一对话与交流的过程需要小学教师能够对学生的言语或非言语行为，以及情绪等有一定的敏感性，并对学生发出的信号及时给予反馈，即回应。

　　有时候在课堂上一个孩子如果出现了皱眉头的情况，他也不说，因为有的孩子挺胆小的，如果身体不舒服，或者是跟哪个同学出现矛盾了，那我问一下，然后去找相关的人去解决。——2Z5(20210116)

　　你不知道孩子会冒出一句什么话，但是他是在抬杠吗? 不是，他只是没有依据你的路线走而已，他有自己的想法，那一开始我可能会打断这种发言。后来我发现，其实很多孩子的这种灵感乍现，其实这是一个很好的教育契机，因为他这样说一定有他的原因，所以现在我都会追问这样的表达，其实就是想倾听他内心最真实的声音。——2G3(20210116)

小学教师的倾听在课堂中表现出交往对话最核心的特征:觉察、接纳、承认、包容与回应。如果小学教师在课堂中没有觉察到学生的无声言语，就没有真正的接纳学生，也就谈不上承认、包容与回应了，因为教师没有进入对方的内心世界,课堂上的交往也就成了疏离、缺少沟通的交往,也就无法实现精神与生命层面的互动与对话。因此在课堂上教师不仅要倾听每个有声的语言,更要倾听他们的情绪、表情等无声的语言。

3.公正:班级管理健康有序的基本原则

价值排序的结果表明,小学教师在班级管理中会优先考虑公正,相比其他德育素养,公正是小学教师在这一工作中更需要具备的。

> 经常有学生说"他也……怎么怎么样"这种说法,比如中午吃饭,每个孩子就一个鸡腿,全班分完了可能还剩了一些,有的孩子吃得快,他来加餐可能就再加一个鸡腿,有的小孩就会说"老师凭什么他能多拿一个"。还有上课的时候,叫他们回答问题,有的孩子举手了没被叫到,也会说"老师怎么不叫我"。——2L2(20210116)

> 这么多孩子,谁也做不到对所有人公平,但是你作为老师,尤其是像当班主任的,你让孩子感觉到了你处理问题不公平,他会不服管,尤其是高年级的(学生)。——1C1(20210109)

> 你在班里一切都公平公正,孩子会把这个信号传递给家长,这样对你在家长心目中的形象也有帮助,现在很多事情都倡导家校合作,如果家长觉得你这个老师管班不公平,家长肯定是不干(不愿意)的,如果家长不买账,那班主任的后续很多工作在做的时候会很难。——2Z4(20210116)

受访教师多从班级管理的视角来谈公正或公平,公正地对待学生对班级管理有正向作用,甚至对家校合作有重要促进作用。小学班级就是一种特殊的社会初级群体,这种社会初级群体主要有四个特点:第一,小学班级中师生之间的交往及小学生之间的交往是一种直接的、面对面的互动;第二,情感关系是小学班级中师生之间及学生之间互动的基本媒介和重要特点;第三,班级管理中的师生交往具有非常明显的初级交往或连带性的特点;第四,小学班级中的各种活动需要遵守正式的规章制度。①这些特点决定了作为社会初级群体的小学班级管理确实需要公正。

再从公正这一人类社会普遍的道德法则来看,公正本身就是关涉利益关系的道德原则,小学教师在班级管理中需要处理一些"利益关系",如小学生的基本权利、座位的编排、教师情感分配的偏好、班干部的选拔、班级文化建设等。因此,小学教师是否能够做到公正,虽然很多时候体现在对事务的处置上,但实质上会在教学过程中形成一股隐性的、持续的、强大的示范力量,能够直接影响小学生的人格发育和社会性发展。②

二、家校合作工作领域中的德育素养

受访者的表达除了紧紧围绕学生,还有家长这一群体。小学生的年龄特点和成长的阶段性使家校沟通与合作成为当今小学教育管理中十分重要和必要的内容。小学教师德育素养以关照"师—生"关系为中心,小学教师又围绕"学生"展开与家长的沟通与合作,这就要求小学教师在学校合作工作领域具备较好的德育素养。

(一)家校合作中小学教师的德育素养

本书中与家长合作的主体是教师,不考虑校级层面的合作。谈及对班级的管理,受访教师都会提到与家长的沟通合作。

> 我很重视跟学生家长的沟通,因为我认为,班主任表面看上去带的是一个由学生组成的集体,但是每一个学生的背后,都是一个庞大的家庭,

---

①　谢维和、李敏.小学教育原理[M].高等教育出版社,2021:238-239.
②　李敏.优良道德与关键道德:小学教师专业伦理的内容思考[J].教育科学,2020,36(4):44-50.

我们很多时候要做通学生的工作,首先是要做通家长的工作。——1W2（20210109）

家长是问题的根源、孩子教育的根源。——1Y4（20210109）

在这一工作情境中,小学教师面对的是家长群体,正如受访教师所述"每一个孩子背后都是一个家庭",同样,每一个到场的家长都代表着每一个孩子,这就对该情境中的小学教师如何选择适切的德育素养提出更高的要求。家校合作的第一种方式是如家长会等正式的沟通合作方式。召开家长会与家长沟通,是家校合作中最常用的方法。它为班主任及其他科任教师认识家长及让家长了解学校教育状况和孩子发展状况提供了快捷的平台。

家长会是老师非常看重的家校合作方式,所以每次开家长会前都要做足准备,班里每个学生的情况、各个学科老师对班里孩子的评价和要求,还有一些希望家长配合的事情,通过家长会的方式能非常好地传递下去。——2L2（20210116）

所有家长都看着你,你必须让他们觉得你是专业的,你对每个孩子都是关注的,你不会因为什么就偏向,这样家长才会对你心服口服,才会配合你。——1Y4（20210109）

怎么对待孩子就怎么对待家长,但是也有差别,毕竟家长和我们一样都是成年人,但是我们都是为了孩子,我们的目标是一致的,所以我们得让家长感受到我们是爱孩子的,我们是关心孩子的。——1W2（20210109）

小学教师与家长在人格上是平等的,不存在教育与被教育的关系,而是十分重要的合作伙伴关系。因此,在家长会这样正式的交流场合中,教师首先要尊重家长,学会倾听,虚心听取他们的意见;其次,教师要客观公正地评价每位学生的表现,让家长感受到教师的公平公正;最后,站在家长的角度表达对学生的关心,以真诚、理解的心表现对孩子的关爱,以此换来家长的信赖。

第二种是家访、私信等私下交流的非正式沟通与合作。家长在家校合作中大多扮演辅助班主任来间接参与班级管理的角色,当学生出现问题时,教师需要与家长合力解决。受访者的话语传递着这样一个观点:与家长建立起良好的信任关系是沟通和解决问题的先决条件之一。在这个过程中,爱是前提,倾听是关键。

> 我觉得倾听是有的时候需要特别耐下心来的一种自控能力,是很重要的。当所有人都为这个孩子无奈的时候,甚至几乎要放弃的时候,我们班主任会选择从家长入手,除了需要耐心,还需要极大的爱心。——1Z5(20210109)

> 这么多年我跟家长关系都处理得很好,可能就是一种认可,我们是合伙人的这种关系,就让他们觉得老师不是敌人,是可以给他们提供帮助的人。所以每一次我都会跟他们说,你们把孩子带到学校,他们的情况你们要第一时间跟我沟通,寻求解决。我觉得当家长跟你说,你要帮着解决或尝试用更好的方法帮他们处理这个问题的时候,可能家长就会愿意经常和班主任老师沟通。——2Z5(20210116)

小学教师需要先开启与家长的沟通渠道,准确合理地表达自己的观点。很多国家都认为,沟通是教师进行家校合作必备的能力,比如法国强调小学教师的语言沟通能力,[1]澳大利亚强调小学教师与他人沟通协作的能力。[2]国内也有学者指出,教师的沟通合作能力包括表达能力、理解倾听能力、同理反应能力、社交互动能力、合作能力。[3]整体来看,沟通所涉及的小学教师德育素养指向了倾听,倾听中恰切地回应要求小学教师能够以开放公正的态度与家长沟通,回应家长的诉求。当小学教师能够倾听家长的需求和情绪时,就说明沟通的渠道已经开启。此外,教师在沟通中所展现的解决问题的态度也是十分必要的。当教师与家长共同解决问题时,小学教师需要表达出自己努力解决问题积极的一面,以问题得以完好解决来收获家长的肯定与信任。正如另一位受访教师所讲:

> 我觉得前期需要家长对你的认可,而这个认可是通过你解决了一件件实事来完成的,是靠实干的,所以要增加家长对你的信任和认可,家长觉得你是客观的、一针见血的、有办法的,他才愿意跟你输出他心底的东西。其实之前输出的可能都是表面的肤浅的东西,你只有得到了他真的信任,他跟你谈的才是深处的。——1W2(20210109)

教师在与家长沟通过程中所表现的冷静沉着、机智应对、理解包容,以及对事件、对学生客观地评价、安排与处理事项时的公平公正都会获得家长的信任。总的来说,家校合作中的摩擦与磨合推动了双方教育观念和方法的更新,双方作为教育者的反思与自觉得以提升,教师与家长之间建立良好的关系对学生个性品质的培养具有极其重要的意义。

---

① Musset,P. Initial teacher education and continuing training policies in a comparative perspective: Current practices in OECD countries and a literature review on potential effects[J]. OECD education working papers,2010(48):3-47.

② Mayer D. Forty years of teacher education in Australia:1974-2014[J]. Journal of education for teaching,2014,40(5):461-473.

③ 王光明、张永健、吴立宝. 教师核心能力的内涵、构成要素及其培养[J].教育科学,2018,34(4):47-54.

（二）家校合作中小学教师德育素养的价值排序及分析

已有研究表明，在学校教育系统之外，与小学教师联系最为直接且密切、最关心教师专业水平的是家长。在现实中，绝大多数的家长都关注自己的孩子，在各种联系十分便利的今天，家长们保持着与小学教师最为基础性的联系。对于小学教师而言，家长是其绕不开的工作对象，小学教师依据真实工作需要对家校合作中应具备的德育素养进行价值排序，发现小学教师在家校合作工作场域及非正式的家校合作中最关心倾听，在正式的具体家校合作工作中最关心爱。

表2-8　家校合作中小学教师德育素养的价值排序

德育素养	频数								加权平均数	排序
	8	7	6	5	4	3	2	1		
倾听	29	11	11	5	2	0	3	1	6.19	1
客观地评价	6	12	15	15	7	3	1	1	5.03	2
爱	17	8	7	5	7	5	5	5	4.73	3
公正	4	16	7	10	7	8	3	3	4.43	4
化解冲突	4	10	8	7	8	9	8	8	4	5
榜样示范	3	2	4	8	15	8	10	3	3.12	6
专业化发展	4	6	6	3	3	4	6	22	2.73	7
合理的奖惩	0	2	2	4	5	15	16	9	2.27	8

表2-9　正式家校合作中小学教师德育素养的价值排序

德育素养	频数								加权平均数	排序
	8	7	6	5	4	3	2	1		
爱	21	7	6	9	6	9	2	3	5.13	1
公正	8	17	12	4	11	4	2	1	5.01	2
倾听	9	8	14	11	5	7	3	3	4.73	3
榜样示范	8	12	8	7	13	6	5	0	4.64	4
专业化发展	11	7	7	5	1	11	7	14	4.01	5
客观地评价	6	6	11	8	10	3	5	18	3.94	6
化解冲突	4	7	6	13	4	7	15	5	3.79	7
合理的奖惩	0	3	0	2	8	9	16	18	2.09	8

表2-10 非正式家校合作中小学教师德育素养的价值排序

德育素养	频数								加权平均数	排序
	8	7	6	5	4	3	2	1		
倾听	23	20	18	2	0	1	1	0	6.67	1
爱	23	9	6	6	7	5	2	3	5.42	2
客观地评价	5	14	9	24	5	2	2	2	5.13	3
公正	10	14	11	9	8	5	2	1	5.09	4
合理的奖惩	1	2	5	10	18	9	7	6	3.3	5
化解冲突	1	4	7	6	11	15	8	7	3.28	6
榜样示范	2	1	3	1	9	10	26	5	2.52	7
专业化发展	2	3	2	2	1	10	6	29	2	8

1.倾听:了解与解决家长诉求的有效手段

小学家校合作会涉及小学生的品德、学习、身体发育和日常生活等诸多方面的内容,其中一个非常重要的方面就是家长对小学的诉求及其对家校合作的影响,这就意味着小学教师在家校合作中更多的是认识、了解和解决家长的各种诉求。在非正式的沟通与合作中,倾听能够帮助小学教师充分了解和认识家庭或家长对学校的诉求,维护良好、融洽的家校合作关系。

> 一开始家长状态不太正向的时候,我是不多说什么的。因为那样的话,他会越来越觉得老师是对抗的,后期发现有和家长沟通的机会时,我就抓住这个机会和他聊了几次,站在他的角度去看这个事,他肯定希望孩子往好的方向发展,他以为他的做法是对的,当他发现不对的时候,他也不知道怎么办。后来我在班里开展了一个一对一的家庭活动,找了几位各方面还不错的家委会家长,和我们班的一些问题比较大的家长,形成了一个一对一互助家庭。这些有问题的家长,其实他们是很缺少教育的方法和策略的,所以他们也愿意、需要一个帮助的群体……通过一对一帮扶家庭教育的这种手段,这个家长已经能够主动配合我的工作了。——2G3(20210116)

　　不论什么方式，可能或早或晚，但是一定要把孩子们和家长跟你讲的这些事情处理完，就是一定要作出回应，如果没有回应，孩子对你的信任感和家长对你的信任感就可能会大打折扣。——2Z5（20210116）

　　家校合作中的倾听不同于课堂教学中的倾听。家校合作中的倾听一是倾听家长的实际想法，二是倾听家长的诉求，三是回应家长的诉求。倾听是一个具有主体主导性的德育素养，在这个过程中，教师仿佛处于"劣势"地位，但实际上教师是这一对话的掌控者，既然无法直接改变家长，那可以反向思考，在了解家长诉求的基础上，借助其他优秀家长的道德力量回应家长的诉求，以实现问题的解决。更为重要的是，教师一定做到回应，让家长在回应中感受到教师对学生的爱、感受到自己的孩子是被重视的，这也彰显了小学教师解决问题的能力。除了语言沟通这种直接交流之外，家校合作中小学教师的倾听还体现在倾听家长的"未发之意"。

　　有的家长拐弯抹角问你很多东西，给你发一长串的微信，但是说到底一定有一个他最想要达到的目的，但是有时候他也不会直接告诉你，如果是关涉学生非常要害的利益，家长一定会直接说，但是有时候一些家长的想法，他不会直接告诉你，反而是问问你，试探一下你。——1Y4（20210109）

　　在家校合作工作场域中，小学教师最优先考虑倾听这一德育素养的选择表明，当前小学教师不仅是家校合作与联系的纽带，更是唤醒与更新家长教育意识，倾听家长诉求与心声的专业人员。这种专业性就突出表现在小学教师能够非常精准地向家长描述小学生的各种现象与问题，为家长提供专业的教育指导，①而这一切工作都可在倾听的基础上使家校合作变得更有效。有研究指出，优秀水平的教师能够专心而有效地倾听家长，读出家长的未尽之意，并设想自己应如何应对。②既然小学家校合作多是为了了解和解决家长诉求，那么除了倾听对方的言语，更要倾听对方潜在的意愿、情绪与诉求，并结合自己的思考与经验作出恰切的回应。

2.爱：形成家长信任的关键道德实践品质

在正式的家校合作工作中，小学教师会优先考虑爱这一德育素养。以家长会为例，在家长会上与家长对话交流的往往以班主任为主，其他科任教师多讲述学生在本学科内的表现，班主任更多地需要借助家长会这一正式平台来展示学校教育、获取家长理解和支持、挖掘家长资源、吸纳家长参与学校管理等。③同样，家长也通过家长会来全面客观地了解自己孩子所在班的全貌。那么小学教师在家长会这样正式场合中体现出对孩子的爱是形成家长信任的关键道德品质。

　　有一次开家长会，我就搜集了他（学生）很多作品，也没跟家长说。提前利用了不到10分钟，在教室黑板上展示了孩子的七八幅画，相当于给他在家长面前开了一个小画展。其他家长们在惊叹孩子画画好的同时，我觉得学生家长触动挺大的。他特别感谢我，他说从上小学一年级到当时四年级，从来都是低着头到学校来的。这一次可以说是扬眉吐气了。他说有一次展示的机会，他们家孩子也有让其他家长认可的地方，因为所有家长都知道他（学生）这种状态，劝孩子们离他（学生）远点。在这一次画展之后，家长都觉得人家真挺棒的，也成为别人家的孩子谈论的话题。学生家长从那以后，我觉得是越来越配合我的工作了。——1C1（20210109）

①　谢维和、李敏.小学教育原理[M].高等教育出版社,2021:248-249.
②　陈希.家园合作中教师沟通胜任力研究[D].西南大学,2015.
③　李小红、刘嫄嫄.学校家长会:问题与改进策略[J].中国教育学刊,2011(12):80-82.

几乎所有教师都认为自己因为时间和精力有限，无法兼顾到每一个学生。但这种说辞会影响家长对教师的信任。因此，小学教师会抓住家长会这种全体家长在场的机会，让学生家长本人及其他家长看到了班主任教师对学生的爱，展现自己专业的德育素养，让家长产生对教师的信任，从而获得家长的配合，发挥家长、教师的合力，共同促进学生成长与进步。

在所有家校合作的正式工作中，传统形式的家长会仍然是家长们参与最多的活动，每一位家长基本都会在场。在现实中，小学家长会的流程大体是：首先是由班主任教师介绍学期或学年的整体活动、学生各方面的整体表现、学校或班级内部评奖评优的机制，让所有家长对学生及其学习场所有充分的了解与认识。其次是各学科教师对自己所教学科的全体学生表现进行评价及相应的建议。最后是班主任进行总结。整个家长会的时长是有限的，但正因为时间有限，小学教师必须在有限的时间里向全体家长传递自己最关心和秉持的教育理念，或者希望在工作上得到家长的配合。

三、专业发展工作领域中的德育素养

在专业发展工作领域，我们重点关心小学教师在教研活动、学校培训、专业反思三项具体工作领域中所具备的德育素养。小学教师的专业发展是小学教师入职后不断地维持、提升和拓展知识与技能，增强在职业生涯中履行专业和实践职责所必需的个人素质的必经过程。[1]小学教师在这一工作中所具备的德育素养多是出于对小学生的责任，特别是对学生发展发挥作用，小学教师应该通过学习和参加培训来丰富自己的专业内涵，更多地认识和研究小学生。

(一)专业发展中小学教师的德育素养

专业化发展是小学教师应具备的德育素养之一，专业发展则是小学教师

---

① 谢维和、李敏.小学教育原理[M].高等教育出版社,2021:211.

的工作领域。专业发展包括教研活动、学校培训与专业反思三项具体工作,这些工作的对象直接指向了教师个人本身或教师群体。教师的专业发展是学生发展的前提与基础,教师专业技能与素质提升了,学生才会有更大的进步。同理,教师德育素养提升了,教师在德育过程中的专业敏感性才会提升,小学生的行为习惯与良好品质才能有更大的进步空间。反之,教师德育素养也会反推教师主动寻求专业发展。在本部分,我们更关注作为工作领域的专业发展体现了教师的哪些德育素养。

1.教研活动中小学教师的德育素养

每个小学教师对教研活动的必要性及是否参加教研活动的理解是不同的,多数教师将教研视为提升教学水平、增长教学经验、解决教学问题的主要途径,尤其是初任教师是非常愿意参加教研的,认为教研对自己的发展起到一定的促进作用。

我那个时候刚当老师,经验太少了,教研能帮我更好地教学。——1C1(20210109)

我们组教研氛围特别好,组长带着大家一起讨论,什么难题都摆出来,大到课怎么上,小到其中一句话,我们都是一起打磨的。——2G1(20210116)

好课都是大家一起教研,磨课磨出来的,当老师的想进步、想发展,教研是必须参加的,没有自己闷头琢磨就能上好的课。——2G3(20210116)

当然还有一小部分的教师虽然在教研活动中,但不会积极主动参与进来,只是"被动"地服从教研活动安排,而非"主动"地在自我认同的基础上参加教研。究其原因在于这些小学教师缺乏专业认同。

在我还是实习教师的时候,老教师是不参加教研的,因为他们觉得
自己岁数大了,不需要这些。——2Z5(20210116)

当时我们组教研基本上是在唠闲嗑,我师傅还说"你教教就行了,
没什么可说(教研)的"。有些人会觉得小学生的东西有什么可讨论的,
很多人甚至觉得小学教师是用来养老的。当然现在时代不同了,大家都
很注重教研。——1Y4(20210109)

可以看出,一些教师并没有清晰自己的职业现状,也不认同其职业价
值与意义,更没有认识到教育对象是时刻发生变化的儿童,缺乏坚定的教
育信念与深厚的职业情感,所以他们选择了"躺平",选择机械被动地参加
教研活动。从根源上讲,小学教师的职业认同影响着小学生主动谋求学习
与发展的心向。教研活动作为学校里最普遍且最常态化的专业发展工作,
教师需要以职业认同为基础,主动并积极参加教研活动,以此促进教育教
学的发展。

教研活动是一种促进小学教师职后发展的活动,小学教师在有目的、有
计划、有组织的情况下,以教育教学工作为主要研讨对象,寻求教育教学实
际问题及解决的探索性活动。在参加教研活动过程中,倾听与客观地评价是
小学教师们认可的专业发展工作中应具备的德育素养。

我们教研有时候会评课,那我作为点评的人,我肯定要听这个被评
课人为什么要这么设计,然后我才能结合他讲课的表现提出相应的建议,
在这个过程中,我更多的是去做点评,指出不足,但是大家都是同事关系,

也不能说得太难看，我觉得为了孩子还是要根据客观情况点评。——1W2（20210109）

年轻老师会说得少一些，他们多数是在听我们怎么讲，然后时不时回应一下，提出一些问题之类的。——2Z4（20210116）

我会自己先看看教参等，了解了以后去教研，但还是听的多，因为自己肯定不如老教师经验多，也怕自己说错话，所以大多时候会听他们说这个课怎么上，重难点怎么讲之类的。——2Z5（20210116）

我们特别希望从年轻教师身上学到一些先进的东西，比如一些技术或鲜活的案例。——2G3（20210116）

倾听与客观地评价使教研活动形成了良好的互动氛围，经验丰富的教师与年轻的教师互相倾听与评价，初步形成了一种教研组内的共同体。教研活动中的倾听与客观地评价表现出一种倾斜性，年轻教师更多地在倾听与提出疑问，年长教师更多地在评价和回应，不论是年轻教师还是年长教师，他们都能在这一工作中有所收获。从长远角度来看，这种在德育素养支持下良性循环的教研活动有助于教师的专业发展。

教研活动侧面也体现了同行学习，几位受访教师年龄不同，他们都表达了向同行学习的观点，但略有差异，体现在向年轻教师学习和向有经验的老教师学习。向有经验的老教师学习是每个年轻教师必须经历的过程，这一点毋庸置疑。向年轻教师学习是因为：

他们年轻，脑子转得快，他们其实比我们知道的东西多。——1Z5（20210109）

现在很多时候都需要上网、手机、电脑等,有很多软件,还有小程序,他们年轻的老师弄得就很快,效率很高,我都是跟他们学的。——2G3(20210116)

我们看到年轻教师代表的新鲜力量与新知识对于老教师而言也很受用,让他们看到自己与年轻教师在某些方面的距离,激发老教师学习的动力。另外,受访者明确认为:

(小学教师)应该有一种终身学习的目标和追求。因为现在我们会发现很多年轻的老师,他从事工作本身一开始是没有明确目标的,同时也没有太多的规划,他只是把它(教师职业)当成一项普通的工作完成而已,所以就影响了最后教学的效果和他个人的进步和成长,更重要的是影响学生的成长。——2G3(20210116)

这表明为了实现教育教学效果最优化,小学教师需要具备教师发展中终身学习的素养。

2.学校培训中小学教师的德育素养

当今的小学都会进行不同级别或主题的教师培训。培训的方式与途径有很多,比如科研项目、专题讲座、技能培训等。在信息时代,教书育人者比任何人都需要跟上时代的发展。

我们学校每学期都让申报课题,做课题得写东西,除了我的教学经验,还得看一些书、论文之类的。——1C1(20210109)

教育必须要求老师有一个终身学习的能力，学校里会有很多的培训，包括区级的、校级的，还有组内进行不断的学习，有很多学习的机会。那个时候可能会觉得很累，甚至有好多情绪，或者是用很多的时间，比如说别人可能就提前看一下，这课就能教了，我可能要用两三个小时去备一节课，但是你经历过这一轮以后就会慢慢知道这个课怎么上了，然后这样的问题、学生怎么处理，班级特色怎么去实施，那你的教育幸福感就来了。——2Z5（20210116）

我们学校经常请校外专家来做讲座培训，说实话，这些专家讲的理论都太深奥了，太大了，我们有时候真听不懂，但是有时候细琢磨一下，这个可能在未来不定哪天你碰到一个事情，可能就知道怎么办了。所以参加这些培训还是有用的。——1Z5（20210109）

学校培训在一定程度上能更新教师的教育理念，促使教师朝向更专业的水平发展，对小学教师的专业发展是有积极作用的。学校提供给教师终身学习的机会与平台，这种现实发展的趋势符合小学教师终身学习的需求，也为职后提升小学教师德育素养提供了渠道。

3.专业反思中小学教师的德育素养

"反思被广泛地看作教师职业发展的决定性因素，反思能够鼓励教师对自己的职业发展肩负更大责任，并获得某种程度的职业自主权，以便他们更好地影响教育的未来方向，并在教育决策中扮演更为主动的角色。"[1]反思是小学教师专业发展的基本途径，必然需要具备专业化发展的德育素养。小学教师通过撰写反思日记、参加专业培训、制定专业发展计划等多种形式进

---

①　程耀忠、饶从满.理念—实践—反思—评价：美国教师教育理论与实践黏合的闭环[J].外国教育研究,2021,48(5):3-14.

行专业反思。①虽然这是一道已知题,但受访教师们还是讲述了他们的反思行动:

> 我经常反思到底哪个点出现问题了,分析他、分析我自己,所以我觉得反思这个事情就是在推动你继续往前走。——1C1(20210109)

> 我很容易偏离方向,所以我还是比较爱反思的,包括有时候会观察其他的老师是怎么去处理问题的,从他身上我能吸取一些经验,也能够吸取一些教训,所以我觉得反思是作为一个老师来讲最应该做到的。——1Y4(20210109)

> 反思的方式有很多种,可能是调研,有些可能是案例,有些可能是教学笔记或参加课题研究。——2Z5(20210116)

小学教师通过反思能够逐渐产生主动发展的意愿,满足自我发展的需要。此外,在这项工作中,小学教师还需要具备客观地评价这一德育素养。反思是一个接收判断并思考的过程,小学教师进行反思的前提是先对自己的教育教学行为与想法进行判断,判断可以来自自我,也可以来自学生、家长或同事,当他人对小学教师进行客观评价时,小学教师才能在客观现实的基础上作出正确的反思。

> 我的教育反思一般是写日记,写也是一种梳理,然后也能让自己沉静下来,平静地面对一些事情,能把这件事情做得更好一些,我也写一些教育教学方面的案例,有时候写着写着可能就会遇到自己觉得纠结的想

---

① 谢维和、李敏.小学教育原理[M].高等教育出版社,2021:219.

法,就和组里其他老师聊聊,老师们也会给我一些他们的看法或做法,就是从他们的角度给我一个新的思路。——2Z5(20210116)

基于客观评价的小学教师反思遵循"反思——评价——再反思"的路径,客观地评价作为中间环节使小学教师获得新的理解与思考,客观地评价所具备的判断、导向、激励等功能可以有效发挥深刻影响,影响着小学教师教育教学的反应与行动。因此,客观地评价是小学教师专业反思中必备的德育素养之一。

(二)专业发展中小学教师德育素养的价值排序及分析

在专业发展工作领域及更为具体的教研活动、学校培训中,小学教师会优先考虑包含职业认同、终身学习、反思的教师专业发展的德育素养,这一点是毋庸置疑的。而在专业反思工作中,小学教师会优先考虑客观地评价这一德育素养,客观地评价对教师专业反思而言有何重要意义是值得深入思考的。

表2-11   专业发展中小学教师德育素养的价值排序

德育素养	频数								加权平均数	排序
	8	7	6	5	4	3	2	1		
专业化发展	43	9	1	0	2	1	1	7	6.46	1
客观地评价	4	18	12	12	5	5	0	3	4.9	2
榜样示范	4	12	1	4	5	9	8	2	3.99	3
公正	1	11	10	10	7	10	4	2	3.93	4
爱	10	7	5	5	8	6	7	7	3.81	5
倾听	3	3	12	10	7	9	8	3	3.6	6
合理的奖惩	2	3	5	9	7	6	14	9	2.91	7
化解冲突	0	3	1	5	11	4	5	9	2.19	8

表2-12   专业反思中小学教师德育素养的价值排序

德育素养	频数								加权平均数	排序
	8	7	6	5	4	3	2	1		
客观地评价	16	11	11	13	10	0	3	0	5.7	1
专业化发展	28	12	4	2	2	1	2	13	5.52	2

续表

德育素养	频数								加权平均数	排序
	8	7	6	5	4	3	2	1		
倾听	4	12	14	5	8	7	4	3	4.31	3
公正	5	6	11	11	8	7	6	2	4.03	4
爱	9	5	4	10	5	6	7	10	3.63	5
合理的奖惩	0	9	6	6	12	13	7	5	3.51	6
榜样示范	3	7	4	5	5	6	16	10	3.01	7
化解冲突	2	5	5	5	6	14	9	11	3	8

客观地评价作为教师的道德实践能力,指向教师在工作中的多元评价和公正评价。首先,教师专业反思本身就是一种自我评价。教师作为教育工作者,无时无刻都在反思,反思"我做了什么——我的'做'有效吗——我的'做'自身合理吗——我还能怎样做"[1]。从这一反思路径不难看出,小学教师的反思就是对自我教育教学行动的评价,教师通过反思来评价自己教育行动的合理性与有效性,以谋求教育目的的实现,进而改进和完善自身的教育行动。

其次,教师需要通过多元评价进行反思。多元评价包括评价功能的多元化、评价主体的多元化、评价内容的多元化、评价方法的多元化、评价标准的多元化。[2]评价功能的多元化要求小学教师看到评价的激励性,以此激发自身的积极主动性,促进自身的专业发展。评价主体的多元化要求小学教师不仅关心自我内部的评价,还要关注他人对自己教育教学活动的评价,比如来自学生、家长、同事的评价,让自己跳出个人主观,从多个角度来收获更全面、客观、科学的评价,这有利于教师不断地对自己的教育教学活动进行反思,从而实现自我的调控、完善与修正,进而提升道德教育的质量和有效性。评价内容的多元化要求小学教师既要关心结果,也要关心过程;既要关注全面评价,也要关注全程评价;既要关注整体评价,也要关注局部评价;既要关注学

①　刘庆昌.反思性教学的两个问题链[J].课程·教材·教法,2006(08):13-17.
②　邓洪涛、刘堤仿.实施多元评价 促进教师发展——中小学教师校本培训质量评价体系的实践研究[J].中小学教师培训,2006(11):6-9.

生的学,也要关注教师的教。评价方法的多元化要求小学教师采用多种评价方式,比如定性评价、定量评价、分析评价、综合评价等。评价标准的多元化则要求小学教师认识到个体之间的差异性,同样的教育教学方法应用于不同的人都会产生不同的教育效果。所以这里要求小学教师应从实际出发,可以从教师的年龄差异、学科差异入手,分为胜任教师、特色教师、骨干教师、专家教师寻找自己的定位与目标,使评价真正助力反思,助力自己的专业发展。

最后,教师需要通过公正评价来反思。公正评价意味着自己与他人基于客观事实,不掺杂个人主观情感,评价时做到"就事论事、一视同仁、公平公正"。当评价有失公允时,可能会损伤教师的自我反思、自我教育,从而影响教师的积极主动性与职业幸福感。

第四节　修正与完善小学教师工作领域的德育素养结构要素

一、小学教师工作领域划分的德育素养初步框架

综上所述,借助小学教师的相关标准,以及与一线优秀小学教师深入探讨,不同工作情境中小学教师所需要的美好品质与育德能力体现出来。此外,小学教师对各工作中德育素养的优先选择的结果较为集中地反映出小学教师在具体工作场域中对德育素养的真实需要。由此初步建构小学教师工作领域划分的德育素养框架。

表2-13 小学教师工作领域划分的德育素养初步框架

工作领域	具体工作		德育素养
师生交往	课堂教学	备课	爱、公正、专业化发展
		上课	爱、公正、倾听、客观地评价、合理的奖惩、化解冲突、榜样示范、专业化发展
		学生辅导	爱、公正、倾听、客观地评价、合理的奖惩
		批改作业	爱、公正、倾听、客观地评价、合理的奖惩
		学生评价	爱、公正、倾听、客观地评价、合理的奖惩、专业化发展
	班级管理	常规管理	爱、公正、化解冲突、倾听、合理的奖惩、客观地评价、榜样示范
		组织学生活动	爱、公正、化解冲突、倾听、合理的奖惩、榜样示范
		解决问题	爱、公正、化解冲突、倾听、合理的奖惩、客观地评价
		学生谈话	爱、公正、倾听、合理的奖惩、客观地评价
家校合作	正式	家长会	爱、公正、倾听、客观地评价、化解冲突
	非正式	家访	爱、公正、倾听、客观地评价、化解冲突
		私信	
		约谈	
专业发展	群体	教研活动	专业化发展、客观地评价、倾听
		学校培训	
	个体/群体	专业反思	

二、修正小学教师工作领域的德育素养结构要素

前文初步建构的小学教师工作领域划分的德育素养框架,表明了小学教师在真实工作中对德育素养的集中需求,也呈现出小学教师在不同工作中的德性品质与育德能力。对于德育素养,其实很难用量化的方式明确与评价不同工作中小学教师的道德品质与育德能力,因为道德的量化评价会"误解道德的本质,不利于提高小学教师的道德认知水平;把道德视为工具,不利于激发学生的道德情感;容易产生伪善行为,不利于激发学生对道德行为的兴趣"[1]。显

---

[1] 李良方、李福春.道德量化评价的批判与超越[J].教育发展研究,2018,15(16):117-124.

然,用量化的标准去确认小学教师在不同工作中应具备的德育素养不符合本研究对德育素养的认知和理解,而单纯借助政策文本及一线教师的访谈资料进行分析讨论也并不全面。为了进一步完善小学教师具体工作领域划分的德育素养框架,补充其中缺少的内容,修改其中的不足,本部分重点论述在研究过程中使用德尔菲法来收集和整理学者、专家的意见,对初步构建的小学教师具体工作领域划分的德育素养框架进行完善。

(一)选取专家

小学教师具体工作领域划分的德育素养既可以服务于师范院校,也服务于一线小学教师,借助这一框架去发现真实工作场域中小学教师所真正需要具备的德育素养,完善职前小学教师的培养,提升一线小学教师的育德能力。因此本书选取了包括一线优秀教师与德育领域研究者在内的共9位专家,其中小学教师为一线教研员,德育领域研究者包括教授、副教授以及博士。德育领域专家组在这一环节的职责就是确定框架体系的内容是否完全,对应的内容是否准确。

(二)确定问题

本研究德育素养的维度来自《小学教师德育素养结构要素与培育机制研究》,是经过大量实证研究后得出的,具有一定的信效度。建构出的小学教师工作领域划分的德育素养框架中的维度必须要全面、具体,各层级之间要有逻辑性,维度之间不重复、不矛盾。因此本研究需要向专家咨询以下问题:

(1)框架体系中小学教师的工作划分是否合理?请针对不合理之处提出修改意见。

(2)框架体系中,小学教师的具体工作是否体现在小学教师的工作类别中?请针对不匹配之处提出修改意见。

(3)小学教师的具体工作是否真实需要相应的德育素养?请针对不匹配之处提出修改意见。

在确定专家人选和问题后,研究者将《小学教师工作划分的德育素养的结构要素专家问卷》发送给各专家组成员共 9 人,回收率达 100%。发送的内容见附录。

(三)咨询过程

本研究共经历了四轮咨询过程,第一轮是由专家们对教师工作维度进行补充或删减,对各维度的合理性、逻辑性进行质疑。第二轮是请专家判断教师各工作与其需要的德育素养是否匹配,并对二者的合理性、逻辑性提出质疑与意见,弥补当前框架体系的不足。第三轮是讨论阶段,讨论前二轮各专家之间的分歧。第四轮是最终评估,对收到的信息进行分析研究,最终完善小学教师工作划分的德育素养结构要素。

1.第一轮:工作维度的补充、删减与质疑

研究者向各位专家发放了《小学教师工作划分的德育素养的结构要素专家问卷(第一轮)》,并提出了问题:框架体系中小学教师的工作划分是否合理? 小学教师的具体工作是否体现在小学教师的工作划分中? 专家意见如下:

(1)家校合作是为了共同解决学生发展问题,协助合作班级活动,不应与班级管理维度并列;

(2)"师生交往"改为与"班级管理"同级的"常规教学"或"教学活动",还可以将"班级管理"合并至"师生交往"维度;

(3)"师生交往"改为"教学工作";

(4)增加"教师与社区/社会""教师与少先队教育"这两个维度;

(5)家校合作的具体工作前区分群体和个体;

(6)增加科研工作项目和教育效能感(教育信心)内容;

(7)"反思"改为"教育教学反思";

(8)"班级管理"也是"师生交往"的重要领域,存在交叉;

(9)教师学习的形式可能还包括轮岗、参加各种专业会议、校际交流(包括同课异构等活动);

（10）"日常管理"建议改为"常规管理"；

（11）教师工作中的"专业化发展"应改为"专业发展"；

（12）家校合作中的工作太琐碎，需要提取与小学教师最直接相关的工作。

2.第二轮：与工作相应的德育素养维度匹配程度的判断、质疑及意见

依据第一轮各位专家提出的意见进行修改后，发放《小学教师工作划分的德育素养的结构要素专家问卷（第二轮）》，请专家对小学教师的具体工作真实需要的德育素养维度提出修改意见。以下是专家们认为可修改或存疑的内容：

（1）冲突首先并非课堂教学中的常态，"化解冲突"应属于管理的范畴；

（2）增加"共情"或"同理"维度；

（3）"专业化发展"是工作维度还是德育素养？或二者都是？

（4）德育素养的一级维度与二级维度存在交叉；

（5）"专业化发展"与工作类别中的"专业发展"高度重合，且作为每项具体工作的一项指标重复解释太过琐碎，区别不明显；

（6）一级维度表述去除价值导向前缀。

3.第三轮：维度的内在合理性、逻辑性以及分歧点讨论

通过前两轮的专家咨询，专家之间的分歧主要有两点：

第一，教师工作维度是否合理、符合逻辑。专家意见主要集中于师生交往、管理工作二者之间存在交叉的问题上。一位专家建议将"师生交往"改为"教学工作"或"教学活动"，另一位专家建议将"班级管理"并入"师生交往"。还有两位专家认为，家校合作与班级管理不属于同一层级维度，家校合作是为了共同解决学生发展问题，是协助教师进行班级活动的。其他专家同意二者为同一层级维度。其余专家认为，教师工作维度较为合理，具体内涵也十分清晰和全面。

第二，教师工作与德育素养是否匹配。所有专家认为，小学教师工作与

相应的德育素养是匹配的,是小学教师具体工作中对应需要的。多数专家认为,小学教师具体工作所对应的德育素养之间逻辑是贯通的。两级指标可以清楚地了解各工作中小学教师应具备的德育素养。因此,小学教师工作类别、具体工作、德育素养的一级维度、二级维度之间是具有明确逻辑的。此外,专家对个别德育素养的内容提出补充或删减建议。比如,"爱"与"尊重"两者是可以互为基础且独立解释的;二级维度"公正评价"与一级维度"公正"存在内涵交叉。

4.第四轮:维度的最终评估与完善

第一,小学教师工作维度是否合理、符合逻辑。"师生交往"与"班级管理"交叉,因为"交往"是学校生活中维系教师与学生关系的主要途径,本身即包含班级管理的过程。也就是说,班级管理也是师生交往的一个重要途径。作为一个上位概念,"师生交往"与"班级管理"无法截然分开。解决方法就是将"班级管理"这一维度并入"师生交往",作为与课堂教学同级的维度。另一个争议点是,在管理工作中,家校合作确实是作为协助教师进行班级管理的存在,但从工作主体而言,小学教师的管理工作需要面对学生与家长两个主体,虽然家校合作也是以学生为联结开展的活动,但落实的主体仍然是教师与家长。因此,在"班级管理"并入"师生交往"的基础上,将"家校合作"作为与"师生交往"同级的维度。

第二,小学教师德育素养结构要素之间的逻辑关系。结构要素是在经过大量文献梳理和多次访谈后得出的,且结构要素中的部分内容与真实的小学教师工作中所需要的德性品质与育人能力是一致的,如,学生评价工作,《小学教师专业标准(试行)》(2012)规定小学教师要具备"激励与评价"的专业能力,"对小学生的日常表现进行观察与判断,发现和赏识每一位小学生的点滴进步;灵活使用多元评价方式,给予小学生恰当的评价和指导;引导小学生进行积极的自我评价;利用评价结果不断改进教育教学工作"的要求直接指向了爱、公正、倾听、客观地评价、合理的奖惩、专业化发展六种德育素养。受访的一线教师都具备一定职称、有专业成果的优秀小学教师,他们有丰富的经验与理论知识,也具备一定权威性,在学生评价工作中,受访者也表达了同样的观点,认可在这一工作中小学教师的爱、公正、倾听、客观地评价、合理的奖惩、专业化发展六种德育素养。因此,小学教师工作领域与相应的德育素养、具体行为之间存在紧密的逻辑链条,也能够清晰地看到在各自工作领域中,小学教师应采取哪种道德倾向的行为。

三、小学教师工作领域划分的德育素养最终框架

根据初步研究、深入访谈得出的结论,以及专家咨询的建议,深入各小学教师工作的真实场域,挖掘各工作领域中小学教师应具备的德育素养,最终得出小学教师工作领域德育素养的框架体系。但要说明的是:框架中的具体工作包括例举的内容但不仅限于此,不同情境、不同主体的行为有所差别,所以具体工作对应的德育素养不仅是小学教师在不同工作中对德育素养的集中需求,也是小学教师在不同工作中德性品质与育德能力的真实体现。

表2-14　小学教师工作领域的德育素养最终框架

工作领域	具体工作		德育素养
师生交往	课堂教学	备课	爱、专业化发展、公正
		上课	倾听、爱、客观地评价、公正、合理的奖惩、榜样示范、教师专业化发展、化解冲突
		学业辅导	爱、倾听、客观地评价、公正、合理的奖惩、榜样示范
		批改作业	客观地评价、公正、合理的奖惩、爱、倾听
		学生评价	公正、爱、客观地评价、倾听、榜样示范、合理的奖惩
	班级管理	常规管理	公正、倾听、爱、客观地评价、合理的奖惩、榜样示范、化解冲突
		组织学生活动	公正、倾听、爱、合理的奖惩、榜样示范、化解冲突
		学生谈话	倾听、爱、公正、客观地评价、合理的奖惩、化解冲突

续表

工作 领域	具体 工作		德育素养
家校 合作	正式	家长会	爱、公正、倾听、榜样示范、客观地评价
	非正式	家访	倾听、客观地评价、爱、公正、化解冲突、合理的奖惩
		私信	
		约谈	
专业 发展	群体	教研活动	专业化发展、客观地评价、倾听
		学校培训	
	个体/群体	专业反思	

　　小学教师的工作领域及具体工作内容，让我们更深刻地认识到小学教师具备德育素养的重要性。当小学教师面临诸多工作场域中的伦理选择时，德育素养能够在一定程度上为小学教师提供伦理指导，辅助小学教师在具体的伦理困境中作出正确的道德判断；为小学教师游刃有余地解决问题提供了帮助，也为小学教师德育素养的培育提供了思路。

第三章

基于不同专业发展阶段的小学教师德育素养研究

2016年"中国学生发展核心素养"的提出,让人们对教师应具备的核心素养也展开了广泛讨论与深入探究。小学教师作为小学德育的主要实施者,承担着引导学生道德发展的使命,在培养学生道德品质和价值观方面具有至关重要的作用。他们作为小学生生命历程中的重要他人,其道德榜样的特质将对学生的道德观念和行为产生直接或间接的影响。因此,德育素养正是新时代小学教师应具备的关键性的核心素养之一。[①]在他们的完整从教生涯里,无论处于职业发展的哪个阶段,都需要表现出高度的德育素养。这种素养不仅体现在道德准则的遵守,更体现在他们的言传身教中,通过自身的道德榜样力量,通过在教学过程中展示优良的道德操守和行为规范,潜移默化地影响学生的道德意识和行为表现,以自身的行为实践引导学生形成正确的价值观和道德行为,从而为学生的全面发展和未来的社会参与打下坚实的道德基础。

本书在第一章里系统构建和阐释了小学教师德育素养的理论模型、框架结构和概念特征,上一章在第一章的基础上从空间维度出发,探讨了小学教

---

① 刘慧.小学教师德育素养的培育[J].中国德育,2016(18):43–47.

师在师生交往、家校合作、专业化发展三个工作场域中所需要的德育素养,并围绕这三个领域中德育素养的重要性排序对一线教师进行了深度访谈。本章则立足时间维度,继续依托"小学教师德育素养的结构要素与培育机制研究"①课题,重点关注和比较分析小学教师在不同的专业发展阶段中,其所表现出的德育素养的真实状态。由此,循着空间和时间两个交叉维度上的深入探究,可充分展示一线小学教师的德育素养现状、认知与影响因素的全貌。

本章首先在课题组已有的小学教师德育素养结构要素研究成果基础上,根据国内外教师专业发展阶段相关研究,再结合小学教师自身特点,主要参照性别、教龄、职称、最高学历、学科(德育教师/非德育教师)、教研参与情况及教研职务等因素,划分出新手型、熟手型、专家型等不同的教师专业发展阶段。其次,通过问卷调查,对不同专业发展阶段下的小学教师德育素养进行广泛调查与分析,一方面比较不同专业发展阶段下的小学教师德育素养的差异;另一方面通过统计模型,分析各个阶段的小学教师德育素养的主要影响因素及其影响作用机制,同时根据数据结果做相关原理性探讨分析,并检验德育素养的不同结构要素之间的相互影响关系,为小学教师德育素养的理论模型在不同专业发展阶段中的应用提供了数据支撑。

综上,本章主要聚焦于以下几个核心问题:

第一,不同专业发展阶段下的小学教师德育素养是否有明显差别? 通过这种比较分析,期望能揭示出各个发展阶段所具有的优势和特点,进而为教育实践提供有针对性的指导。

第二,不同专业发展阶段下的小学教师德育素养,受制于哪些影响因素? 影响机制是什么? 通过深入挖掘个体背景、教育背景、职业经验等多方面的因素,可以更加全面地理解不同发展阶段下德育素养的形成机制,从而为提升小学教师德育素养提供理论支持。

---

① 2019年教育部人文社科规划基金项目"小学教师德育素养的结构要素与培育机制研究"(项目编号:19YJA880023)。

　　第三，不同专业发展阶段下的小学教师德育素养的不同结构要素之间是否存在相互影响关系？通过分析各个要素之间的相互关联性，可以深入了解德育素养的内在构成，从而揭示出这些要素在不同阶段下的互动关系和重要性。

　　第四，基于以上分析，如何进一步完善不同专业发展阶段下小学教师德育素养的理论模型？通过对已有相关结论的探讨与分析，将更加精准地捕捉不同发展阶段下小学教师德育素养的特征和变化趋势，为未来小学教师德育素养的理论模型的进一步扩展与大范围应用提供实证依据，从而能为今后的教师教育工作提供更加科学和有效的指导。

　　因此，本章在"教师德育专业化"的话语下，针对小学教师德育素养的不同结构要素进行了深入研究。通过采用问卷调查法和统计分析，在理论假设的指导下构建了结构方程模型，旨在全面地分析不同专业发展阶段下小学教师德育素养的现状及受制于何种影响因素。基于这一模型能够系统地揭示不同专业发展阶段下小学教师德育素养的结构要素之间的内在联系，进而检验并进一步完善小学教师德育素养结构要素的理论框架模型，准确反映各个要素之间的内部层次性。这一研究成果能为小学教师德育研究提供重要的理论基础，不仅为不同专业发展阶段下的小学教师德育素养的提升提供参考，还能够为教育领域的相关决策和政策制定提供理论依据和实证支持。

　　此外，在中国当前的德育实践背景下，通过深入调查小学教师的德育素养现状，比较不同专业发展阶段的小学教师德育素养，为小学教师构建一个适切且相对科学的德育素养理论框架，有助于健全小学教师德育素养的培育机制，从而更好地促进小学教师的个人和专业成长。小学教师可以更清晰地了解自身在不同专业发展阶段下的德育素养需求，有针对性地选择适合自身发展的德育素养内容和方法，来提升德育素养和育德能力，从而不断推动自身专业水平的提升，为学生提供更优质的教育服务。而从教育政策和学校管理的角度来看,基于本研究的主要发现,政府和学校可以有针对性地制定和优化小学教师的培训和发展计划,促进小学教师德育素养的提升。

第一节　概念界定与文献综述

一、小学教师专业发展阶段

教师的专业发展贯穿整个职业生涯,这一发展过程并不是时间上的简单延续,而是一种螺旋式上升的发展过程。[1]综合国内外学者对于教师专业发展阶段的研究,主要有"三阶段论""四阶段论""五阶段论"和"多阶段论"几种划分依据。其中,连榕早在 2004 年根据我国教师的特色,主要通过教龄和职称来选取不同类型的教师做了有关教学策略的研究,由此划分了教师专业发展阶段,即新手型教师(0—5 年)、熟手型教师(5—15 年)、专家型教师(15 年以上)。[2]随后其又在《教师专业发展》一书中详细阐述了之前提出的"新手—熟手—专家"的教师成长观。[3]

本研究依据连榕等学者对教师专业发展阶段的划分,同时以国内小学教师职称评定制度[4]为参照,主要结合教龄、职称、最高学历、教师参与教研情况及教研职务等将教师专业发展阶段划分为:新手型教师、熟手型教师及专家型教师。综合已有的教师专业发展阶段相关研究来看,本研究所选取的划分标准和阶段也是目前国内认可度较高的一种划分依据。

---

[1]　叶颖.不同成长阶段教师专业发展的现实困境与对策——基于 TALIS2018 上海数据结果的实证分析[J].上海教育科研,2020(9):58-62.

[2]　连榕.新手—熟手—专家型教师心理特征的比较[J].心理学报,2004(1):44-52.

[3]　连榕主编.教师专业发展[M].高等教育出版社,2007:118-121.

[4]　小学教师职务试行条例[EB/OL].http://www.moe.edu.cn/edoas/website18/53/info13153.htm,2013-07-11.

（一）新手型教师

从相关研究来看,研究者大多是从教龄、职称等方面来综合定义新手型教师。如连榕认为,新手型教师是指教龄在 0—5 年之间、职称三级及以下的青年教师。[①]张娜等人将新入职教师从广义上定义为从业 1—5 年的教师,从狭义上来说,指的是工作一年以内的教师。[②]苏秋萍结合已有的关于新手型、熟手型和专家型教师的研究,在综合考虑教龄、职称和业绩的情况下,把教龄在 0—5 年之间、职称三级以下(包括三级)的青年教师定为新手型教师。[③]同时,也有学者从教师专业能力方面来定义新手型教师,如任学印认为,新手型教师包括刚参加教学工作的教师、转学科任教的教师及从其他岗位调入的教师。[④]董辉等人则把新手教师定义为有较丰富理论知识的储备,但没有将所学知识应用到实际教学中的教师,新手教师是教师发展的关键期,是理论与实践的磨合期。[⑤]许如聪等人指出,新手教师是处于教师专业生涯的起始阶段、刚走上工作岗位 1—2 年、拥有比较丰富的理论知识而缺乏把理论应用于教学实践活动的经验和能力的新教师。[⑥]

通过以上新手型教师内涵的相关研究可以发现,当前,学者们对于新手型教师的概念界定仍缺乏统一的共识。虽然教龄和职称在一定程度上可以反映出教师的专业发展水平和阶段,但它们并不是唯一且权威性的标准。单纯依据专业能力来划分教师的专业发展阶段似乎更具科学性,然而专业能力的评估需要考虑诸多因素,如教学技能、课程设计、学科知识等,而这些因素

---

①　连榕.教师教学专长发展的心理历程[J].教育研究,2008(2):15–20.

②　张娜、申继亮、张志祯.新入职教师工作价值观的对偶比较研究[J].教师教育研究,2008,20(3):50–54.

③　苏秋萍.教师专业发展阶段论对教师教育的启示[J].广西教育学院学报,2009(6):46–49.

④　任学印.教师入职教育理论与实践比较研究[M].东北师范大学出版社,2005:8–9.

⑤　董辉、张晨.国外新手教师与专家教师比较研究综述[J].哈尔滨师范大学社会科学学报,2014,5(2):144–148.

⑥　许如聪、董艳、鲁利娟.基于九因子模型的新手教师 TPACK 知识结构分析[J].现代远程教育研究,2015(1):98–105.

的权衡和综合往往并不容易。过于强调专业能力的终结性评价可能会忽视教师的持续发展和成长,从而影响他们的教学质量和专业水平的提升。因此,对于新手型教师的概念界定需要综合考虑多种因素,并在实际研究和实践中不断进行探索和调整。为此,本章主要依照连榕的观点,将小学新手型教师从教龄、职称、教研参与情况与教研职务等变量进行划分,最终把小学新手型教师定义为:教龄在 0—5 年之间、职称为二级及以下且包括暂未参与评定职称、教研参与情况一般的青年教师,同时涵盖从其他岗位转入小学工作不到 5 年且职称在二级及以下的转岗教师。

(二)熟手型教师

研究者大多认为,熟手型教师是新手教师向专家教师的过渡期和关键期,如连榕等人在大量实证研究的基础上,提出了"新手—熟手—专家"的教师成长观。他们认为,教学领域内的教学专长的形成是在长期的教学实践过程中获得的,在新手型教师逐渐成长为专家型教师的过程中,熟手型教师是其成长的关键阶段。伯利纳(Berliner)、伯顿(Burden)、卡茨(Katz)、休伯曼(Hu-berman)、袁克定等人的研究都表明,在新手从教的第 5 年左右可以进入成熟阶段,进入这个阶段的教师称之为熟手型教师。熟手型教师是能按常规熟练地处理教学问题但教学创新水平不高的教师。[①]大多数研究者也都把 5 年作为新手型教师向熟手型教师过渡的最低界限。

通过综合分析已有关于熟手型教师的研究可见,在从事教育工作五年后,新手教师会逐渐适应自己的角色和心理转变,并能够相对熟练地处理教学中遇到的问题。这个阶段标志着一个重要的转变期,即向熟手型教师的过渡阶段。实际上,熟手型教师都曾是过去的新手,但并不是所有人都能成功地转变为未来的专家。教师在从新手到熟手的发展转变过程中,包含了专业知识的积累、教学技能的提升及教育经验的丰富等多方面要求。有些新手型

①　连榕主编.教师专业发展[M].高等教育出版社,2007:116.

教师可能由于各种原因，未能在相对成熟的专业水平上不断提升自己，导致他们一直停滞在新手型教师的发展阶段。这可能是因为缺乏持续学习和进修的动力，或者是由于其他职业和生活因素的影响。为此，本章将小学熟手型教师定义为：由不成熟的新手向专家转变的过渡期，教龄在 5—15 年之间、职称在一级及以上且曾参与过骨干教师培训相关工作、经常参与教研活动或担任相应教研职务的小学教师。

（三）专家型教师

Berliner 认为，专家教师是非理性的，他们凭直觉掌握情况，知道在适当的时候该做什么，专家教师在课堂上从不费力，当所有事情都进展得很顺利的时候，他们很少去反思他们的表现。Sternberg 提出专家教师教学原型观的理论，他认为专家教师就是具有某种教学专长的教师。董辉等人把专家教师定义为有知识的，有丰富经验的，并能将广博的、可利用的知识组织起来运用在教学中的教师。[1]郑彩国则从知识获得的角度对教师生产知识的自觉性提出了要求，表明专家型教师所要完成的知识任务就是要实现实践性知识向理论知识的转型。[2]连榕认为，专家型教师应该综合考虑教龄、职称和业绩，从而将专家型教师定义为教龄在 15 年以上且具有特级教师资格或高级职称的教师。[3]顾明远指出，具有自己的教育教学思想和独特的教学风格是专家型教师的核心特质。[4]

综上有关专家型教师的研究可知，学者们在对专家型教师的定义中，除了考虑教龄、职称等变量外，还将教师个人的知识自觉性、理性等思想情绪方面纳入了考虑范畴，并提出了相应的要求。这种综合性的定义更加全面地反

---

① 董辉、张晨.国外新手教师与专家教师比较研究综述[J].哈尔滨师范大学社会科学学报，2014,5(2):144-148.

② 郑彩国.教师专业发展的阶段划分及其知识转型[J].教育探索，2007(11):74-75.

③ 连榕.教师教学专长发展的心理历程[J].教育研究，2008(2):15-20.

④ 孟繁胜、梅秀娟、王敬.关于专家型教师培养的创新实践与理性思考[J].中小学教师培训，2008(11):15-17.

映了专家型教师的特质和能力。毕竟,专家型教师不仅仅是在教育领域积累了丰富的教学经验和专业知识,他们还应具有高度的教育责任感和使命感。他们对教育事业的投入不仅是一份职业,更是一种使命,致力于为学生提供优质的教育,帮助他们实现全面的发展。这种教育情怀和价值观的体现,使专家型教师在教育实践中不仅是知识的传授者,更是学生的引路人和榜样。此外,专家型教师还应能表现出较强的自我反思和持续学习的能力,时刻关注教育领域的最新发展,不断更新自己的教学理念和方法。他们愿意接受不同的教育观点和反馈意见,不断进行自我反思,以不断提升自己的教育水平。

本章主要参照连榕的教师成长观,将小学专家型教师定义为:教龄在 15 年及以上、职称在高级及以上或获得市级/省级/国家级“优秀教师”(骨干教师)等荣誉称号之一、多次参与骨干教师培训工作、经常参与教研活动且担任教研职务、且在学校具有极大影响力的小学教师。关于不同专业发展阶段下的小学教师的定义如表 3-1 所示:

表3-1 不同专业发展阶段的小学教师的概念界定

教师专业发展阶段	定义
小学新手型教师	教龄在 0—5 年之间、职称为二级及以下且包括暂未参与评定职称、教研参与情况一般的青年教师,同时涵盖从其他岗位转入小学工作不到 5 年且职称在二级及以下的转岗教师
小学熟手型教师	由不成熟的新手向专家转变的过渡期,教龄在 5—15 年之间、职称在一级及以上且曾参与过骨干教师培训相关工作、经常参与教研活动或担任相应教研职务的小学教师
小学专家型教师	教龄在 15 年及以上、职称在高级及以上或获得市级/省级/国家级“优秀教师”(骨干教师)等荣誉称号之一、多次参与骨干教师培训工作、经常参与教研活动且担任教研职务、在学校具有极大影响力的小学教师

二、教师专业发展阶段相关研究

教师专业发展是一个持续不断的过程,从初级到相对成熟再到更高水平的成熟化,主要涉及教师个体的知识、技能和态度等多个方面的发展。这一发展过程具有连续性和阶段性的特点,每个阶段都有其独特的特征和重点。自20世纪60年代开始,教师专业发展阶段的研究逐渐引起学者的关注,成为国内外教育领域的研究热点之一。美国学者富勒(Fullner)是最早深入探讨该议题的研究者之一,他对教师专业发展阶段进行了初步的分类和描述。而我国对教师专业发展阶段的研究则始于20世纪八九十年代,相对于国外来说起步较晚,但在不断探索中逐渐形成了自己的研究体系。

概括来说,以往研究首先从教育心理学的视角出发,研究者聚焦于探讨教师专业发展的认知、情感和动机等因素,认为不同阶段的教师在认知结构、情感态度及专业动机上会有显著差异,从而影响其专业成长的方向和速度。随后的研究重点之一是教师职业发展的阶段性模型,很多研究者都将教师的职业生涯依照不同标准划分为不同的阶段,如新手期、成长期、成熟期等。每个阶段有不同的特征和任务,研究者通过对教师职业发展轨迹的跟踪研究,揭示了教师在不同阶段的发展路径和需求。而近年来,专业学习社群的概念在教师专业发展阶段的研究中也逐渐引起重视。研究者通过研究教师在不同社群中的交往和合作,揭示了社群对教师专业发展的影响,尤其是在信息共享、合作教研等方面的作用。西方学界近些年来又不断引入跨文化比较研究的视角,探讨了不同国家或地区教师专业发展的差异和共性。在不同文化背景下,教师专业发展的路径、重点和影响因素可能都存在着一定差异,需要进行深入分析和检验。

教师专业发展阶段研究是一个复杂而多维的领域,上述研究视角和结论都有助于丰富对教师专业发展的理解。以下对国内外一些具有代表性的教师专业发展阶段的相关研究进行了详细综述。

(一)国外相关研究

20世纪60年代末,美国学者富勒以其编制的《教师关注问卷》展开对教师专业发展过程的研究,提出了影响力极大的"关注"阶段理论,他依据教师在每个阶段所关注的核心问题将教师专业发展分成了任教前学生想象中只关注自己的阶段、关注作为教师的"自我胜任力"和他人评价的早期求生阶段、关注在教学情境下对教学任务的完成程度和教学技能的掌握程度阶段,以及把学生作为关注核心的关注学生阶段。①即后期的四个主要阶段:任教前关注阶段、早期求生阶段、关注教学情景阶段与关注学生阶段。②随后,1972 年,卡茨(Katz)提出教师发展的四阶段理论,即求生存、巩固、更新和成熟阶段。③

　　20 世纪 70 年代末,伯顿(Burdene)提出了教师教学生涯发展的三阶段理论。首先是求生存阶段。这一阶段的教师刚进入一个新环境,再加上没有实际教学经验,因而对于教学活动及环境只有非常有限的知识,对于所面对的各种事物都在适应之中。这一阶段教师的特点决定了他们所关心的是做好教学工作,他们已经开始注意了解学生了,但并不愿意尝试新的方法以增强效果。其次是调整阶段。在教师生涯的第 2 年至第 4 年之间的时间段,教师的知识已较丰富,心情已较轻松。教师开始有精力了解孩子们的复杂性,更多地关心学生,此时也会寻求新的教学技巧与解决问题的新方法,以满足不同学生的需求。最后是成熟阶段。教师在进入第 5 年或 5 年以上的教学时期后,其经验更加丰富,对教学活动驾轻就熟,并且对教学环境已有充分的了解与熟悉。因而这一时期的教师可以放心地、专心地处理教学中所发生的事情,能够不断地追求并尝试新的方法,且更能关心学生,更能满足学生的需要。此外,处在这一阶段的教师会发现自己已逐渐获得专业见解,并能处理大多

---

①　Fuller,F.Concem of Teachers:A Developmental Conceptualization[J].American Educational.1969.

②　Fuller FF,Bown OH.Becomin gateacher.InK.Ryan(Ed.),Teacher education(74th Year book of the National Society for the Study of Education)[M].Chicago,IL:University of Chicago Press,1975:25-51.

③　KatzL G.Developmental Stages of Preschool Teachers[J].Elementary School Journal,1972,73(1):50-54.

数可能发生的新情况。①

　　进入 20 世纪 80 年代，费斯勒从生命周期视角对教师专业发展阶段进行研究，通过问卷、访谈、观察等方式，归纳出教师生涯循环理论。他将教师专业发展分为八个阶段：职前阶段、入职阶段、能力建构阶段、热心成长阶段、挫折阶段、稳定和停滞阶段、低落阶段、退出阶段。②

　　20 世纪 80 年代末颇具代表性的是伯林纳（Berliner）和司德菲（Steffy）等人的研究。伯林纳将教师专业发展划分为新手阶段、高级新手阶段、能手阶段、熟手阶段和专家阶段。③司德菲在费斯勒等人的研究基础上，依据自我实现理论提出了教师生涯的人文发展模式，将教师发展分为五个阶段：预备生涯、专家生涯、退缩生涯、更新生涯、退出生涯，并对这五个阶段的教师任务和教师心理特点进行论述。④同时建立了他的教师生涯发展模式理论，这一理论比较完整地、也较真实地诠释了教师发展的历程，弥补了伯顿等人关于进入成熟期以后的教师会一往直前地继续成长，其间不会有低落、停滞的发展阶段的缺憾。⑤

　　另外，莱因哈特（Leinhardt Brandt）提出了三种界定新手型、熟手型和专家型教师的方法，分别是测验分数法，即凭借学生的成绩来确定；权威人士判断法，主要参考权威人：如学科专家、校长等人的意见；具体情况判定法，即以教师参加工作的时间、教龄来划分。⑥美国心理学家斯腾伯格（Sternberg）则从教师自身的专业知识、解决问题的效率、灵敏的洞察力这三个维度来区分教师的不同专业发展阶段。⑦

---

　　① 张维仪.教师教育——改革与发展热点问题透视[Z].南京师范大学出版社,2000:315-316.
　　② 罗晓杰.国内外教师专业发展阶段研究述评[J].教育科学研究,2006(7):53-56.
　　③ Berliner DC.The Development of Expertisein Pedagogy[J].Beginning Teachers,1988:35.
　　④ 严荣琴.初中成熟期教师专业发展的问题与对策研究[D].华东师范大学,2017.
　　⑤ 李斌.国内外教师专业发展过程研究述评[J].江苏教育学院学报(社会科学版),2003(4):17-20.
　　⑥ 赖建辉.国外"专家型与新手型教师"研究述评[J].教学与管理,2002(18):78-80.
　　⑦ R.J.斯腾伯格、J.A.霍瓦斯.专家型教师教学的原型观[J].华东师范大学学报(教育科学版),1997(1):27-37.

　　进入 21 世纪,休伯曼(Huberman)依据教师职业生涯发展理论,又将教师专业发展的周期分成入职前(1 至 3 年)、稳定期(4 至 6 年)、岐变期(7 至 18 年)、保守期(19 至 30 年)、准备退休期(31 至 40 年)五个阶段。①

　　如表 3-2 所示,经过综合梳理上述国外具有代表性的相关研究,可以清晰地看到国外教师专业发展阶段研究的演变脉络。从早期关注教师专业发展的某个特定方面,逐步转向注重过程的研究,这体现了学者们对于教师成长过程的深入理解。同时,研究方法也由最初的单一方法逐渐向多样化发展,如定性、定量、追踪研究等方法的运用,使得研究更具广度和深度。在这一过程中,研究成果的质量也逐步提升,为教育领域提供了丰富的理论和实践支持。总体而言,这些国外研究显示出一个明显的趋势,即教师在不同发展阶段会呈现出不同的专业水平、能力和心态。比如,新手教师通常需要适应新的角色和环境,经验丰富的教师在教学问题上可能更加熟练,而专家型教师则在知识储备和创新能力方面具备显著优势。这种阶段性的差异性为教育研究和实践提供了有力的依据,也再度强调了教师专业发展的动态性和复杂性。

表3-2　国外教师专业发展阶段的相关研究

时间	代表人物	教师专业发展阶段划分
20世纪60年代末	富勒	任教前关注阶段、早期求生阶段、关注教学情景阶段、关注学生阶段
20世纪70年代	卡茨	求生阶段、巩固阶段、更新阶段、成熟阶段
	伯顿	生存阶段、调整阶段、成熟阶段
20世纪80年代	费斯勒	职前阶段、入职阶段、能力建构阶段、热心成长阶段、挫折阶段、稳定和停滞阶段、低落阶段、退出阶段
	伯林纳	新手阶段、高级新手阶段、能手阶段、熟手阶段和专家阶段
	司德菲	预备生涯、专家生涯、退缩生涯、更新生涯、退出生涯
21 世纪	休伯曼	入职前、稳定期、岐变期、保守期、准备退休期

① Huberman M.The professional life cycle of teachers[J].Teachers College Record,2005,91(1): 31-57.

（二）国内相关研究

综合梳理相关研究资料可以发现，国内关于教师专业发展阶段的研究主要集中在两个方面，即教师专业发展阶段的划分研究和比较研究。前者通过对教师在职业生涯中的发展经历和成长路径进行分析，提出了不同阶段的划分框架，如新手型、成长型、稳定型和专家型等，有助于理解和把握教师职业发展的大致轨迹，也为教师专业成长提供了指导性的参考。后者则通过比较不同阶段教师在专业知识、教育技能、教学态度等方面的差异，深入了解不同发展阶段的教师所面临的挑战和需求，从而有助于为不同阶段的教师提供个性化的发展支持，还为教师培训和专业发展的规划提供了科学依据。

1. 关于教师专业发展阶段的划分研究

我国对于教师专业发展的研究始于 20 世纪 80 年代末 90 年代初，林崇德从认知心理学角度出发进行探索，叶澜等学者从教育学和伦理学的角度为我国教师专业化理论的发展及框架的构建奠定了基础，以上两位学者的相关研究为我国的教师专业发展研究提供了理论基础。[1]

邵宝祥等人强调教师教育教学能力发展的重要性，将教师专业的发展分为四个阶段："适应阶段（从教 1—2 年内）、成长阶段（从教 3—8 年）、称职阶段（高原阶段，38 岁以后）和成熟阶段。"[2]钟祖荣等人提出，教师成长大致要经过"准备期、适应期、发展期、创造期"四个阶段，分别对应的是"新手教师、合格教师、骨干教师、专业教师"。随后进一步将教师专业发展划分为"适应期、熟练期、成熟期、发展期、创造前期和创造后期"六个阶段，对应的是"合格教师、熟练教师、成熟教师、骨干教师、专家教师和教育家"[3]。

吴卫东等人提出反思关注阶段理论，认为教师发展会经历新手型教师、

---

① 罗晓杰.国内外教师专业发展阶段研究述评[J].教育科学研究,2006(7):55-58.

② 邵宝祥、王金保.中小学教师继续教育基本模式的理论与实践(上)[Z].北京教育出版社,1999:68-70.

③ 钟祖荣.《易经》乾卦的过程思想与教师发展阶段理论[J].北京教育学院学报,2011(3):24-26.

适应型教师、熟手型教师、专家型教师四个阶段,各阶段的反思重点分别为教学技能、教学策略、教学理念和教育科研。①

傅树京通过多年对中小学教师成长过程的观察与研究,并在总结国内外学者对教师专业发展阶段的研究基础上,根据"教师关注内容"的问卷调查和"教师教育教学技能"的测评发现,教师在一定年龄阶段和专业发展阶段会反映出一些典型的心理、认识与能力等方面的特点,从而指出与教师职后培训相联系的专业发展阶段可分为适应、探索、建立、成熟、平和五个阶段。②罗琴等人以教师群体专业发展为假设,以职业成熟度为标准,把教师专业发展划分为适应期、发展期、成熟期和持续发展期四个阶段,并根据各阶段不同的教学需要和特点,论述了教师专业发展各阶段教学反思的内容和策略。③连榕将教龄和职称作为划分教师专业发展阶段的依据,并据此将教师分为新手型教师、熟手型教师和专家型教师三种类型。④这种划分阶段也是目前国内认可度较高的一种划分依据。

卢真金认为在继续专业社会化阶段,教师专业发展经历适应与过渡、分化与定型、突破与退守、成熟与维持、创造与智慧五个时期,其对应的结果是教师分别成为适应型、经验型、知识型、混合型、准学者型、学者型和智慧型七类教师。⑤

综上所述,如表 3-3 所示,在对教师专业发展阶段进行划分的过程中,学者们采用了多样的研究视角、不同维度及多种研究方法。尽管由于不同的研究方法和角度可能导致所得出的阶段划分存在一定差异,但在这些多样性之中,我们仍然可以辨识出一些共性特征:不同类型的教师在其专业发展的不同阶段呈现出相匹配的特点,而且影响教师专业发展的因素是非常多样化

① 吴卫东、骆伯巍.教师的反思能力结构及其培养研究[J].教育评论,2001(1):33-35.
② 傅树京.构建与教师专业发展阶段相适应的培训模式[J].教育理论与实践,2003(6):39-43.
③ 罗琴、廖诗艳.教师专业发展的阶段性:教学反思角度[J].现代教育科学,2005(3):71-73.
④ 连榕.新手—熟手—专家型教师心理特征的比较[J].心理学报,2004,36(1):44-52.
⑤ 卢真金.教师专业发展的阶段、模式、策略再探[J].课程·教材·教法,2007(12):68-74.

的。除了教育背景、教龄和职称等传统性的因素外,教师个人的教育信念、教育背景、工作环境、专业培训等因素也在不同程度上影响着教师在不同阶段的专业成长。结合国内已有研究和小学生的身心发展特征来看,小学教师专业发展阶段可划分为:新手型教师、熟手型教师和专家型教师,且教师对自身的关注重点会随着阶段的转变而发生较大改变。

表3-3　国内有关教师专业发展阶段的相关研究

代表人物	教师专业发展阶段
邵宝祥	适应阶段、成长阶段、称职阶段、成熟阶段
钟祖荣	准备期、适应期、发展期、创造期
吴卫东	新手型教师、适应型教师、熟手型教师、专家型教师
傅树京	适应、探索、建立、成熟、平和
罗琴	适应期、发展期、成熟期、持续发展期
连榕	新手型教师、熟手型教师、专家型教师
卢真金	适应与过渡、分化与定型、突破与退守、成熟与维持、创造与智慧

2. 关于教师专业发展阶段的比较研究

孟迎芳等人以 578 名中学教师作为研究对象,采用自编的中学教师教学策略量表对不同类型教师的教学策略进行比较。研究发现,新手型教师比熟手型教师更重视课前策略,熟手型教师在教学策略三个维度上都显著低于专家型教师,专家型教师的教学策略表现出灵活性、创造性及有效的反思能力。[1]耿文侠等人对不同专业发展阶段教师的师生观进行了比较研究,结果显示:10 到 20 年教龄的教师其师生观比较适应当前基础教育的需要, 小教一级和小教高级教师的师生观比较新;中教高级教师的师生观较其他教师陈旧一些,大专学历的教师其师生观优于其他学历教师的师生观。中小学教师的教龄、职称、学历对其师生观具有不同程度的预测性。[2]

---

① 孟迎芳、连榕、郭春彦.专家—熟手—新手型教师教学策略的比较研究[J].心理发展与教育,2004(4):70-73.

② 耿文侠、汤芳、张二庆.中小学教师专业发展阶段与师生观之关系研究[J].教师教育研究,2005(6):57-63+69.

就不同专业发展阶段教师的发展需求比较而言,孟繁胜等人为了解中小学各发展阶段教师对于培训内容的需求,对全国28个省份的5469名中小学教师进行了问卷调查。[①]康翠等人对不同发展阶段教师的教案编制实际情况进行了深入的比较研究,发现了不同专业发展阶段(新手、熟手和专家)教师教案编制的关键特征(包括对教案编制的真实态度、编制教案的思维方式、教案编制的表现形式),同时也发现了影响不同专业发展阶段教师教学设计专长水平提高的因素。[②]叶颖对不同成长阶段教师专业发展的现实困境比较进行了实证研究,指出缺乏时间和激励机制是各成长阶段教师专业发展的主要障碍,其中教龄在0—2年的新教师遇到的专业发展障碍最少;缺乏各类有效的支持措施也是教师在专业发展过程中面临的障碍,且随着教龄不断增加,教师所获得各方面的支持不断减少。[③]

总之,关于教师专业发展阶段的研究领域,国内外学者从不同的研究视角、多样的维度及各种研究方法,对教师的专业成长进行了划分和探讨,不同的阶段反映着教师在职业生涯中不同的发展特点和需求。通过综合梳理可以发现,尽管关于教师专业发展阶段的研究颇丰,但对于不同专业发展阶段下的教师个体成长的研究相对较少。目前的研究更多集中在教学策略、教案编制等教学行为方面,而对于教师在不同专业发展阶段下的特点和需求的探讨还相对有限。此外,尽管有一些研究关注了不同学段下的教师专业化发展,但专门针对小学教师德育素养进行分阶段研究的案例尚未出现。

此外,国内关于教师德育素养的研究也亟待深化,极少有学者深入探讨小学教师德育素养的结构要素、各要素之间的相互影响关系,以及这些要素

---

① 孟繁胜、曲正伟、王芳.不同阶段中小学教师发展需求比较分析[J].东北师大学报(哲学社会科学版),2017(3):151-156.

② 康翠、刘美凤.不同专业发展阶段教师教案编制的质性研究[J].中国电化教育,2013(11):66-73.

③ 叶颖.不同成长阶段教师专业发展的现实困境与对策——基于TALIS2018上海数据结果的实证分析[J].上海教育科研,2020(9):58-62.

将对教师德育素养的培育起到何种作用。鉴于此,本章将通过调查、分析、比较当前不同专业发展阶段下的小学教师德育素养的现状, 试图探寻影响小学教师德育素养的相关因素, 检验本书的理论依据——课题组已有的德育素养理论模型的科学性,并厘清其内部各结构要素之间的相互影响关系,可为未来小学教师德育素养的培育工作提供较为科学的理论基础, 同时在一定程度上填补小学教师德育研究在该领域的空白和稀缺。

第二节 研究方法及分析思路

一、研究方法与分析模型

本研究主要采用问卷法开展调查研究。作为一种在社会研究中被广泛使用的实证研究方法, 问卷调查能够在较短时间内收集大量一手的研究信息,有效地捕捉研究对象的多样性和复杂性,并通过后续的统计分析比较准确地估计研究对象普遍性的特征及群体之间的差异。此外,问卷调查法还能够实现相对客观的数据收集,避免了研究者主观判断的影响。这对于本研究聚焦的教师德育素养需要涵盖多个维度的概念来说具有很大的优势, 因此较适合本项研究所使用。基于相关的理论和文献,本研究首先围绕小学教师的德育素养结构要素精心设计出问卷, 进而通过对一线小学教师的三轮试测,基于试测结果对问卷中的异常值、缺失值等内容进行反复修订,最终形成了正式的调查问卷。其次通过目的性抽样和整群抽样,选取了北京地区具有较好代表性的 4 所小学,对其全体教师进行了问卷调查。鉴于本研究所涵盖的教师样本呈现多层次、多类型等不同维度上的群体差异,故学校的办学质量及师资概况成为影响应用小学教育德育素养模型的重要因素。在此研究需要下,精选办学质量较高、师资力量较强的学校,将有助于本研究的深入开展与小学教师德育素养理论模型的应用。研究所取的 4 所样本学校位于北京的不同地区,学校里的师生规模大体相仿,办学条件、师资水平、生源状况和教学质量等因素在北京地区都属于中等偏上,具有较好的代表性。本研究在这 4 所学校中共计发放问卷 301 份,回收问卷 301 份,去除掉回答严重不完整的问卷之后,获得有效问卷 295 份,有效回收率为 98%。

本研究的分析过程主要包括四个步骤。首先,通过描述性分析,分析了当前四所小学的教师对于德育素养指标的重要性认知和理解情况。此外,研究还调查了校内全体教师的整体德育素养水平,并对其在德育方面存在的不足之处进行了描绘和分析。这些分析能够大致勾勒出北京地区小学教师对于德育素养的认知水平、重视程度和整体现状的全貌。

其次,通过多元回归分析,对德育素养的各项一级、二级指标的主要影响因素进行了逐个分析,并将其分析结果进行了横向比较,以综合分析不同自变量对各项具体德育素养的不同影响效果。在此过程中,尤其重视教师不同的专业发展阶段对其各项德育素养指标的影响。

再次,由于德育素养中的诸多重要维度和指标均是主观性极强的变量,难以直接进行准确测量。而且,德育素养的不同维度之间可能存在着较为明显的相互影响关系,在进行综合的相关性分析时很容易造成多重共线性问题,因此传统的 OLS 回归分析在分析德育素养的不同维度之间的相互关系时并不能很好地适用。为此,本研究将运用结构方程模型(structural equation modelling,SEM),将各项主观性变量作为潜变量,通过建立一个综合的理论模型,全面地分析不同专业发展阶段下小学教师德育素养的主要影响因素和对应的影响机制。同时,结构方程模型也可以有效验证不同维度的德育素养之间的相互影响,帮助揭示不同维度之间的关联性。这种结构方程的理论模型图如图 3-1 所示。

最后,在上述研究的基础上,检验、完善和丰富课题组已有的小学教师德育素养理论框架模型,为未来的小学教师德育培训工作提供更为科学的依据和指导,并结合实践,简要讨论促进不同专业发展阶段下的小学教师培养其德育素养提升的有效路径。

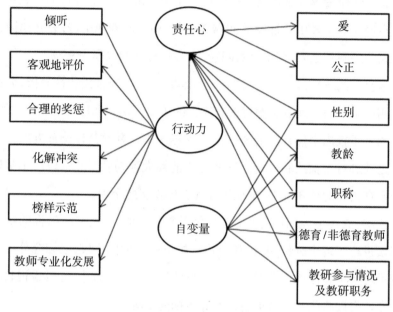

图3-1　结构方程的理论模型图

二、变量与测量

本研究的主要因变量是小学教师的德育素养。根据李敏对于德育素养的分析模型(见图 3-1),本研究将这一变量进行了逐级分解,首先将其划分为责任心和行动力两个维度, 由于这两个维度均属于主观性极强的潜变量(latent variable),难以直接进行科学测量,本研究便将这二者进一步进行指标分解,在责任心下列出了爱、公正两个指标,在行动力下则划出了倾听、客观地评价、合理的奖惩、化解冲突、榜样示范、教师专业化发展 6 个指标。进而,在问卷中通过 Likert 五点量表,向受访者们逐项询问了这 8 个一级指标在他们心中的重要性,1 分为最低,5 分为最高。

随后,基于前述理论和已有文献,又对上述 8 个一级指标进一步分解出了 27 个二级指标,以更深入、更具体、更精确地调查小学教师的德育素养状况。在问卷中同样通过 Likert 五点量表,向受访者们询问了这些二级指标在他们心中的重要性,1 分为最低,5 分为最高, 具体的指标分解关系如表 3-4 所示:

表3-4　小学教师德育素养的指标分解

		一级指标	二级指标名称
教师的德育素养	责任心	爱	敏感性
			尊重
			关怀
			赏识能力
		公正	理性
			仁慈
			平等
			民主
			权益意识
	行动力	倾听	敏锐的觉察力
			开放的态度
			善于收集与处理信息
			恰切地回应
		客观地评价	多元评价
			公正评价
		合理的奖惩	善于表扬
			善于批评
		化解冲突	冷静沉着
			机智应对
			理解包容
		榜样示范	恰当的着装
			良好的习惯
			言行一致
		教师专业化发展	能够终身学习
			善于反思
			热爱生活

基于以往文献中的相关讨论，本研究纳入的自变量包括了能够衡量教师的专业发展阶段的主要因素，如教师的性别、教龄、最高学历（分为专科、本科、研究生三类）、职称（分为三级、二级、一级、高级、正高级等五级）、担任校内行政职务的情况（分为无行政职务、中级职务如主任等、高级职务如校长等三类）、教师是否为班主任、教师曾获得的最高级别的荣誉（分为未获得过、校级、区级、市级、省部级、国家级六级）、学校所处的地理位置（分为城区、郊区、农村三类）、教师是否毕业于师范专业、以及教师的任教学科情况（分为语文、数学、英语、道德与法治、科学、信息、音乐、美术、体育、综合实践活动等十个学科）。所有自变量的基本信息如表3-5所示：

表3-5　自变量的基本统计信息

变量名称	样本量	均值	标准差	最小值	最大值
性别	295	0.783	0.413	0	1
教龄	294	18.316	1.265	0	40
最高学历	295	2.108	0.352	1	3
职称	295	2.708	0.863	1	4
师范专业	295	0.739	0.440	0	1
行政职务	294	1.041	0.244	1	3
班主任	295	0.485	0.501	0	1
荣誉级别	295	3.858	1.620	1	6
城区	295	0.817	0.387	0	1
郊区	295	0.078	0.269	0	1
农村	295	0.105	0.307	0	1
语文	294	0.381	0.486	0	1
数学	294	0.214	0.411	0	1
英语	294	0.082	0.274	0	1
道德与法治	294	0.017	0.130	0	1
科学	294	0.027	0.163	0	1
信息	294	0.041	0.198	0	1
音乐	294	0.044	0.206	0	1
美术	294	0.068	0.252	0	1
体育	294	0.109	0.312	0	1
综合实践	294	0.017	0.130	0	1

在对问卷数据进行录入和数据清理后，运用 Stata 16 统计分析软件，首先对问卷调查的结果进行了信效度检验，以确保所得数据的质量和可靠性达到了统计分析的要求。信度检验旨在评估测量工具的稳定性和一致性，以确认问卷中的问题能够在不同情境下得到相似的回答。通过内部一致性检验方法，如克隆巴赫系数，可以评估问卷中各项问题的相关性和一致性程度。效度检验用于评估问卷是否真实地测量了所关注的概念。通过因子分析等方法，可以验证问卷各项问题与所要测量的概念之间的关联程度，从而判断问卷的效度。信效度检验不仅能够确保问卷的可信度和有效性，还有助于排除潜在的数据问题和错误，从而保证后续的统计分析结果的可靠性和准确性。

表 3–6 中呈现了对问卷中各项自变量进行的可靠性分析结果。从数据中可以明显看出，各个自变量的总体克隆巴赫系数及标准化的克隆巴赫系数均高于 0.9 的水平，这表明针对每一个自变量所设计的问题在整个调查中表现出了较高的内部一致性和稳定性。

表3–6　自变量的信度分析

克隆巴赫系数（Alpha）	基于标准化项的克隆巴赫系数（Alpha）	项数
0.924	0.941	10

表 3–7 中展示的是对问卷中自变量的效度检验结果。可见，自变量的 KMO 值为 0.923，且在巴特利特检验中的显著性为 0.000，表明效度检验结果在统计学上是显著的，满足显著性水平小于 0.05 的要求。因此在选取和测量自变量的过程中，以及在对维度进行匹配时，问卷具备较好的结构效度。

表3–7　自变量的KMO和巴特利特检验

KMO 取样适切性量数		0.923
巴特利特球形度检验	近似卡方	2434.102
	自由度	284
	显著性	0.000

在确保了研究工具具有较为理想的信度和效度之后，本章依照课题组关于德育素养的指标划分，对小学教师德育素养的现状及主要影响因素进行了描述性和相关性分析，尤其重点考查了教师在不同专业发展阶段下的影响效果，以更全面地理解德育素养在不同职业发展时期的表现。最后将各项德育素养指标整合进同一个综合性的结构方程模型，基于因果推断理论，检验了不同德育素养之间的相互影响作用机制和路径，进一步揭示了各德育素养指标之间的内在关联和影响关系，并得出最后的研究结论。

第三节　结果分析

一、小学教师德育素养的现状分析

本研究从教师个体和群体两个层面出发，围绕德育素养的 8 个一级指标及 27 个 2 级指标，调查了北京市 4 所小学教师对各项德育素养之重要性的认知情况，以及他们对校内教师群体的整体德育素养的现状与不足之处的评价。研究发现，尽管教师们普遍高度重视德育素养，但这种重视程度在不同的德育素养指标之间有着明显差异，反映出他们在认知的全面性上有所缺失。

（一）教师对德育素养一级指标的重要性认知

调查结果显示，从德育素养的一级指标来看，当前北京地区的小学教师对之有着普遍的高度重视，意味着他们能够充分意识到这些素养在教育教学过程中的重要性和必要性。问卷中运用 Likert 量表逐项调查了教师对于爱、公正、倾听、客观地评价、合理的奖惩、化解冲突、榜样示范、教师专业化发展这 8 项德育素养的一级指标的重要性评价，1 为非常不重要，5 为非常重要。从表 3-8 中所展示的得分情况来看，受访的小学教师在各项指标的得分不但非常高，而且分布平均，均值都在 4.7 至 4.9 之间，标准差在 0.3 至 0.5

之间,差异不大,而且没有任何教师给予任何一项指标以"不重要"的评价,可见教师对于这些德育素养指标的认可与重视有着较高的一致性。

不过相比较而言,教师对于"爱"和"公正"这两项教师基本职业素养的认可程度最强,这表明教师在整体上非常重视培养学生的情感和道德发展,以及在教育过程中保持公正和平等的原则。此外,对于"合理的奖惩"和"教师专业化发展"这两项能够在很大程度上反映教师专业能力和技巧的因素,教师的评价低于其他方面。这或许反映了一部分教师可能在教学和管理实践中遇到了一些挑战,需要更多的培训和支持来提高其在这些方面的能力。因此可以总结出,教师在德育素养中,对于"责任心"的重视程度略高于"行动力",而在教学和管理的专业技能上仍然存在一定的提升空间。

表3-8　教师对德育素养一级指标的重要性评价

变量名称	样本量	均值	标准差	最小值	最大值
爱	295	4.892	0.352	3	5
公正	295	4.895	0.349	3	5
倾听	295	4.878	0.376	3	5
客观地评价	295	4.881	0.373	3	5
合理的奖惩	295	4.769	0.468	3	5
化解冲突	295	4.827	0.421	3	5
榜样示范	295	4.831	0.410	3	5
教师专业化发展	295	4.793	0.438	3	5

(二)教师对德育素养二级指标的重要性认知

进而,问卷同样运用 Likert 五点量表对教师对于德育素养的各项二级指标的认知和重视情况进行了调查,1 为非常不重要,5 为非常重要。调查结果如表3-9 所示。在 8 项一级指标下分解出了 27 项二级指标之后,教师在这些方面的整体得分情况同样优异,绝大多数指标的平均得分都在 4.7 分以上,标准差在 0.3 至 0.5 左右,表现出教师群体较好的及较为一致的德育素养。其中最被教师重视的素养是尊重学生(均值=4.892,标准差=0.343)、关怀学生(均值=4.861,标准差=0.375)和平等对待学生(均值=4.858,标准差=0.378)。

这三者都属于"责任心"的范畴，它们不仅平均分值在所有二级指标中最高，而且标准差较小，说明这三项指标的重要性在教师群体中获得了一致的高度认可。此外，得分相对较低的指标有敏感性（均值=4.600，标准差=0.630）、权益意识（均值=4.725，标准差=0.543）、善于批评（均值=4.549，标准差=0.785）和恰当的着装（均值=4.692，标准差=0.531）。前两者同样属于"责任心"的范畴，这也就意味着教师虽然对于"责任心"这一领域普遍有着高度认同，但是对其具体内涵的理解并不深入和全面，尤其是对现代社会中所要求的一些能够反映新的时代特征和教育价值的师德内涵缺少恰当理解和贯彻落实。另外，教师对于批评学生的技巧的重视程度最低，对于职业着装要求也不够重视，这反映出在日常的教育实践中，一些教师对于如何有效地进行学生批评及如何在职业着装方面保持专业形象等问题的认知和培训还有待提升。着装要求也未受到足够重视，反映出教师在日常的行为举止上，对自己的专业性要求还有待提升。

另外值得注意的是，在调查中有少数教师对于一些二级指标选择了"不重要"甚至"非常不重要"，意味着他们对于德育素养的理解出现了一些根本性的偏差。在"责任心"的范畴中，有教师认为敏感性并不重要，这容易使之忽略对学生表现的细致入微的体察和理解。在行动力的范畴中，在权益意识、冷静沉着、理解包容和终身学习这四项指标上，都有教师认为并不重要，这容易导致他们忽略对儿童合法权益的保护，以及富有技巧性地看待和处理学生之间的冲突。再进而言之，在善于批评和职业认同这两项指标上，都有教师认为非常不重要。由此综合来看，教师对于德育素养的认知之缺陷主要体现在两个方面。

第一，不重视化解学生之间的冲突与矛盾，具体表现为不重视细心体察学生的情绪、保护学生的权益、养成冷静、沉着、客观、包容的专业态度、提升批评学生的技巧和能力等。事实上，在教育实践中，对学生进行科学、合理的批评教育与挫折教育、提升其团队意识和合作能力本来就是更为艰难、也更需要专业技巧和能力的任务。教师在这些方面的重视度不够,也正反映出了其专业素养,尤其是沟通能力、情感教育能力等方面的不足。教育学强调学生的个体差异、情感需求及社会情境对于教育过程的影响,因此教师应该具备敏感的情感洞察力,能够细心体察学生的情绪和需求,以保护他们的权益和促进积极的学习氛围。而冷静、沉着、客观和包容的专业态度有助于教师在面对学生冲突和挫折时能够保持理性和平和,以更好地引导学生解决问题。对学生进行批评和面对挫折的引导尤其需要教师具备良好的情感管理、问题解决和沟通技能,以在保持学生自尊心的同时,传递正确的价值观和行为准则。

第二,不重视自身长远的、持续的专业发展与提升,包括不重视恰当着装、不重视培养自己的职业认同感、不重视终身学习等。这种现状在以往的文献中也多有探讨。当然,在很大程度上,对专业发展的忽视也会直接导致上述的专业技巧的欠缺。毕竟教师的专业发展是一个持续的、全面的过程,要求教师不仅需要关注自身的学科知识和教学技能,还需要培养职业认同感、自我反思能力及持续学习的意识,并在教育伦理、师德师风等方面进行不断的反思和提升。

表3-9　教师对德育素养二级指标的重要性评价

一级指标	二级指标名称	样本量	均值	标准差	最小值	最大值
爱	敏感性	295	4.600	0.630	2	5
	尊重	295	4.892	0.343	3	5
	关怀	295	4.861	0.375	3	5
	赏识能力	295	4.831	0.402	3	5
公正	理性	295	4.783	0.445	3	5
	仁慈	295	4.790	0.448	3	5
	平等	295	4.858	0.378	3	5
	民主	295	4.797	0.451	3	5
	权益意识	295	4.725	0.543	2	5
倾听	敏锐的觉察力	295	4.803	0.431	3	5
	开放的态度	295	4.766	0.491	3	5

续表

一级指标	二级指标名称	样本量	均值	标准差	最小值	最大值
	善于收集与处理信息	295	4.780	0.469	3	5
	恰切地回应	295	4.807	0.429	3	5
客观地评价	多元评价	295	4.800	0.441	3	5
	公正评价	295	4.844	0.399	3	5
合理的奖惩	善于表扬	295	4.817	0.429	3	5
	善于批评	295	4.549	0.785	1	5
化解冲突	冷静沉着	295	4.793	0.461	2	5
	机智应对	295	4.810	0.426	3	5
	理解包容	295	4.827	0.437	2	5
榜样示范	恰当的着装	295	4.692	0.531	3	5
	良好的习惯	295	4.803	0.446	3	5
	言行一致	295	4.827	0.429	3	5
教师专业化发展	职业认同	295	4.807	0.488	1	5
	能够终身学习	295	4.786	0.479	2	5
	善于反思	295	4.803	0.446	3	5
	热爱生活	295	4.837	0.413	3	5

(三)学校内德育素养的整体评价

在此项研究中,除了调查教师自身对各项德育素养指标的重要性认知之外,还进一步问询了他们对于自己校内整个教师群体在各项德育素养指标上的表现评价。图 3-2 中展示的便是平均来看,教师对自己所在学校的教师整体的德育素养的打分情况。显而易见,和表 3-8 中所展示的教师个体对德育素养的评价状况非常相似,教师普遍认为自己所在的教师群体中,最为突出的德育素养是爱和公正,这两项归属于"责任心"的指标要遥遥领先于任何归属于"行动力"的指标。而得分最低的是化解冲突、教师专业化发展和合理的奖惩。这进一步证实了教师对于德育素养的认知与理解往往集中于传统的师德情怀上,并没有很好地将其应用和贯彻到具体的教育教学实践活动及自身的长远发展之中。但事实上,教师能否有效应对日常的教育教学实践活动中出现的种种挑战,才是检验其德育素养的关键所在。毕竟,教师的专业发展不仅包括知识和技能的提升,更涉及情感、态度、价值观等方面的培养。化解校内外的冲突和矛盾,需要教师具备较强的情商和沟通能力,以及以理性和包容的态度处理各种情况。对学生进行恰当的奖惩,既需要教师在道德层面具备正确的判断,也需要在教育心理学等领域有深入的了解,以制定适合学生发展的教育方法和奖惩策略。教师在面对教育实践中的各种挑战性任务时,应积极应用德育素养,从而在实际行动中展现出高水平的教育专业性和德育能力。

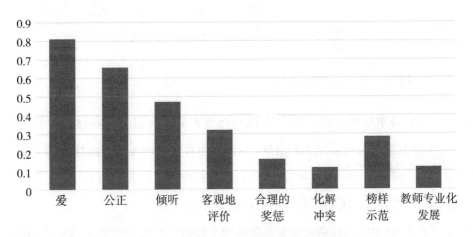

图3-2 学校内教师群体的德育素养之表现

此外,问卷中也调查了教师所认为的、学校内整个教师群体的德育素养的最薄弱环节。图3-3中便展示了德育素养各项一级指标在这一问题上的平均得分,其结果和图3-2中的教师自评的、校内教师群体德育素养的优势之处可以相互印证。显而易见的是,教师认为,最薄弱的素养指标同样集中在合理的奖惩、化解冲突与教师专业化发展这三方面。由此也可以认为,在德育素养的两大维度上,教师在"责任心"上普遍高度重视,表现也更好,但在具体的行动方面则还有一定的提升空间。

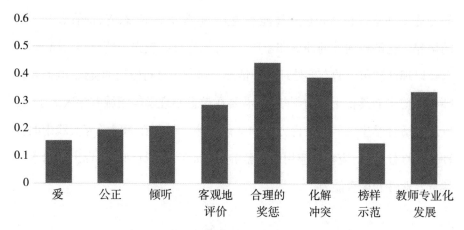

图3-3　学校内教师群体的德育素养之不足

二、各项德育素养的影响因素及机制

在对各学校的教师个体及群体的德育素养状况进行了描述性分析之后,本研究继而采用多元回归分析,对影响德育素养的各项一级指标和二级指标的主要因素进行了逐项分析与讨论,分析结果逐项展示如下:

(一)德育素养的一级指标的影响因素分析

表 3-10 中展示的是德育素养的各项一级指标的影响因素,模型(1)-(8)中的因变量分别为 8 项不同的一级指标。由分析结果可见,尽管以往文献里频繁提及了多种不同的、区分教师的不同发展阶段的主要标准或依据,如教龄、职称、行政职务等,但这些标准对于教师的任何德育素养指标都没有带来显著影响。然而教师曾经获得的荣誉或奖励的最高级别对其几项德育素养指标却有着显著的促进作用:教师获得的荣誉每高一个级别,他们对于爱、公正、倾听、客观地评价这几项指标的重视程度就会分别显著增加 0.051、0.038、0.037、0.036 点,但这种获奖情况对于其他几项一级指标的影响依然不明显,包括合理的奖惩、化解冲突、榜样示范、教师专业化发展等。因此,相对于其他衡量教师专业发展阶段的标准或依据而言,教师所获得的荣誉或奖励的级别能够更为明显地促进其身为教师的责任心,以及对于倾听和评

价的重视程度。

出乎预料的是，教师如果担任班主任的话，就会显著地减少，而不是提升其对德育素养的重视，这一发现在所有的 8 项一级指标上均存在。如果教师是班主任，他们对于爱和公正的重视程度就会分别降低 0.202 和 0.245 点，对于倾听、客观地评价、合理的奖惩、化解冲突、榜样示范、教师专业化发展等指标的重视程度也都会下降 0.159 点至 0.335 点不等，其中下降最严重的是榜样示范。也就是说，班主任和普通的任课教师相比，更容易忽视或轻视各项德育素养，其中差距最大的是明显不重视自己的榜样示范作用。

教师的学校所在位置对其德育素养也有一定影响。同作为参照组的城区学校相比，郊区学校教师对于"爱"的重视程度要显著低了 0.156 点，但在其他指标上都没有明显差别。而农村学校教师在各项德育素养指标上都和城区教师没有显著差异。

在不同学科的教师之间，对德育素养的认知也有一定差异。同作为参照组的语文学科相比，大部分学科的教师都在某项德育素养指标上显著较低。数学教师对于"爱"的重视程度较低，科学教师对于"倾听"和"教师专业化发展"的重视程度较低，音乐教师对于"公正"的重视程度较低，体育教师对于"榜样示范"的重视程度较低，英语教师在除了"合理的奖惩"之外的所有指标上都显著低于语文教师，而道德与法治、信息、美术、综合实践活动四个学科的教师在德育素养上和语文教师没有明显差别。不过，参与问卷调查的信息教师和综合实践活动教师数量过少，其分析结果并不具有统计意义。从这些学科的比较之中，很难归结出一些普遍性的特征或趋势。但是否某些学科本身的学科特性容易使其教师高度重视或过于轻视某些德育素养，这一问题还有待未来的研究继续挖掘。

除此之外，教师的性别、最高学历、是否毕业于师范专业等因素，对其对于德育素养的认知都没有带来明显影响。这一发现也较有启发性：在传统观念中人们容易认为，师范专业出身的教师和高学历的教师，在自身的师德师风修养上,以及在德育意识和能力上,应该都经历过更为专业的教育培训,因此应当更为深刻而全面地认识到德育素养的价值。但本研究没有发现师范专业与非师范专业及不同学历级别之间在德育素养认知上的明显差异。这或许表明,在当今的教育环境中,德育素养的培养和认知并非仅仅依赖于传统的教育背景和学历水平。在教师的终身学习和专业发展的理念下,无论个人的历史背景如何,教师都有机会通过不断学习和反思,培养和提升自身的德育素养。这也就意味着在教师培养和发展过程中不应仅仅依赖于传统的教育背景指标,而是要更多地关注教师的实际行为和教育实践,以及他们在不同情境下运用德育素养的能力和意愿。

表3-10　德育素养一级指标的影响因素分析

	（1） 爱	（2） 公正	（3） 倾听	（4） 客观地 评价	（5） 合理的 奖惩	（6） 化解 冲突	（7） 榜样 示范	（8） 教师 专业化 发展
性别	−0.086 (0.057)	−0.009 (0.057)	−0.013 (0.062)	0.014 (0.063)	−0.014 (0.079)	−0.032 (0.07)	−0.046 (0.068)	−0.025 (0.073)
教龄	0 (0.003)	0.002 (0.003)	−0.001 (0.003)	−0.003 (0.003)	−0.001 (0.004)	−0.004 (0.004)	−0.002 (0.004)	−0.003 (0.004)
最高 学历	0.115 (0.065)	0.1 (0.065)	0.11 (0.07)	0.089 (0.071)	0.131 (0.089)	0.056 (0.079)	0.021 (0.076)	0.113 (0.083)
职称	−0.056 (0.038)	−0.038 (0.037)	−0.035 (0.041)	0.013 (0.041)	0.024 (0.051)	0.03 (0.046)	0.014 (0.044)	0.021 (0.048)
师范 专业	−0.002 (0.055)	−0.019 (0.054)	−0.021 (0.059)	−0.047 (0.06)	0.097 (0.075)	0.049 (0.067)	−0.025 (0.064)	0.042 (0.069)
行政 职务	0.011 (0.09)	−0.011 (0.089)	0.024 (0.097)	−0.014 (0.098)	−0.058 (0.123)	−0.013 (0.11)	−0.131 (0.106)	0.044 (0.114)
班主任	−0.202** (0.065)	−0.245*** (0.064)	−0.159* (0.07)	−0.197** (0.07)	−0.28** (0.088)	−0.283*** (0.079)	−0.335*** (0.076)	−0.267** (0.082)
荣誉 级别	0.051*** (0.014)	0.038** (0.014)	0.037* (0.015)	0.036* (0.015)	0.009 (0.019)	0.031 (0.017)	0.021 (0.016)	0.019 (0.018)
郊区	−0.156* (0.078)	−0.107 (0.078)	−0.141 (0.085)	−0.14 (0.085)	−0.038 (0.107)	−0.018 (0.095)	−0.179 (0.092)	−0.087 (0.099)
农村	0.041 (0.075)	0.049 (0.074)	−0.009 (0.081)	−0.016 (0.081)	0.14 (0.102)	0.084 (0.091)	0.038 (0.088)	0.111 (0.095)

续表

	（1）爱	（2）公正	（3）倾听	（4）客观地评价	（5）合理的奖惩	（6）化解冲突	（7）榜样示范	（8）教师专业化发展
学科：数学	−0.129*	−0.126	−0.138	−0.101	−0.15	−0.095	−0.128	−0.127
	(0.065)	(0.064)	(0.07)	(0.07)	(0.089)	(0.079)	(0.076)	(0.082)
学科：英语	−0.2*	−0.256**	−0.223*	−0.233*	−0.229	−0.248*	−0.226*	−0.252*
	(0.093)	(0.092)	(0.1)	(0.101)	(0.127)	(0.113)	(0.109)	(0.118)
学科：道法	−0.162	−0.16	−0.099	−0.088	−0.276	−0.113	−0.13	−0.105
	(0.173)	(0.172)	(0.187)	(0.188)	(0.237)	(0.211)	(0.203)	(0.22)
学科：科学	−0.214	−0.106	−0.412**	−0.286	−0.245	−0.29	−0.108	−0.367*
	(0.143)	(0.142)	(0.155)	(0.155)	(0.196)	(0.174)	(0.168)	(0.181)
学科：信息	−0.121	−0.133	−0.173	−0.176	−0.263	−0.168	−0.195	−0.191
	(0.12)	(0.119)	(0.13)	(0.131)	(0.165)	(0.147)	(0.141)	(0.153)
学科：音乐	−0.201	−0.289*	−0.176	−0.181	−0.177	−0.236	−0.192	−0.191
	(0.12)	(0.119)	(0.13)	(0.13)	(0.164)	(0.146)	(0.141)	(0.152)
学科：美术	−0.153	−0.126	−0.178	−0.171	−0.106	−0.1	−0.137	−0.061
	(0.1)	(0.099)	(0.108)	(0.109)	(0.137)	(0.122)	(0.117)	(0.127)
学科：体育	−0.178	−0.158	−0.119	−0.136	−0.126	−0.157	−0.245*	−0.119
	(0.105)	(0.104)	(0.114)	(0.114)	(0.144)	(0.128)	(0.124)	(0.133)
科学：实践	−0.033	−0.09	0.019	0.028	−0.245	−0.015	−0.217	−0.224
	(0.175)	(0.174)	(0.189)	(0.19)	(0.239)	(0.213)	(0.205)	(0.222)
常数	4.86***	4.862***	4.815***	4.806***	4.651***	4.805***	5.168***	4.639***
	(0.232)	(0.231)	(0.251)	(0.252)	(0.318)	(0.283)	(0.273)	(0.295)
样本量	292	292	292	292	292	292	292	292
R^2	0.111	0.101	0.088	0.079	0.063	0.082	0.1	0.08

注：括号里为标准误；*** $p<0.001$，** $p<0.01$，* $p<0.05$

（二）德育素养的二级指标的影响因素分析

在分析了德育素养的 8 个一级指标的影响因素的基础上，本节又进一步展开，对这 8 个指标所分解出的所有二级指标进行了逐项的影响因素分析，以期更为具体和精确地探索影响教师对德育素养的理解和认知的主要因素及其影响力。

1. 爱

表 3-11 中显示的是对于一级指标"爱"之下的 4 项二级指标——敏感

性、尊重、关怀、赏识能力——的影响因素分析结果。可见,在教师专业发展阶段的划分标准中,教师的教龄、职称和校内行政职务对这4项指标也都没有明显影响,而教师获得的荣誉级别会显著提升其对尊重、关怀和赏识能力的重视程度。但同时,班主任身份又会显著减弱教师对这3项指标的重视。这些发现和上一节中的分析结果非常相似。

此外,教师的性别、最高学历、是否毕业于师范专业、学校位置等,对这4项指标都没有明显影响。对于学科而言,同语文教师相比,数学教师对于尊重和关怀的重视较低,科学教师在关怀和赏识能力上重视程度不够,体育教师则不够重视对学生的尊重。

表3-11 对于德育素养指标"爱"的影响因素分析

	(1)敏感性	(2)尊重	(3)关怀	(4)赏识能力
性别	0.163	−0.092	−0.12	−0.076
	(0.106)	(0.057)	(0.061)	(0.067)
教龄	−0.001	0.004	0.003	0.002
	(0.006)	(0.003)	(0.003)	(0.003)
最高学历	−0.017	0.054	0.125	0.088
	(0.119)	(0.064)	(0.069)	(0.076)
职称	−0.001	−0.051	−0.044	−0.026
	(0.069)	(0.037)	(0.04)	(0.044)
师范专业	−0.001	−0.067	−0.045	−0.074
	(0.1)	(00.054)	(0.058)	(0.064)
行政职务	0.035	0.005	0.023	0.034
	(0.165)	(0.089)	(0.096)	(0.104)
班主任	−0.122	−0.189**	−0.181**	−0.176*
	(0.119)	(0.064)	(0.069)	(0.075)
荣誉级别	0.014	0.028*	0.036*	0.036*
	(0.025)	(0.014)	(0.015)	(0.016)
郊区	0.001	−0.052	−0.027	−0.041
	(0.144)	(0.078)	(0.083)	(0.091)
农村	0.166	0.041	0.067	0.043
	(0.137)	(0.074)	(0.079)	(0.087)
学科:数学	−0.088	−0.145*	−0.163*	−0.11
	(0.119)	(0.064)	(0.069)	(0.075)

续表

	（1） 敏感性	（2） 尊重	（3） 关怀	（4） 赏识能力
学科：英语	−0.073	−0.129	−0.165	−0.157
	（0.17）	（0.092）	（0.099）	（0.108）
学科：道法	−0.15	−0.133	−0.146	−0.07
	（0.318）	（0.172）	（0.184）	（0.201）
学科：科学	−0.271	−0.219	−0.435**	−0.374*
	（0.262）	（0.142）	（0.152）	（0.166）
学科：信息	−0.289	−0.145	−0.213	−0.237
	（0.221）	（0.119）	（0.128）	（0.14）
学科：音乐	0.003	−0.156	−0.232	−0.173
	（0.22）	（0.119）	（0.128）	（0.139）
学科：美术	0.229	−0.162	−0.145	−0.084
	（0.183）	（0.099）	（0.106）	（0.116）
学科：体育	0.159	−0.223*	−0.206	−0.194
	（0.193）	（0.104）	（0.112）	（0.122）
科学：实践	−0.41	−0.063	−0.043	0.021
	（0.321）	（0.173）	（0.186）	（0.203）
常数	4.508***	5.037***	4.835***	4.796***
	（0.426）	（0.23）	（0.247）	（0.27）
样本量	292	292	292	292
R^2	0.056	0.073	0.094	0.07

注：括号里为标准误；*** $p<0.001$，** $p<0.01$，* $p<0.05$

2. 公正

表 3-12 中呈现的是对于一级指标"公正"之下的 5 项二级指标——理性、仁慈、平等、民主、权益意识的影响因素分析结果。同上述分析相似，教师的教龄、职称和校内行政职务对这 5 项指标都没有明显影响，而教师获得的荣誉级别仅会显著提升其对理性的重视程度。因此可见，不同专业发展阶段的教师对于公正的认知并没有显著差别。

班主任身份会显著减弱教师对平等和民主的重视，而平等和民主是班主任在日常班级管理工作中最需要秉承的两项基本理念。由此，这再一次揭示了班主任应成为未来小学教师德育素养工作的重点。

教师的学历会提升其对权益意识的重视。此外，教师的性别、是否毕业于师范专业、学校位置等,对这 5 项指标都没有明显影响。对于学科而言,同语文教师相比,数学教师对于民主的重视较低,科学教师在仁慈、平等、民主上重视程度不够,信息教师对于民主也不够重视。

表3-12　对于德育素养指标"公正"的影响因素分析

	（1）	（2）	（3）	（4）	（5）
	理性	仁慈	平等	民主	权益意识
性别	−0.054	−0.062	−0.091	0.042	−0.08
	(0.074)	(0.076)	(0.063)	(.075)	(0.091)
教龄	0.007	−0.0010	0	0.003	0.006
	(0.004)	(0.004)	(0.003)	(0.004)	(0.005)
最高学历	0.111	0.119	0.071	0.117	0.221*
	(0.084)	(0.086)	(0.071)	(0.085)	(0.103)
职称	−0.069	0.016	−0.021	−0.051	−0.06
	(0.049)	(0.049)	(0.041)	(0.049)	(0.06)
师范专业	−0.139	−0.066	−0.064	−0.01	−0.033
	(0.071)	(0.072)	(0.06)	(0.072)	(0.087)
行政职务	0.03	−0.058	0.022	−0.165	−0.059
	(0.116)	(0.118)	(0.098)	(0.117)	(0.142)
班主任	−0.093	−0.12	−0.21**	−0.235**	−0.197
	(0.084)	(0.085)	(0.071)	(0.084)	(0.102)
荣誉级别	0.042*	0.034	0.029	0.028	0.026
	(0.018)	(0.018)	(0.015)	(0.018)	(0.022)
郊区	−0.141	−0.096	−0.077	−0.077	−0.175
	(0.101)	(0.103)	(0.086)	(0.102)	(0.124)
农村	0.081	−0.014	0.034	0.036	−0.01
	(0.097)	(0.098)	(0.082)	(0.098)	(0.118)
学科:数学	−0.043	−0.073	−0.125	−0.167*	−0.17
	(0.084)	(0.085)	(0.071)	(0.085)	(0.102)
学科:英语	−0.09	−0.063	−0.171	−0.236	−0.134
	(0.12)	(0.122)	(0.102)	(0.121)	(0.147)
学科:道法	0.066	0.08	−0.137	−0.024	0.049
	(0.224)	(0.228)	(0.189)	(0.226)	(0.274)
学科:科学	−0.222	−0.379*	−0.43**	−0.385*	−0.305
	(0.185)	(0.188)	(0.156)	(0.187)	(0.226)
学科:信息	−0.072	−0.127	−0.206	−0.373*	−0.365
	(0.156)	(0.158)	(0.131)	(0.157)	(0.19)
学科:音乐	−0.001	−0.08	−0.24	−0.203	−0.25
	(0.155)	(0.158)	(0.131)	(0.157)	(0.19)

续表

	（1）	（2）	（3）	（4）	（5）
	理性	仁慈	平等	民主	权益意识
学科:美术	0.005	−0.069	−0.136	−0.097	0.005
	（0.129）	（0.131）	（0.109）	（0.131）	（0.158）
学科:体育	−0.006	−0.103	−0.21	−0.08	−0.17
	（0.136）	（0.138）	（0.115）	（0.137）	（0.166）
科学:实践	−0.099	0.189	−0.2	−0.181	−0.078
	（0.226）	（0.23）	（0.191）	（0.228）	（0.277）
常数	4.632***	4.652***	4.973***	4.906***	4.57***
	（0.301）	（0.305）	（0.254）	（0.304）	（0.368）
样本量	292	292	292	292	292
R^2	0.071	0.056	0.078	0.08	0.069

注:括号里为标准误;*** $p<0.001$,** $p<0.01$,* $p<0.05$

3. 倾听

表3-13中显示的是对于一级指标"倾听"之下的4项二级指标——敏锐的觉察力、开放的态度、善于收集与处理信息、恰切地回应的影响因素分析结果。同上述分析类似,教师的教龄、职称和校内行政职务对这些指标都没有明显影响,而教师获得的荣誉级别仅会显著提升其对恰切回应的重视程度。因此可以说,不同专业发展阶段的教师在倾听能力上没有显著差别。

班主任身份会显著减弱教师对恰切回应的重视,这表明班主任身份可能使教师在日常教育实践中更加专注于管理和组织任务,相对较少关注到对学生情感和需求的回应。而教师的学历会提升其对觉察力、开放态度和恰切回应的重视,这暗示着高学历教师可能在教育专业领域接受了更广泛和深入的培训,从而更具备细致观察学生、开放心态和与学生有效互动的能力。总之在倾听这一指标上,影响力最为显著的是教师的学历水平。

此外,教师的性别、是否毕业于师范专业、学校位置等,对这4项指标都没有明显影响。对于学科而言,同语文教师相比,科学和信息教师对于开放态度的重视较低,信息教师还对恰切回应不够重视。

表3-13　对于德育素养指标"倾听"的影响因素分析

	（1）敏锐的觉察力	（2）开放的态度	（3）善于收集与处理信息	（4）恰切地回应
性别	−0.058	−0.049	0.002	0.002
	（0.072）	（0.081）	（0.079）	（0.07）
教龄	0.004	0.002	0.006	0.004
	（0.004）	（0.004）	（0.004）	（0.004）
最高学历	0.237**	0.22*	0.13	0.171*
	（0.081）	（0.092）	（0.09）	（0.08）
职称	−0.034	0.013	−0.029	−0.041
	（0.047）	（0.053）	（0.052）	（0.046）
师范专业	−0.014	−0.034	−0.047	−0.025
	（0.068）	（0.077）	（0.075）	（0.067）
行政职务	0.019	0.059	−0.004	0.05
	（0.112）	（0.127）	（0.124）	（0.11）
班主任	−0.128	−0.16	−0.087	−0.201*
	（0.081）	（0.091）	（0.089）	（0.079）
荣誉级别	0.033	0.027	0.031	0.046**
	（0.017）	（0.02）	（0.019）	（0.017）
郊区	−0.006	−0.071	−0.049	−0.043
	（0.098）	（0.111）	（0.108）	（0.096）
农村	0.023	−0.013	0.071	0.064
	（0.093）	（0.106）	（0.103）	（0.091）
学科:数学	−0.085	−0.027	−0.031	−0.094
	（0.081）	（0.092）	（0.089）	（0.079）
学科:英语	−0.069	−0.057	−0.04	−0.125
	（0.116）	（0.131）	（0.128）	（0.114）
学科:道法	0.041	0.069	0.123	−0.029
	（0.217）	（0.245）	（0.239）	（0.212）
学科:科学	−0.266	−0.501*	−0.088	−0.197
	（0.179）	（0.202）	（0.197）	（0.175）
学科:信息	−0.219	−0.357*	−0.308	−0.332*
	（0.15）	（0.17）	（0.166）	（0.147）
学科:音乐	−0.174	−0.076	0.009	−0.072
	（0.15）	（0.17）	（0.165）	（0.147）
学科:美术	0	−0.014	0.069	−0.042
	（0.125）	（0.141）	（0.138）	（0.122）
学科:体育	−0.064	−0.136	−0.031	−0.086
	（0.132）	（0.149）	（0.145）	（0.129）

续表

	（1）敏锐的觉察力	（2）开放的态度	（3）善于收集与处理信息	（4）恰切地回应
科学：实践	0.106	−0.061	−0.111	0.019
	(0.219)	(0.247)	(0.241)	(0.214)
常数	4.35***	4.266***	4.447***	4.443***
	(0.29)	(0.329)	(0.32)	(0.284)
样本量	292	292	292	292
R^2	0.076	0.085	0.055	0.095

注：括号里为标准误；*** $p<0.001$，** $p<0.01$，* $p<0.05$

4. 客观地评价

表 3-14 中显示的是对于一级指标"客观地评价"之下的两项二级指标——多元评价、公正评价的影响因素分析结果。同教龄、职称和行政职务相比，教师获得的荣誉级别依然是唯一的、能显著提升这两项指标的专业发展阶段判别标准。此外，班主任身份会显著减弱教师对公正评价的重视，英语教师和信息教师比语文教师更加不重视公正评价。至于其他的各项自变量，包括教师的性别、是否毕业于师范专业、学校位置等，对这两项指标都没有显著作用。

表3-14　对于德育素养指标"客观地评价"的影响因素分析

	（1）多元评价	（2）公正评价
性别	0.057	0.001
	(0.073)	(0.066)
教龄	0.005	0
	(0.004)	(0.003)
最高学历	0.154	0.145
	(0.082)	(0.074)
职称	−0.065	0.011
	(0.048)	(0.043)
师范专业	−0.054	0.007
	(0.069)	(0.063)
行政职务	0.085	−0.011
	(0.114)	(0.103)

续表

	（1） 多元评价	（2） 公正评价
班主任	−0.152	−0.223**
	(0.082)	(0.074)
荣誉级别	0.048**	0.041**
	(0.018)	(0.016)
郊区	−0.006	−0.035
	(0.099)	(0.089)
农村	0.023	−0.055
	(0.095)	(0.085)
学科:数学	−0.072	−0.075
	(0.082)	(0.074)
学科:英语	−0.174	−0.216*
	(0.118)	(0.106)
学科:道法	0.037	−0.004
	(0.219)	(0.198)
学科:科学	−0.272	−0.002
	(0.181)	(0.163)
学科:信息	−0.217	−0.307*
	(0.152)	(0.137)
学科:音乐	−0.033	−0.137
	(0.152)	(0.137)
学科:美术	−0.017	−0.075
	(0.127)	(0.114)
学科:体育	−0.059	−0.097
	(0.133)	(0.12)
科学:实践	0.067	0.086
	(0.221)	(0.2)
常数	4.42***	4.55***
	(0.294)	(0.265)
样本量	292	292
R^2	0.085	0.097

注:括号里为标准误;*** $p<0.001$,** $p<0.01$,* $p<0.05$。

5. 合理的奖惩

表 3-15 中显示的是对于一级指标"合理的奖惩"之下的两项二级指标——善于表扬、善于批评的影响因素分析结果。同上,教师的教龄、职称和

行政职务对这两项指标都没有明显影响,而他们获得的荣誉级别会显著提升其对表扬能力的重视。此外,班主任身份会显著减弱教师对表扬能力的重视,而教师的学历则会提升其对这项能力的重视,信息教师对于表扬的重视要显著低于语文教师。除此之外,其他各项因素对于这两项指标都没有显著影响。

表3-15　对于德育素养指标"合理的奖惩"的影响因素分析

	（1）善于表扬	（2）善于批评
性别	−0.016	−0.027
	(0.071)	(0.133)
教龄	0.001	0.012
	(0.004)	(0.007)
最高学历	0.161*	0.264
	(0.08)	(0.15)
职称	−0.008	−0.11
	(0.046)	(0.087)
师范专业	−0.04	0.051
	(0.068)	(0.126)
行政职务	−0.079	−0.063
	(0.111)	(0.207)
班主任	−0.171*	−0.066
	(0.08)	(0.149)
荣誉级别	0.042*	0.016
	(0.017)	(0.032)
郊区	−0.047	−0.009
	(0.097)	(0.181)
农村	0.017	0.002
	(0.092)	(0.172)
学科:数学	−0.087	−0.032
	(0.08)	(0.149)
学科:英语	−0.123	0.085
	(0.115)	(0.214)
学科:道法	0.014	0.231
	(0.214)	(0.399)
学科:科学	−0.313	−0.109
	(0.176)	(0.33)

续表

	（1） 善于表扬	（2） 善于批评
学科：信息	-0.428**	-0.3
	（0.148）	（0.277）
学科：音乐	-0.077	-0.124
	（0.148）	（0.277）
学科：美术	-0.038	0.253
	（0.123）	（0.23）
学科：体育	-0.067	-0.042
	（0.13）	（0.243）
科学：实践	0.097	0.357
	（0.216）	（0.403）
常数	4.6***	4.09***
	（0.287）	（0.536）
样本量	292	292
R^2	0.092	0.049

注：括号里为标准误；*** $p<0.001$，** $p<0.01$，* $p<0.05$

6. 化解冲突

表 3-16 中显示的是对于一级指标"化解冲突"之下的 3 项二级指标——冷静沉着、机智应对和理解包容的影响因素分析结果。所有的区分教师发展阶段的依据或标准，包括教师的教龄、职称、校内行政职务和最高荣誉级别，都没有对这些指标带来显著影响。结合上面的描述性分析可知，化解冲突的能力是教师群体普遍反映较为薄弱的一项关键素养，不管处在哪个专业发展阶段，教师在这方面的重视程度都亟待加强。

教师的学历会显著提升其对于冷静沉着和机智应对的重视，受教育水平对于教师专业素养的促进作用可见一斑。而班主任身份会显著降低教师对机智应对和理解包容的重视。同语文教师相比，数学教师和英语教师对于机智应对的重视较低，信息教师对于理解包容的重视较低。这种学科差异在一定程度上归因于不同学科的性质和教学理路的差异。

另外，教师的性别、是否毕业于师范专业、学校位置等，对这三项指标都没有带来明显影响。

表3-16　对于德育素养指标"化解冲突"的影响因素分析

	（1） 冷静沉着	（2） 机智应对	（3） 理解包容
性别	−0.021	0.005	0.048
	（0.077）	（0.071）	（0.073）
教龄	0.004	0.004	−0.001
	（0.004）	（0.004）	（0.004）
最高学历	0.293***	0.211**	0.11
	（0.087）	（0.08）	（0.083）
职称	−0.02	−0.034	0.015
	（0.05）	（0.046）	（0.048）
师范专业	0.079	0.021	0.022
	（0.073）	（0.067）	（0.07）
行政职务	−0.083	0.065	0.007
	（0.12）	（0.111）	（0.114）
班主任	−0.117	−0.208**	−0.21*
	（0.086）	（0.079）	（0.082）
荣誉级别	0.014	0.028	0.023
	（0.019）	（0.017）	（0.018）
郊区	−0.139	−0.002	−0.102
	（0.105）	（0.096）	（0.1）
农村	−0.017	0.083	−0.007
	（0.1）	（0.092）	（0.095）
学科:数学	−0.076	−0.168*	−0.121
	（0.087）	（0.08）	（0.082）
学科:英语	−0.11	−0.239*	−0.163
	（0.124）	（0.114）	（0.118）
学科:道法	0.128	−0.071	−0.008
	（0.231）	（0.213）	（0.22）
学科:科学	−0.128	−0.233	−0.239
	（0.191）	（0.176）	（0.182）
学科:信息	−0.144	−0.28	−0.351*
	（0.161）	（0.148）	（0.153）
学科:音乐	−0.063	−0.182	−0.11
	（0.16）	（0.147）	（0.153）
学科:美术	0.048	−0.082	−0.059
	（0.134）	（0.123）	（0.127）
学科:体育	0.003	−0.083	−0.07
	（0.141）	（0.129）	（0.134）

续表

	（1）冷静沉着	（2）机智应对	（3）理解包容
科学:实践	0.132	−0.252	0.034
	（0.234）	（0.215）	（0.222）
常数	4.239***	4.384***	4.603***
	（0.311）	（0.286）	（0.296）
样本量	292	292	292
R^2	0.077	0.086	0.07

注:括号里为标准误;*** $p<0.001$,** $p<0.01$,* $p<0.05$

7. 榜样示范

表3–17中显示的是对于一级指标"榜样示范"之下的3项二级指标——恰当的着装、良好的习惯和言行一致的影响因素分析结果。和上一点中的分析相似,所有的区分教师专业发展阶段的依据或标准对这3项指标都没有带来显著影响。结合图3–3中的描述性分析可知,教师对于榜样示范作用的重视程度普遍较高,而且并没有因不同的专业发展阶段而有所差异。

教师的班主任身份会显著降低教师对良好习惯和言行一致的重视,班主任工作的负面效应在榜样示范这一指标上再次凸显。除此之外,其他所有影响因素对这3项指标都没有显著影响。

表3–17　对于德育素养指标"榜样示范"的影响因素分析

	（1）恰当的着装	（2）良好的习惯	（3）言行一致
性别	0.032	0.02	0.004
	（0.089）	（0.075）	（0.072）
教龄	0.002	0.001	0
	（0.005）	（0.004）	（0.004）
最高学历	0.062	0.157	0.072
	（0.101）	（0.085）	（0.082）
职称	−0.03	−0.004	−0.005
	（0.058）	（0.049）	（0.047）
师范专业	−0.118	−0.021	−0.053
	（0.085）	（0.071）	（0.069）
行政职务	−0.002	0.04	0.014
	（0.139）	（0.117）	（0.113）

续表

	（1） 恰当的着装	（2） 良好的习惯	（3） 言行一致
班主任	−0.108	−0.194*	−0.223**
	（0.1）	（0.084）	（0.081）
荣誉级别	0.038	0.031	0.029
	（0.022）	（0.018）	（0.017）
郊区	−0.011	−0.01	−0.068
	（0.121）	（0.102）	（0.098）
农村	0.056	0.022	−0.031
	（0.116）	（0.097）	（0.094）
学科:数学	−0.134	−0.11	−0.071
	（0.1）	（0.085）	（0.081）
学科:英语	−0.154	−0.118	−0.149
	（0.144）	（0.121）	（0.117）
学科:道法	0.177	0.009	−0.008
	（0.268）	（0.226）	（0.217）
学科:科学	−0.121	−0.303	−0.109
	（0.221）	（0.187）	（0.179）
学科:信息	−0.26	−0.163	−0.289
	（0.186）	（0.157）	（0.151）
学科:音乐	−0.023	−0.142	−0.179
	（0.186）	（0.156）	（0.15）
学科:美术	0.077	−0.03	−0.062
	（0.155）	（0.13）	（0.125）
学科:体育	0.083	−0.103	−0.11
	（0.163）	（0.137）	（0.132）
科学:实践	0.221	0.066	0.085
	（0.271）	（0.228）	（0.219）
常数	4.605***	4.463***	4.782***
	（0.36）	（0.303）	（0.292）
样本量	292	292	292
R^2	0.068	0.063	0.061

注:括号里为标准误;*** $p<0.001$,** $p<0.01$,* $p<0.05$

8. 教师专业化发展

表 3-18 中显示的是对于一级指标"教师专业化发展"之下的 4 项二级指标——职业认同、终身学习、善于反思和热爱生活的影响因素分析结果。教师的教龄、职称和行政职务依然没有显著影响,但教师获得的最高荣誉级

别会提升其对于善于反思和热爱生活的重视。

在教师专业化发展这个重要的一级指标上，影响力最明显且最为普遍的是教师的最高学历。学历的提升会显著提升教师对于职业认同、终身学习和热爱生活的重视。而教师的班主任身份会显著降低教师对于反思和热爱生活的重视。此外，教师的性别、是否毕业于师范专业、学校的地理位置依然没有明显作用，在学科差别上，仅有信息教师对于职业认同的重视程度较弱，其他学科的教师之间没有明显差异。

表3-18 对于德育素养指标"教师专业化发展"的影响因素分析

	（1）职业认同	（2）终身学习	（3）善于反思	（4）热爱生活
性别	0.065	0.1	0.045	0.011
	(0.081)	(0.08)	(0.074)	(0.069)
教龄	−0.001	−0.001	−0.001	0.003
	(0.004)	(0.004)	(0.004)	(0.004)
最高学历	0.213*	0.209*	0.162	0.213**
	(0.092)	(0.091)	(0.084)	(0.078)
职称	0.03	−0.007	−0.009	−0.014
	(0.053)	(0.053)	(0.049)	(0.045)
师范专业	−0.049	−0.004	−0.045	−0.036
	(0.077)	(0.077)	(0.071)	(0.065)
行政职务	0.075	0.044	0.057	0.028
	(0.127)	(0.126)	(0.116)	(0.107)
班主任	−0.096	−0.124	−0.19*	−0.183*
	(0.091)	(0.09)	(0.084)	(0.077)
荣誉级别	0.013	0.026	0.042*	0.037*
	(0.02)	(0.019)	(0.018)	(0.017)
郊区	−0.132	−0.128	−0.056	−0.017
	(0.11)	(0.109)	(0.101)	(0.093)
农村	0.023	0.005	−0.014	0.004
	(0.105)	(0.104)	(0.097)	(0.089)
学科:数学	−0.131	−0.085	−0.098	−0.065
	(0.091)	(0.09)	(0.084)	(0.077)
学科:英语	−0.09	−0.013	−0.08	−0.078
	(0.131)	(0.13)	(0.12)	(0.111)
学科:道法	0.046	0.098	0.019	0.015
	(0.244)	(0.242)	(0.224)	(0.207)

续表

	（1）	（2）	（3）	（4）
	职业认同	终身学习	善于反思	热爱生活
学科:科学	−0.089	−0.062	−0.023	−0.054
	（0.202）	（0.2）	（0.185）	（0.171）
学科:信息	−0.417*	−0.208	−0.228	0.001
	（0.17）	（0.168）	（0.156）	（0.143）
学科:音乐	−0.09	−0.075	−0.153	−0.07
	（0.169）	（0.168）	（0.155）	（0.143）
学科:美术	0.027	0.057	−0.016	−0.035
	（0.141）	（0.14）	0.129）	（0.119）
学科:体育	−0.001	0.021	−0.088	−0.135
	（0.149）	（0.147）	（0.136）	（0.125）
科学:实践	0.1	−0.045	−0.07	0.069
	（0.247）	（0.244）	（0.226）	（0.208）
常数	4.265***	4.261***	4.443***	4.347***
	（0.328）	（0.325）	（0.301）	（0.277）
样本量	292	292	292	292
R^2	0.084	0.07	0.079	0.084

注:括号里为标准误;*** $p<0.001$,** $p<0.01$,* $p<0.05$

三、不同德育素养指标间的影响机制分析

本研究把教师的德育素养的两大核心维度（责任心和行动力）及其下属的 8 个一级指标纳入统一的结构方程模型，以综合分析它们彼此之间的相互影响作用和机制，具体分析结果如图 3-4 和表 3-19 所示。图 3-4 充分验证了本研究所依据的德育素养理论模型的科学性——即便在控制了所有的自变量之后，小学教师德育素养的 8 项一级指标都能够非常显著地反映责任心和行动力这两大维度，其划分情况和影响效力和预期的理论模型基本吻合。同时，从图中也可以看出，教师的责任心对于其行动力有着非常显著的促进作用:责任心每提升 1 个单位，行动力就会直接提升 0.981 个单位。

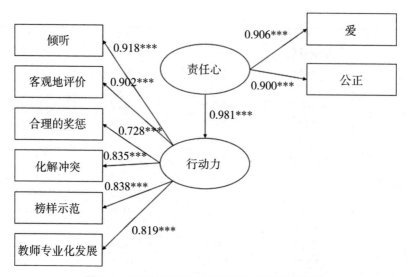

图3-4　不同德育素养指标之间的影响机制模型

从表 3-19 中列出的具体的结构方程模型分析结果可见,班主任任职对责任心有着显著的负向影响:班主任的责任心要比普通教师明显低了 0.354 个单位。教师获得的最高荣誉级别则能显著提升其责任心:荣誉每高一级,责任心就会显著增加 0.229 个单位。此外,同语文教师相比,数学、英语、音乐教师的责任心明显较低,而道法、科学、信息、美术、体育、综合实践等学科教师的责任心和语文教师没有明显差别。

对于教师的行动力来说,除了责任心会显著促进教师的行动力之外,教龄的增加会明显减弱教师的行动力,职称越高,教师的行动力就会越高,而教师获得的最高荣誉级别会轻微地削弱其行动力。至于其他的各个自变量,包括性别、最高学历、行政职务、班主任认知、学校位置、学科差异等,对教师的行动力都没有显著影响。

表3-19　不同德育素养指标间的影响效果：基于结构方程模型

因变量：责任心	回归系数	标准误	95%置信区间	
性别	-0.063	0.069	-0.198	0.072
教龄	0.039	0.098	-0.153	0.231
最高学历	0.120	0.066	-0.009	0.249
职称	-0.128	0.093	-0.311	0.055
师范专业	-0.015	0.070	-0.151	0.122
行政职务	0.000	0.064	-0.125	0.126
班主任	-0.354***	0.091	-0.532	-0.176
荣誉级别	0.229***	0.063	0.105	0.353
郊区	-0.111	0.060	-0.228	0.006
农村	0.044	0.067	-0.087	0.175
学科：数学	-0.167*	0.077	-0.317	-0.017
学科：英语	-0.199**	0.073	-0.342	-0.056
学科：道法	-0.066	0.065	-0.194	0.061
学科：科学	-0.084	0.068	-0.216	0.049
学科：信息	-0.080	0.069	-0.216	0.055
学科：音乐	-0.160*	0.071	-0.299	-0.021
学科：美术	-0.112	0.073	-0.255	0.031
学科：体育	-0.165	0.094	-0.348	0.019
科学：实践	-0.025	0.066	-0.154	0.104
因变量：行动力	回归系数	标准误	95%置信区间	
责任心	0.981***	0.018	0.945	1.017
性别	0.045	0.034	-0.022	0.111
教龄	-0.109*	0.048	-0.202	-0.015
最高学历	-0.029	0.032	-0.093	0.035
职称	0.131**	0.046	0.041	0.222
师范专业	0.009	0.034	-0.058	0.076
行政职务	-0.010	0.031	-0.072	0.051
班主任	0.016	0.048	-0.079	0.110
荣誉级别	-0.083*	0.033	-0.148	-0.019
郊区	0.019	0.030	-0.039	0.076
农村	-0.016	0.033	-0.080	0.048
学科：数学	0.019	0.038	-0.056	0.093
学科：英语	0.009	0.037	-0.063	0.081
学科：道法	0.022	0.032	-0.040	0.085
学科：科学	-0.064	0.033	-0.129	0.002

续表

因变量:行动力	回归系数	标准误	95%置信区间	
学科:信息	−0.027	0.034	−0.094	0.039
学科:音乐	0.044	0.036	−0.026	0.113
学科:美术	0.005	0.036	−0.065	0.075
学科:体育	0.031	0.046	−0.059	0.122
科学:实践	0.002	0.032	−0.061	0.065

注:*** $p<0.001$,** $p<0.01$,* $p<0.05$

第四节　总结与建议

一、主要研究结论

德育是教育之基。在立德树人根本任务的时代号召下,持续提升教师的德育意识和能力,将德育目标融入学校各个教育教学环节,已经成为基础教育改革的核心目标之一。这不仅是为了响应社会对于人才培养的期望,更是确保基础教育能够持续保持全面高质量发展的重要保障。在这个背景下,教师必须高度重视并实质性地提升自身的德育专业化水平,将之视为教师长期专业发展的核心内容。这不仅是一项职业要求,更是教育事业的责任与使命。

从现实的角度来看,包括德育教师在内的全体教师的德育专业化最重要的内涵有三点:第一,将德育作为教育目的,并赋予和教育任务同样的重要地位;第二,教师的德育专业化的第一步是建立对所有教师的德育素养专业标准;第三,就德育教师的专业化而言,对狭义上的德育教师的专业标准应当有更高要求。[1]基于此,针对以往学界和教育界对教师德育素养的理解和重视不足的情况,本研究通过对北京市4所小学全体教师的问卷调查,并

---

[1]　檀传宝.德育教师的专业化与教师的德育专业化[J].教育研究,2007(4):32-34.

借助描述性分析、多元回归分析和结构方程模型,分析了小学教师在德育素养的各项指标上的现状与差异性表现,以及影响教师德育素养水平的主要因素,尤其重点考察了处在不同专业发展阶段下的教师在德育素养及其影响因素上的差异,以期能追踪和比较分析教师的德育素养在其专业化成长路径和过程中的发展变化情况,为更好地把握小学教师德育素养的生长点和关键点,进而为制定更加有效的德育素养提升策略提供实证依据。基于以上分析,本研究的主要结论有如下几点:

(一)小学教师的部分德育素养会因专业发展阶段而异

本研究发现,在教师的不同专业发展阶段和过程中,他们对一些德育素养指标的价值认知会发生变化,但对另一些素养指标不会。比如,所有专业发展阶段的教师都不太重视化解冲突的能力,却都非常重视自己所能起到的榜样示范作用。这也就意味着,对于德育素养的不同维度和指标,有必要做更深一步的具体拆解和讨论,以进一步厘清和解释每一项指标和教师的专业发展阶段之间的内在联系。

1. "先赋性"德育素养优于"后致性"素养

在美国社会学家布劳、邓肯等人的经典著述里,他们将影响个体发展和社会地位获得的主要因素分为了"先赋性"和"后致性"两类,前者是指父亲的职业、学历等先天性的家庭环境因素,后者则指个体经后天努力可获得的初始职位、受教育程度等因素。①借用这一分类方式,可以将教师的德育素养划分为较为恒定的"先赋性"素养和后天可以不断培养和提升的"后致性"素养,并在教育研究和教师培训过程中予以区别分析和对待。"先赋性"素养可以指所有选择了教师行业的个体所共同具有的先天性素养因素,比如对学生的爱、尊重与关怀、对自身的榜样示范作用的重视、在师德师风上的自我要求和自律能力等。这些素养往往与个体的秉性特征高度相关,是教师职业的底线

---

① [美]彼得·M.布劳、奥蒂斯·杜德里·邓肯.李国武译.美国职业结构[M].商务印书馆,2021.

要求和从业前提，因此会在年轻人的专业选择过程中形成预先的筛选机制。经过这种筛选、进入教师行业的个体往往已经具备了这些基本素养。由此，针对这些先赋性的德育素养，教育行政机关和学校的政策重点应在于加强在教师职业入口处的筛选，在师范生的选拔机制和教师资格的考核、认定机制中加入先赋性德育素养的内容，而非对在职教师进行培训。

"后致性"德育素养包括教师在教育教学过程中可以逐渐培养和发展起来的各种德育意识、能力和技巧，比如对赏识和惩戒的运用、对学生权益的重视和积极保护、有效协调师生之间、生生之间、家校之间的关系、妥善化解各种冲突和矛盾等。教师工作的育人导向、复杂性和综合性决定了教师在日常工作中会不断遇到新问题、新挑战，而在处理这些问题和挑战的过程中要充分体现出德育的内涵，对新手教师而言更加困难。长此以往，会不断消耗教师的职业热情和信心，加重职业倦怠。因此，为了不断提升教师的育德能力，发展实践性智慧，教育行政机关和学校应在师范生培养和教师培训的过程中重点聚焦于"后致性"德育素养，结合具体的管理和教学示例，引导教师直面和正确理解教学和管理工作中的"硬骨头"，挖掘其中的教育内涵，特别是德育内涵，并掌握恰当的应对技巧，从而不断提升自己的综合德育素养。

本研究更重要的研究发现是基于教师对德育素养的理解与认知程度，对教师专业发展阶段的划分标准提供了新的实证依据。以往的相关著作或文献中经常提出不同的划分依据或判断指标来区分教师的专业发展阶段，或者是将这些指标综合而成。而本研究的结果显示，在教师对德育素养的理解与认知上，教龄（包括以不同的教龄作出的新手教师、熟手教师、专家教师的划分）、学历、是否为师范专业的毕业生、职称、校内行政职务等常见的教师专业发展阶段的划分指标，都没有带来明显的组间差异。关键性的指标却是教师所取得的荣誉和奖励的最高级别。荣誉和奖励往往要依靠教师的内驱力，通过层层竞争而拼搏获得，同时也是教师自身专业能力和素养的直接体现。这也就意味着，在对教师的专业发展阶段进行划分时，外在标准如教龄、学历、职称等并不够科学，也不够准确，真正有效的标准应向着教师的内在标准过渡，如教师的专业能力、水平和取得的业绩等。

2. 班主任的德育素养低于普通教师

和以往研究不同的是，本研究发现班主任对德育素养的理解和重视要普遍低于普通教师，在几乎所有的德育素养一级和二级指标上都是如此。不过也有一些研究曾敏锐地关注到了中小学班主任这一群体所呈现出的新问题，认为他们由于承担着教学和管理的双重任务和种种职业压力，职业倦怠的现象高发，[①]这种倦怠进一步又容易引发其抑郁等情绪隐患，[②]以及会加重班主任的离岗意愿，[③]因此在当前特别值得关注。这当然并不意味着班主任群体的整体素养确实较低，但这种身为班主任的"负面效应"或"班主任综合症"在很大程度上是因为班主任日常担任的管理工作和教学工作过于繁重和芜杂，和学生及其家长的日常接触和交流太多、太频，各项事务性工作占据了太多时间和精力，也更容易直面学生之间、家长之间，以及教师和学生家庭之间的种种矛盾与冲突，却又缺乏有效的调节和化解手段，从而更容易导致种种消极情绪和职业倦怠，也导致其在各项德育素养上的认知表现都不如普通教师。鉴于班主任职务在中小学里的重要性，这一发现也进一步要求学界更加关注班主任群体的特殊困难和需求，并采取有效的纾解手段和培训策略，为其减轻不必要的工作负担，缓解其心理压力，提升德育素养。

3. 教师学历对德育素养中的一些结构要素有明显促进作用

教师的受教育程度是其掌握应有的专业知识、专业能力和专业伦理的基本前提，与其各方面的教育素养与能力有着显著的正相关性，这一点不言而

---

①　汤吉红.小学班主任职业倦怠问题探究[J].教学与管理,2017(8):6-8.

②　徐西良等.中小学班主任职业倦怠与抑郁的关系:情绪劳动的调节作用[J].中国健康心理学杂志,2023,31(5):671-678.

③　张炎云.城乡中小学班主任离岗意愿与工作倦怠关系调查研究[J].上海教育科研,2018(2):51-55.

喻,也已被大量的政策、文献和实证研究所证实。[1]本研究的发现对这一关系进行了新的补充,发现教师的学历也是一项较为重要的德育素养促进因素,尽管这种促进作用并没有遍及所有的德育素养指标。数据分析结果表明,学历水平更高的教师,更加重视行动力之下如日常的倾听、化解冲突能力和教师自身长远的专业发展等显见的指标,可见高学历的教师不仅在教学和管理技巧上有一定过人之处,还有着更为坚定、更为长久的专业发展意愿和动力。德育素养在这些高学历教师群体中有着更好的体现,说明高学历的小学教师在逐步向如何更好地践行德育素养的阶段迈进,也正是出于对自身专业素养的重视与进一步提升的诉求,小学师资队伍对学历的要求与门槛也越来越高。

(二)小学教师在不同的德育素养指标上的表现有明显差异

由分析可见,在不同的德育素养指标上,教师的认知和理解中存在着一些显著差异,尤其表现出以下三个明显特征:

1. 责任心高于行动力

整体而言,不管是教师自己对德育素养的理解,还是他们对学校内所有教师的整体德育素养的评价,在德育素养的两大维度上,教师对责任心的重视程度和自我评价都要高于行动力。对于责任心下的两项一级指标——爱和公正,参加调查的教师们普遍给予了极高重视,但对于行动力下的几项一级指标,如化解冲突、合理的奖惩、教师专业化发展等,重视程度则相对较低。因此,重"知"而轻"行"是小学教师在德育素养上最直观的一项特征。

进而,在上文中的结构方程模型的分析结果中可以看出,教师的责任心会直接促进其行动力,且这种促进效果非常明显和有效。关于这一研究发现,我们可以尝试从社会伦理现象学的理论视域来解读此现象。伦理现象学强调"他性"(他者的独特性,the otherness of the other),即"我"与他人之间的伦

---

① 王澜晨、张善超.教师核心素养的框架、内涵与特征[J].教学与管理,2020(3):8-11.

理关系。伦理现象学的代表人物列维纳斯认为："我是他者的人质。"[①]"人质"实质上是强调我对于他者的责任感,这种责任与最初意义的爱息息相关。而胡塞尔认为,爱不属于非意向性的感受感觉,它与疼痛、烧灼及自然本能等不同,属于感受感知的意向性行为。确切地说,爱总是有所意向和意指。爱不像人们常说的是一种无意义内容的感觉行为,而是一种指向价值或意义的情感意向性行为。胡塞尔还指出,"爱"这种意向性行为不是单一的意向性行为体验,而是一种集合性的行为统一体,即爱的意向性行为体验包含了多重所指,爱是多重的,而不是指向单一的意向性对象。[②]教育现象学汲取了"他性"的哲学思想,将教育爱(pedagogical love)与责任感(responsibility)视为教育学的根本条件。[③]在教育世界里,教师对学生的爱不单单只是出于普世意义上的关爱和呵护,而是一种指向全体学生的带有教育价值的情感意向性行为。这种爱往往也会激发教师对于学生更强的责任感,使得他们注重学生的体验,关注学生的需求,针对学生的需要做出及时的回应与反思,从而帮助教师逐步实现从责任心到行动力的转变与过渡。

由此,我们可以将责任心和行动力看作是德育素养发展的两个关键阶段,也是从"知"到"行"、从"重视"德育素养到"践行"德育素养的阶段。而从本研究的调查结果来看,可以观察到教师在当前阶段更多地集中在第一阶段,即在认知上重视德育素养,但在第二阶段中的实际行动表现不够显著。特别是那些专业发展阶段较低的教师,往往表现出了"有心无力"的情况。这种情况实际上并不意外,因为专业发展的阶段性过渡本身对教师而言是具有挑战性的,难以仅仅依靠个体努力而自发地完成。因此,不论是政府还是学校,都需要采取积极有效的措施,帮助教师完成德育素养的提升和阶段性过渡,也

---

① Rötzer, F. Conversations with French Philosophers[M]. New York: Humanity Books, 1995:59.

② 曾云.爱与伦理共同体——胡塞尔的社会伦理现象学[J].安徽大学学报(哲学社会科学版),2016,40(2):16-22.

③ [加]马克斯·范梅南.李树英译.教学机智——教育智慧的意蕴[M].教育科学出版社,2014:63.

就是将教师从仅仅关注责任心逐步引导到行动力的阶段。政府可以通过制定相关政策和规范,鼓励学校提供更多的专业发展机会,促使教师深化对德育的认知,同时鼓励教师将认知转化为实际行动。学校方面则可以在教师培训、教学设计和校园文化建设等方面着手,引导教师逐步将德育素养融入日常教育教学实践中,从而实现德育目标的真正落地。

2. 群体性德育素养高于个体性德育素养

由上述结果分析可知,教师虽然对于责任心有着高度认同,但对其具体内涵的理解并不全面,比如,对于"爱"之下的敏感性和"公正"之下的权益意识等指标的关注程度都远远不够,从而说明教师对责任心的理解还有待进一步深化和完善:教师对于师德师爱的理解往往具有极为明显的群体性特征,指向的是普遍性的学生群体,但缺少对学生个体的体察、理解与尊重,容易忽视学生的主体性和个体差异性,敏感性和权益意识的严重缺失正说明了这一点。

在本研究中,该理论模型一级指标"爱"之下的敏感性具体指向教师的情绪敏感性和道德敏感性。其中,情绪敏感性要求教师一方面通过一定的情绪线索,准确地觉察自己情绪的内涵、强度,并预测发展的趋势;另一方面,要充分了解学生的个性特征、情绪表现风格以及心理状况;敏锐察觉学生的情绪变化、异常情况;理解学生情感、语言、行为表达的真意。道德敏感性要求教师需明智地预见、识别并解释真实的道德问题,想象各种道德行动的可能性,做出负责任的道德判断;敏锐地感知教育情境或教育问题,及时把握教育契机,提升教学机智,采取适宜的教育行动,同时对自身行为的道德水平保持敏感。因此,敏感性作为教师德育素养中的指标之一,理应受到更多的关注与重视。

敏感性也是教育现象学中的主题词之一。教育现象学是一门探究教育生活现象及其体验的学问,属于教育学的一个流派,是教育学的一个独特的人文视域。①它通过汲取现象学哲学中丰富的哲学思想而形成,直面教育生活世界本身,主张探寻"教育现象"的本质与意义。范梅南指出,将现象学方法用于研究和思考教育的问题,就是一种独特的生活取向,一种生活实践的取向。现象学的教育学关注的是学生和教师的种种生活体验,并从中获取有益的反思,从而形成一种特有的教育机智和对具体教育情境的敏感性。②教师只有在具有高度的敏感性后,才能及时关注到自身及学生的体验与感受。

现象学哲学的创立者——胡塞尔的超验现象学提出要"回到事物本身",即不是要关注外在事物,而是要关注体验的事物在意识中的显现,关注"生活世界",即关注人的体验。③教师面对的对象是活生生的生命个体,每个学生都有着独一无二的情绪体验和特征。通过胡塞尔提出的"悬置"与"还原"的方法,可以回到对事物本身的原初体验。当教师在觉察到学生的情绪变化或异常情况时,应先将作为教师个体已有的概念、观点和态度悬置起来,用心感受真实且鲜活的教育现象,并从中捕捉意义,还原现象背后的本质。如当学生受到表扬或批评时的体验有什么明显的异同等。小学教师通过对教育生活世界保持高度的敏感性和好奇心,并抛开已有成见,才能更好地探究原生态的教育生活体验,探寻与孩子们相处的教育意蕴,帮助他们更好地成长。

教师对于学生个体权益意识的忽视在一定程度上反映了当下加强法治教育的必要性和紧迫性。本研究中的"公正"之下的权益意识要求教师尽量避免语言倭化,同时优先考虑学生权利,保障学生的合法权利。《中华人民共和国宪法》《中华人民共和国教育法》《中华人民共和国义务教育法》《中华人民共和国未成年人保护法》等多部法律从不同角度赋予了小学生作为普通公民和受教育者应该享有的基本权利。但由于小学生的年龄较小,法治素养不高,

---

① [加]马克斯·范梅南等.李树英译.教育的情调[M].教育科学出版社,2019:155.
② 李树英.教育现象学:一门新型的教育学——访教育现象学国际大师马克斯·范梅南教授[J].开放教育研究,2005(3):4-7.
③ Husserl,E. Cartesian Meditations[M]. Dordrecht:Kluwer,1999:13-16.

加之我国社会发展迅速使小学生学习和生活的环境纷繁复杂,小学生的人身权、财产权、参与教育教学活动权、公正评价权等容易遭受来自学校、教师、家长、同伴及社会其他人员的侵犯。[①]加强对中小学教师的法治教育,提升其权益观念和依法从教的能力,帮助其尽量关注和满足每一个学生的个体现实需求,应是未来小学教师德育工作的重要议题。

就教师的群体性德育素养高于个体性德育素养而言,即教师对学生的个体性重视程度不够,究其主要原因之一,与当下的技术文化和量化评价思维息息相关。当下小学教师面临的很多环节都有固定的标准和模板,如根据教材和规定撰写好教案、根据事先写好的教案进行教学等。与此同时,对教师的评估通常也有量化的指标,如评估其所带班级学生的成绩、科研项目的级别和数量等。在某种程度上,技术性、纯量化的思维忽略了人的情感与个体性,使得教学成为一种技术性的工作,忽略了师生关系相处的主体性与敏感性。综上,教师应着力加强自己对于学生的个体关怀,尤其是对在学校和班级里居于失语地位的各类弱势群体学生、边缘化学生,以及言行举止有待匡正的问题学生,更应加强关注、体谅、理解和因材施教的意识和能力。

3. 重表扬而轻惩戒

由上文中的分析可见,教师在德育素养上的最大短板体现在两个方面:一是化解学生之间的矛盾与冲突的意愿、意识与能力,二是进行长期、持续的专业发展的意愿和能力。前者在分析结果方面尤其明显。与之形成鲜明对比的是,教师普遍高度重视表扬学生,从而呈现出非常典型的重表扬而轻批评的现象。这一方面反映出教师倾向于回避工作中容易遇到的冲突和矛盾,毕竟对学生的批评,尤其是点名批评在实践中很容易招致学生和家长的非议;[②]另一方面,这在一定程度上也反映出当前部分教师对于教育惩戒存在理解偏

---

① 任燕妮.小学生法治素养的时代诉求与提升策略[J].教学与管理,2020,829(36):73-76.
② 余雅风、杜佳欣、李美仪."惧用"与"滥用":中小学教师实施教育惩戒的困境与反思[J].中小学管理,2020(12):51-53.

差,对其价值理解不足,甚至有"弃用"惩戒权的可能。"教书育人"是教师的主要职能,但与此同时,"育人"职能为教师戴上了道德的"枷锁"。在大众的认识中,惩戒与惩罚是异词同义,都带有一定贬义的色彩,教师使用惩罚、惩戒与教师教书育人的正面形象相互矛盾。①事实上,如何对学生进行及时、有效、富有教育性的批评甚至惩戒,是教师工作中最具挑战性、也不容回避的部分,也是当前社会关注极大、争议极多的话题,直接事关教师的职业尊严和教师基本职责的履行。教育惩戒权作为教师管理学生的一种教育方法,也应当是教师的一种法定性的职业权力,而非权利,同时也是教师这一职业"育人"的法定职责所在。这一属性决定了教育惩戒权力具有一定的强制性,要求教师就学生的失范行为采取相应的批评或惩戒措施,而非"不敢用"或"弃用"教育惩戒权。此外,通过立法保障教师的惩戒权,帮助教师掌握言语和书面的批评技巧,也是未来基础教育的关键走向之一。

(三)小学教师的德育素养存在着一定的学科差异

对于不同学科的教师而言,他们对德育素养的认知也存在着一定的差异。本研究以语文教师作为基准组,与之比较之下,数学、英语、科学、信息、音乐、美术、体育、综合实践活动等学科的教师,均在某些德育素养指标上明显低于语文教师,只有道德与法治教师始终和语文教师没有明显差异。对于这种学科差异,我们一方面也许可以将之归结于不同学科知识本身的特殊属性,这方面的研究还有待进一步开展,需要结合每个学科的特性而开展讨论;另一方面也可以认为,中文教师和道德与法治教师自身的德育素养的确更容易优于其他学科。在我国当前的师范教育中,中文方向的招考标准与要求一般都要高于其他专业方向,因此语文教师往往有着更为优秀的综合素质。而道德与法治教师因其专业学术背景和更有针对性的学习、培训经历,在德育素养上更是有着先天的学科优势。

---

①　张家军、黄晓彬.教师教育惩戒的权力性质、合理性及实施保障[J].现代教育管理,2022,390(9):54-64.

（四）小学教师德育素养理论模型的科学性

作为重要的研究目标之一，本研究所依据的课题组已有的小学教师德育素养理论模型，以及在补充完善该理论的基础上构建起的结构方程模型，通过调查分析得到了较为理想的数据验证。该模型所建构出的责任心和行动力两大维度，以及每个维度下分别对应的 8 个一级指标，在结构方程模型中的拟合度非常高。责任心对行动力的影响作用也得到了数据证实，揭示出了从"知"到"行"的两阶段德育素养发展路径，因此可以成为未来研究小学教师德育素养的重要理论基础。

当然，本研究也存在一定的不足之处。除了总样本量有限之外，由于参加调查的 4 所小学均是北京市办学质量较高的优质小学，教师的整体素养也普遍较高，导致本研究的分析结果或许在更大范围之内不具有足够的代表性，也不适合直接推广至更多的办学质量高低不同的小学之中。未来的后续研究还应继续进入更多不同类型、不同地域、不同办学水平、不同师资水平、不同生源质量的小学之中，将此项调查不断推向深入。

二、改进建议

基于本研究的主要发现与结论，为了更好地加强小学一线教师的德育素养，提升其德育观念、意识和能力，切实在一线小学中贯彻落实立德树人的根本要求，师范院校、教育行政部门和中小学校应充分发挥协力，从如下举措入手：

（一）帮助小学教师完成从"知"到"行"的德育素养转变

由于一线教师通过长期的师范教育、教育实践和培训经历，往往已经对于"责任心"有了高度认知，因此在进行德育素养的培育时，一方面应对德育素养的内涵、外延与表现对教师进行详细讲解，让他们充分了解德育素养的完整结构和内容；另一方面要充分结合教师的日常教育教学实践中的德育内容，帮助他们在解决日常的德育难题的过程中，如化解学生之间的冲突、对学生进行适时而恰当的奖励与惩戒等,完成从"责任心"到"行动力"的顺利过渡,从而逐步形成完备的德育素养。

对于师范生来说,培养德育素养需要从师范教育的早期开始着手,通过教学和见习、实习、实践等方式,让他们逐步理解和掌握德育素养的内容。在师范教育中,可以通过丰富的教学活动和实际的教学实践,让师范生深入了解德育素养的内涵、要素及不同阶段的特征和关系。这可以包括对"先赋性"德育素养和"后致性"德育素养的深入剖析,以及这两个阶段在教师职业生涯中的发展过程和路径。由此,师范生可以在早期就建立起对于德育素养的完整意识,更清晰地认识到德育在教育教学中的重要性,以及如何将德育素养的发展与自己的职业规划相结合,从而更早地制定出有关德育素养的个人目标,以及在不同阶段如何逐步实现这些目标的路径,为未来的教育工作奠定坚实基础。

(二)小学教师德育素养的提升要因人制宜

本研究发现,德育素养的不同指标往往会因教师的专业发展阶段、学历、学科专业、班主任任职等因素而有明显差异,甚至可以明确区分出"先赋性"德育素养指标和"后致性"素养指标。对这些个体差异性的考量和针对性的培养措施,是实现教师德育素养全面提升的关键。因此无论是师范院校、教育行政机关还是小学,在教师培养过程中都应当积极应对这些差异性,通过精准的培育策略,更好地满足不同类型教师的需求,促进其德育素养的全面发展。对于"先赋性"德育素养指标,可以将其作为入职筛选的条件,确保教师在基本德育素养上具备了一定的水平才能入职。而对于"后致性"德育素养指标,则应将其作为培育重点。此外也要根据不同学科的特点和教师所面临的不同挑战、困难和需求,在培育方式和培育内容等方面进行差异化的设计,以确保培养的效果最大化。

(三)强化小学教师德育专业化的进程

德育专业化是当前及未来基础教育改革中的一个必然趋势,也是落实立德树人根本任务的最终保障。小学德育工作走向专业化,急需开启职前培养小学德育师资的人才培育通道。相对于教学专业化专注于学科与教学,德育专业化旨在关心每一名教师的育德意识和育德能力。推进实现小学德育教师的职前培养是落实国家立德树人根本任务的有力行动。如何尊重小学教育的规律性和特殊性,关照小学儿童的需要和特质,开展规范有效的德育工作,急需依托具有专业能力的教师来进行。①因此对于政府和学校来说,未来一方面应致力于建设更加完善和系统的德育体系,将德育作为教育体制的核心,确保德育目标贯穿学校的一切教育教学活动中。通过明确的课程设置、教育活动和评价机制,有效地引导教师和学生在学校教育过程中培养和践行正确的价值观和道德标准。另一方面则要重视德育队伍的专业化建设,培养更多专业的道德与法治教师,并为教师提供深入的德育培训,确保培训内容具有实用性和针对性,使教师能够更好地理解德育的核心内容和重要价值,掌握德育的基本理论和实践技能,更好地应对各种教育情境和挑战。特别是要重视构建不同层级的专业化德育教师团队,从校领导到任课教师,都应具备相应的德育素养和专业能力,共同为学校德育提供支持和引导,最终培养出具有高度道德情操的公民,为社会的可持续发展提供坚实支撑。

三、结语

本章在"教师德育专业化"的话语下,依托"小学教师德育素养的结构要素与培育机制"课题组已有的理论模型,围绕责任心和行动力两大维度下的结构要素,借助问卷调查法和统计分析,基于对北京市四所小学的教师开展问卷调查,首先,通过描述性分析,分析当前不同专业发展阶段下的小学教师德育素养的结构现状、特征及其组间差异,并对这种阶段性差异进行显著性检验。其次,运用结构方程模型(structural equation modelling),将主观性变

---

① 李敏、刘慧.德育教师专业化:溯源与展望[J].中小学德育,2019(6):5-7.

量作为潜变量,整合分析不同专业发展阶段下的小学教师德育素养的现状及其影响因素，并对不同维度之下的结构要素间的相互影响作用关系进行验证。基于上述研究,最终对课题组已有的理论模型进行了检验和完善,明确各要素的内部层次性,厘清该理论模型中各级维度指标之间的影响关系,并结合一线教育教学实践,简要讨论不同专业发展阶段下的小学教师德育素养培育的有效路径。

第四章

小学教师德育素养的培育机制研究

小学教师的德育素养强调教师作为人的道德品质，突出教师的育人能力。在针对不同专业发展阶段的小学教师的德育素养研究后，能够得知小学教师的德育素养在不同专业发展阶段、不同学科、不同学历等背景下具有差异。因此，为了更好地提升小学教师的德育素养，本章以准小学教师（师范生）作为研究群体，围绕"教师德育素养"这一核心概念，以首都师范大学初等教育学院（以下简称初教院）的人才培养模式作为本研究的个案。本章结合前文所提出的小学教师德育素养的结构要素，展开对初教院培育机制的探索。从已有的文本资料来看，初教院十分注重对师范生个人道德品质及育人能力的培养。

本章将以初教院的人才培养模式为主要研究内容，对培养师范生的目标、课程、教学及实践过程进行深入剖析，揭示该培养方案的优势与不足，旨在从小学教师德育素养结构要素的角度对其培育机制进行重构与优化。

第一节　小学教师德育素养需要建立培育机制

"培育"的原意是培养幼小生物，使其发育成长，如培育花种、树苗，这与教育的意义不谋而合,所以引申为培养、教育之意。小学教育正是对学生学习知识、掌握技能、培养道德品质、树立正确价值观念的重要阶段。而有着引导、培养、教育之责的便是小学教师。因此,小学教师的能力与素养受到学校、家庭及社会的广泛关注。

　　本节的内容立足初教院的人才培养方案,从中寻找"德育素养"的体现,并对其培养师范生德育素养的实施路径进行整理和归纳,依此构建小学教师德育素养的培育机制。

一、小学教师德育素养是教师专业化发展的生长基点

　　小学教师的德育素养关注教师作为"人"的基本品质与规格,关心个人道德层面的自我修养、品质和行为准则。小学教师的德育素养离不开教师的专业化发展,与此同时,教师专业化发展更需要教师的道德品质及育人能力作为其发展的重要引领。换言之,小学教师的德育素养是教师专业生活的核心与生长基点。

　　(一)我国的师范教育一直重视教师伦理修养

　　师范教育是我国教育事业的重要组成部分,为中小学培育了大量优秀的教师,促进了我国教育事业的发展。随着时代的变迁,我国的师范教育也发生了巨大变化,出于社会发展、教育政策、学校合并等多重因素,师范生的培养也随之改变。

　　新中国成立后,中等师范学校一直担负着培养小学教师的责任。学生在中等师范学校经过三年不划分专业的学习和培训后,成为一名能力强、素质高的小学教师,而后分配到各个小学去任教。随着社会经济的发展,人们对教师的素质与能力提出了更高的要求,此时中等师范学校培养出的小学教师表现出明显的不足。20世纪80年代初,我国开始探索新的小学教师的培养模式,南通师范学校最先开始实行"五年一贯制"的小学教师培养。这时形成了三种小学教师培养方式的并列结构,其中包括"五年一贯制"、"3+2"分

段式和三年制小学教师培养模式。这些学生毕业后均取得专科学历,与中等师范学校学生相比,在学历和教学能力上有了显著的提高。伴随基础教育的改革,教育部鼓励和支持一些具备条件的高等师范院校为培养优质的小学教师开设小学教育专业。专科水平的小学教师也逐渐退出教学舞台。留用高学历、高水平的小学教师,淘汰低学历、低水平的小学教师,将成为各学校招聘小学教师的重要原则。[①]近年来,随着我国高等教育的普及和研究生扩招政策的持续,促使进入小学工作的教师不再局限于本科学历,硕士学历的小学教师也日益增加。

伴随小学教师学历不断提高的同时,教师的伦理道德水平也越来越受到重视。王庚发现,随着社会的发展,人们的思想受到了西方个人主义、拜金主义的影响,对师范生来说,影响最大的是只注重学业成绩,不关注个人道德和教师专业道德的发展。[②]贾义保也指出目前师范生的价值观出现了追求金钱高于理想追求、知识才能高于道德品质的问题,因而在个人道德上出现滑坡现象。[③]对此,不积极履行教书和育人双重使命的教师是不合格的教师,而小学教育尤为重视教师"以德育人"的力量。于是,学者们开始广泛讨论如何更好地培养教师的德育素养。

有学者认为,师范类院校的课程设置是解决此问题的方式,如,靳瑞彬发现师范院校的培养方案中都包含了关于对师范生思想、理想信念、教育法规及教师职业道德规范的内容。[④]师范生的个人道德和育人能力能够通过课程学习加以提高。刘燕飞主张独立设置教师教育课程体系、丰富教师教育课程

---

① 刘树仁.高师院校培养本科学历小学教师的必要性与可行性[J].吉林教育科学,2000(1):64-66.

② 王庚.浅议师范生师德教育的实效性[J].湖北经济学院学报(人文社会科学版),2006(10):117-119.

③ 贾义保.师范生思想品德教育的困境及对策[J].中国成人教育,2006(8):57-58.

④ 靳瑞彬.六所师范院校免费师范生培养方案比较研究[D].西南大学,2012.

及强化教师德育专业能力。①在师范教育的伦理类课程设置方面,一些西方国家也做过探索。英、法等国家的师范学校在培养教师的过程中会开设职业伦理规范、道德与哲学等德育课程,以此培养师范生的德育素养。美、日等国家采用将道德教育融入日常的教育课程中,以隐性德育的方式帮助师范生形成与发展德育素养。日本在教师录用过程中,不仅考核教师是否具备专业技能,还非常注重教师专业道德的考核,要求获取教师资格的必备条件是修满教育伦理和道德教育等课程的学分。

除重视师范生课程的研究外,还有学者提出目前的师范生道德教育不能只单一地依靠学校教育,需要扩宽教育路径。如,要重视培养师范生道德的自我教育,着重培养其自律能力。②要加强对师范生的道德教育,使其坚定教师的职业认同和理想信念,主要发挥自我教育的作用,实现思想与行为的一致。③不仅如此,教育的内容应针对时代现状不断优化,与时俱进。吴薇和杨艳红提出,可以把"知、情、意、行"的价值观融入师范生的教师职业道德教育中。④将教师职业道德融入大学课堂和日常的生活场景中,以此来陶冶品行,引领其道德实践行为。黄正平主张要把社会主义核心价值观融入师范教育中,让社会主义核心价值观内化为师范生的情感认同,外化为行为习惯。⑤

从现状来看,目前我国对师范生的道德教育多为个人的道德教育,其中包括个体道德教育和教师职业道德教育两部分。在师范生的个体道德教育中,重视对其思想、道德、心态的变化与成长。至于对师范生进行教师职业道德教育,则是强调培养其理想信念、教育情怀、师德师风等。然而实践表明,这些远大的目标对师范生而言较为宏观,没有抓手,不易理解和实现。

---

① 刘燕飞.国内主要师范院校教师教育课程比较分析[J].文教资料,2007(23):24-26.

② 沈路.试论德育过程中师范生大学生的自我教育问题[J].丽水专科师范学校学报,2000(3):25-27.

③ 赵月娥.新时期师范生教师职业道德养成的对策研究[J].湘潮,2011(6):109-110.

④ 吴薇、杨艳红.社会主义核心价值观融入师范生教师职业道德教育的路径研究[J].思想政治课研究,2016(10):50-52.

⑤ 黄正平.建设师范文化:教师教育的使命与责任[J].教师教育论坛,2018(1):25-26.

首都师范大学初等教育学院是全国最早一批设置本科"小学教育专业"的高等院校。该专业依托首都师范大学良好的学科基础,遵循高水平教师教育发展的办学思路,经过 20 多年的发展,形成了良好的专业发展、自身特色与人才培养模式,取得了一系列的成果并产生了广泛的社会影响力。因此,本研究选取初教院本科师范生的人才培养作为个案进行研究。

截至 2022 年,初等教育学院设有小学教育、美术学、音乐学、书法学 4 个专业 9 个方向。此外,还设有综合实践活动、小学书法教育、小学生心理咨询、小学德育与少先队教育、小学教育研究等 14 个兼教方向。小学教育专业坚持以高水平学科建设支持一流专业发展,构建了以"通识教育""儿童教育""实践创新研究"等为基本模块的专业课程体系。在课程设置方面体现出了专业人才培养的多维度、多层次、立体化的逻辑体系,并在教育实践过程中不断优化人才培养模式。 在实践教学培养上,初等教育学院使用"U—G—S"三位一体的协同育人模式,实行校内、校外双导师制。并对师范生的教育见习、教育实习给予大力支持,签署了北京市内的 35 所小学作为初教院的教育实习基地,加强了高校与小学的联系,有利于提高小学教师质量,促进师范生及小学教师的有效成长。

(二)职前教育对小学教师德育专业化的推进

如何实现"教师德育专业化",檀传宝、班建武、蔡辰梅、李敏等多位学者都对教师德育专业化的发展路径进行了分析与讨论,得出教师德育专业化的路径多分为政策驱动、学校作为及教师个人信念三个层面。本研究认同以上学者们的观点,小学教师德育专业化未来的发展并不能仅依靠某一主体的力量,需要政府的政策保障、高校的职前培养及中小学的支持、教师自身的学习三方面共同努力才能得以实现。本研究意图从高校培养这一角度对小学教师德育专业化发展进行探析。

1996 年,国家教育委员会在《关于师范教育改革和发展的若干意见》的通知里,要求逐步增加本科学历的中小学教师培养,提出"高等师范本科教育学制为四年,高等师范专科教育学制由二、三年并存逐步过渡为三年,中等师范教育学制由三、四年并存逐步过渡为四年"。我国在经历了 20 多年的师范教育改革后,师范教育取得了巨大的进步,培养出一批批基础扎实、能力综合的教师。

师范院校的教育不仅要关注学生知识与技能的学习,也要为师范生将来的工作和生活打下基础。培养小学教师的德育素养能够切实、有力地推动小学教师德育专业化的发展。在高校尤其是师范院校培养小学教师德育素养主要考虑以下四个条件。

其一,建设合理的课程群。课程群是实现培养目标的载体,是保障和提高教育质量的关键,是高等师范院校培养师范生德育素养的重要途径。在小学教师的职前培养过程中,课程是培养师范生德育素养的主要渠道。通过模块化的课程体系"思想政治理论课程""通识教育课程""儿童教育课程""专业方向课程""实践课程",打破传统的教育学、心理学、教学法的课程结构。每个模块都有必修和选修课程,在保障教育质量的同时,赋予师范生自主选择课程的权利。

其二,培养专业理念,要引导师范生进行令人向善的教育活动。师范生接受高校教育,同时还要对未来人才进行培养,起着承上启下的重要作用。但在工具性的教师教育下,教学实践被窄化为一种技术操作活动;具有丰富个性和道德品质的教师被单纯地看成是熟练使用教学技术手段的技术人员;培养人的复杂的教师教育实践被简化为技能训练的技术活动。[①]根本上来看,小学教师的教育价值和工作要义是由受教育者来决定的。小学阶段的受教育者是 6~12 岁的儿童,他们充满了生命活力,有着面向未来的无限可能性。小学教育因此充满着道德价值和生命价值,也正因为如此,师范院校必须明确:培养一位只关注教学而忽视德育的小学教师是失败的,小学教师的德育

①　何菊玲.教师教育范式研究[M].教育科学出版社,2009:78.

素养绝不能被忽视和否定。

其三,打造专业的师资队伍。培养小学教师的高校应具备一支热爱小学教育、学科背景多元、业务水平高、数量充足的专职教师队伍。在高校专职教师的基础上,组建兼职教师与客座教师队伍,使之与专职教师构成教育共同体,形成本、硕、博培养层次分明、大学与小学协同互促的高水平研究型人才培养体系。

无论是对师范生道德品质的形成,还是其育人能力的培养,高校教师都责无旁贷。他们通过伦理学、教育学、德育基本理论、班级管理等相关课程的讲授,自身经验的传授及教师个人德育素养的全方位展现,帮助师范生建立相关的德育理论基础,使其认识到小学教师德育素养的重要性,在职前环节就努力为小学教师的德育专业化发展打好基础。

其四,重视教师德育专业化的学术研究。高校需加大对"教师德育专业化"的研究力度,鼓励高校教师和师范生对其进行探索,并对相关项目在经费和制度上给予保障。在具备一定科研能力和素养后,师范生在教育教学实践过程中能够更为敏锐地发现问题、思考问题,尝试着去解决问题。在理论上把"教师德育专业化"的诸多问题厘清,才能推进其发展进程。

综上所述,小学教师走向德育专业化是必然趋势。无论师范生未来在学校中承担哪一工作岗位,都负有直接德育或者间接德育的责任。因此,在职前培养阶段,师范生们必须掌握德育基本理论,提升育人能力。培养具备德育素养的小学教师需要长时间的学习、训练和实践。为此,师范院校需要实现经验型教师向专业型教师的培养模式转型,努力通过职前教育培养出具备德育素养的专业型小学教师。

二、小学教师德育素养培育机制的研究设计

通过已有的研究发现,当前我国对教师德育素养的研究主要集中在教师的职业道德建设,对职前教师的德育素养关注较少。已有研究者也鲜有将师

范生作为研究主体,此外,同普遍意义上的道德相比,德育素养包含了教师个人的道德品质、育人能力及将个人的道德品质与育人能力转化的复杂能力。教师具备较高的德育素养是其展开有效的教育教学工作,培养学生道德品质的前提条件。因此,有必要对小学教师德育素养的职前培育机制做深入研究。

(一)研究思路

前期,课题小组成员通过对大量文献资料进行梳理,在了解德育的本质、内涵、实践要求等内容后,融入历史、国际比较的视角,同时通过访谈等实证研究,厘清了小学教师德育素养的维度和结构要素。在前期课题研究的基础之上,本研究关心在教师专业伦理范畴下的教师德育素养培育机制。研究选取首都师范大学初教院的师范生培养模式为个案,主要讨论了以下三个问题:

第一,讨论培养方案中涉及的师范生德育素养要素。

第二,对比学院人才培养方案和分析访谈资料,初步明确初教院小学教师德育素养的培育机制。

第三,借助德尔菲法,最终确定小学教师德育素养培育机制的具体内容。

(二)研究方法与过程

由于本研究内容涉及对师范生人才培养方案的分析,而师范生育人能力的内隐性及培育机制的复杂性决定了仅凭单一方法很难全面深入的探究培育机制的特点及实施效果,因此,本研究过程包括了三个阶段,并在每个阶段里采用了不同的研究思路与方法。首先是对初教院人才培养方案进行了内容解读,概括评述其内容要点和主要特征;其次通过访谈,初步构建小学教师德育素养的培育机制;最后通过专家咨询的方式对小学教师德育素养的培育机制提出相关建议。

1.培养方案内容解读

首先,本研究收集了首都师范大学初等教育学院小学教育专业 2007—2022 年的 16 个版本的本科培养方案,对其内容进行了深入比较、分析和解读,尤其是借助循着时间的纵向分析,发现其内容要点和主要特征的历史性变化,并确定其培育师范生德育素养的主要路径与机制,为后续的研究提供起点和依据。

2.访谈法

由于教师德育素养具有内隐性的特点和个性化的表现,单纯的文本分析不足以展现初教院师范生德育素养培养的全貌。因此,本研究借助访谈法与初教院的师范生进行交流沟通,旨在探析师范生在教育实践中内隐的德育素养以及缺失部分。

(1)选取研究对象

本研究的访谈对象是初教院本科师范生,根据研究问题的要求,通过分层抽样和重点抽样,在不同专业、不同年级、不同教育实践经历里分别抽取代表学生,最终确定了6位访谈对象,其基本信息如下:

表4-1 访谈对象基本信息表

姓名(编号)	性别	年级	参与教育实践次数
1L1(20210108)	女	三	2
1W2(20210108)	女	四	3
1W3(20210108)	女	二	1
2Z1(20210116)	男	三	2
2Z2(20210116)	女	三	2
2C3(20210116)	女	四	3

(2)收集与整理访谈资料

访谈资料的收集与整理分析主要包括以下两个阶段:

第一阶段,研究者联系受访者,确定访谈时间和地点,对师范生进行访谈,并在访谈对象同意的情况下进行录音。访谈采用半结构化访谈,根据研究对象的具体情况对访谈问题进行调整,并适当进行追问。每位师范生的访谈时间为40—50分钟。

第二阶段,是对访谈资料的录音进行转录、存档,依据访谈资料对师范生表现出的及缺失的德育素养进行整理、总结。

3.德尔菲法

本研究采用德尔菲法对初步得到的初教院小学教师德育素养的培育机制进行修订。德尔菲法是研究者根据某一问题邀请相关领域的专家对问题进行经验判断,最终达成一致意见的方法,是一种专家咨询法。该方法的核心是通过匿名的方式进行几轮函询征求专家们的意见,然后对每一轮的意见进行汇总整理,作为参考资料再寄发给每位专家,供专家们分析判断,提出新的论证意见。如此反复,意见逐步趋于一致,得到比较一致且具可靠性的结论或方案。本研究的专家团队由专业教师和专家共 15 人组成,以小学教师德育素养的结构要素、初教院的培养方案、访谈资料作为依据初步探索得出小学教师德育素养培育机制,征求四轮专家意见,最终根据研究结论,修订并明确小学教师德育素养的培育机制。

本研究的专家由德育领域的专家、课程目标体系及课程方案建设的专业人员和学院领导组成。问题主要来自前期课题研究中呈现的结构要素、初教院的人才培养方案及访谈资料。咨询过程共经历四轮,第一轮是提供初步构建的培育机制中缺失的内容,以弥补不足;第二轮是充分探讨初步形成的培育机制的合理性和准确性;第三轮是讨论阶段,讨论第二轮各位专家之间的分歧;第四轮进行最终评估,对收集的信息进行分析,得出结果。

第二节　小学教师德育素养培育机制的初步建构

人才培养方案是学校各个学科专业有关培养目标、毕业要求、课程设置等内容的指导性文件,是进行人才培养的基本依据。通过对培养方案的解析,能够初步了解人才培养的相关信息。本节在前文的基础上,对首都师范大学初等教育学院的小学教育专业培养方案进行文本解读,从人才培养目标、课程设置、教学及实践过程四个角度出发,深入分析,以求更加立体地呈现师范生德育素养的培养现状,了解培养过程中存在的困境与挑战,借鉴已有的培养经验,为探索有效的小学教师德育素养的培养机制提供思路。

一、基于德育素养的小学教育人才培养

《小学教师专业标准(试行)》(以下简称《专业标准》)中指出:小学教师是履行小学教育教学工作职责的专业人员,需要经过严格的培养与培训,具有良好的职业道德,掌握系统的专业知识和专业技能。①《专业标准》从专业性上对小学教师进行了肯定,但教师的专业性是需要经过专业、系统地学习后才能实现的,这就要求小学教师的专业化必须经历规范、系统的职前培养。本节主要对首都师范大学初教院小学教育专业本科生(2007—2022)的培养方案进行文本分析,初教院小学教育专业的培养方案是基于小学教师所必备的知识、技能、素养,再结合国家政策的导向所修订的。这份人才培养方案不是一成不变的,而是在初教院 20 余年的发展历程中,经过不断地开创和探索,最终形成了较为成熟的小学教育专业的人才培养方案。本部分主要讨论以下三个内容:①初教院小学教育专业的培养目标是否关注德育素养? ②是否设置了与德育素养相关的课程? 占课程总量的比重如何? ③初教院对师范生德育素养的培养具体体现在何处?

(一)培养具备德育素养的小学教师

综观 2007—2022 年这十几年初教院人才培养方案中的培养目标,研究者发现:在 2007—2010 年这四年的师范生培养目标中,以师范生的专业知识、专业技能及个人的全面发展为主要发展方向,没有体现出对师范生德育素养的重视。

而 2011—2013 年的培养目标,则是直接提出"要培养热爱小学教育事业,具有良好的道德素养的教育工作者",重点强调了师范生道德素养的重要性。能够看出,这一时期的培养目标是将师范生的道德素养放在了与基础知识和教育技能的同一高度, 表明初教院加强了培养小学教师专业道德的意

---

① 教育部教师工作司组编.小学教师专业标准(试行)解读[M].北京师范大学出版社,2013.

识。但道德素养并不完全等同于德育素养,师范生的道德素养与师德更为相似,注重个人的修身律己,缺少了对师范生以德育人能力的培养。到 2013 年为止,培养目标中缺乏培养师范生德育素养的目标要求。

2014—2017 年的培养目标在前期师范生要热爱小学教育事业的基础上,明确提出师范生要以"儿童为本",以"师德为先",之后才是对"发展专业自我,教书育人,终身学习"这类教师个人专业发展及教育理念的培养。2018—2022 年的培养目标将国家和地区改革发展的需要融入培养目标之中,将"立德树人"和"卓越小学教师品质"融入其中。虽然没有直接指出要培养具备德育素养的小学教师,但提出了"全面育人、素养综合、能够终身发展、具有国际视野"的新目标。"发展专业自我、教书育人、终身学习"和"全面育人、素养综合、能够终身发展"等内容均属于小学教师德育素养的结构要素。

从 2007—2022 年小学教育专业的培养目标来看,2014 年是一个重要的分界点。2014 年以前,初教院重点关注师范生专业知识、专业能力及个人道德品质的形成。2014 年后,培养目标中并未专门强调师范生的知识与技能,而是转向关注师范生德育素养及育人能力的养成。这一转变来源于 2014 年教师节前夕,习近平总书记同北京师范大学师生代表座谈时,畅谈"四有好老师"的标准,提出做好老师"要有理想信念、有道德情操、有扎实学识、有仁爱之心",为新时代教师专业化成长指明了方向。具体目标如表 4-2 所示:

表4-2　首都师范大学初教院小学教育专业2007—2022年师范生培养目标

年份	培养目标
2007—2010	本专业培养德、智、体、美、劳全面发展,学有专长,具备小学教育专业知识,胜任小学教育、教学工作,具有现代教育观念并能从事教育科研的小学教育工作者
2011—2013	本专业培养热爱小学教育事业,具有良好的道德素养和文化素质,基础知识扎实宽厚、学有专长、教育技能全面并具有一定从事小学教育教学和研究实际能力的小学教育工作者
2014—2017	本专业培养热爱小学教育事业;认识小学儿童,能以儿童为本;理解小学教育,能以师德为先;发展专业自我,教书育人,终身学习;具有胜任小学教师职业潜质的人才

续表

年份	培养目标
2018	本专业从国家特别是首都基础教育改革与发展的实践出发,遵循"高水平学科建设支撑高水平教师教育发展"的办学思路,以及"国际视野、本土实际、借鉴历史、面向未来"的专业发展理念,培养如下规格的小学教育专业人才:热爱小学教育事业,充满教育情怀;认识小学儿童,能以儿童为本;理解小学教育,能以师德为先;发展专业自我,能够教书育人;具有多元而宽广的教育视野,敏锐的教育问题意识和良好的教育研究能力;能够胜任小学教育、教学、管理等各项工作,具有终身学习能力和良好的职业发展潜质
2019	本专业立足首都基础教育改革与发展的需要,传承百年师范精神,面向未来,培养师德优秀、理想信念坚定,能以儿童为本、全面育人,素养综合、能够终身发展,具有卓越小学教师和未来教育家潜质的小学教育人才
2020—2021	本专业立足首都基础教育改革与未来教育发展的需要,传承百年师范精神,培养师德优秀、热爱小学教育事业,能以儿童为本、全面育人,素养综合、能够终身发展,具有国际视野和未来教育家潜质的创新型小学教育人才
2022	本专业传承百年师范精神,面向未来教育发展,培养热爱小学儿童、致力小学教育事业,具有研究品质、国际视野和未来教育家潜质的创新型卓越小学教育人才

在初教院不断发展的十几年里,初教院的人才培养目标在社会主义核心价值观的指导下,适应新时代小学教育改革的趋势。从重视教师的专业知识与能力转变为强调教师的道德与育人能力;从培养合格、优秀的小学教师发展为培养卓越小学教育人才。

(二)基于儿童取向的课程设置①

课程设置是人才培养目标的具体体现,"是学校教育的灵魂,是任何教育研究都无法回避的核心问题"②。师范院校主要是依托课程培养师范生,发展其在未来教育教学工作中所需要具备的各种能力,管理技巧、教育理念及道德品质。通过分析课程设置的情况,可以大致了解其具体的人才培养状况。

"儿童是教育的起点与归宿,教师专业归根结底是儿童研究的专业。因此,认识何为儿童,何为儿童的学习,何为儿童的发展,应当成为教师教育研

---

① 课程所指小学教育专业的全部公共课程,不包含学科专业课程。
② 曲铁华、马艳芬.论教师专业化与职前教师教育课程改革[J].教育科学,2004(4):44-47.

究的主题。"①在遵循儿童身心发展要求的基本规律上,帮助儿童适应社会发展的要求既体现出小学教育的价值,也是小学教师职前培养的目标。6~12岁儿童的学习能力、认知发展水平、社会性发展均处在不断变化的过程中,这会让小学教师的教育教学工作更为复杂、多变,时常遇到各式各样的突发情况。这也就需要师范生在职前阶段通过相关的课程学习,完善自身的知识储备,做到认识儿童、了解儿童、欣赏儿童。这些有关儿童的相关知识与能力,也构成了"教师德育素养"的育人指向和价值基础。

初教院小学教育专业课程设置以儿童作为逻辑起点,满足其对小学教师专业培养的诉求,形成了"儿童为本"的理念和课程体系,将师范生作为未来的儿童教育工作者进行培养。

综观2007—2022年的初教院本科生培养方案,发现在2010年后有关儿童的课程受到重视。课程数量由一门"儿童发展心理学"发展为多门,课程性质也从选修课成为必修课。这些课程开始帮助师范生站在儿童的视角和立场去看待儿童,尊重儿童的天性,理解儿童的需要,读懂儿童的表达。与此同时,本研究还发现了一些课程的变化,如,各专业课程逐渐细化,明确了兼教课程及其授课的具体内容,教育实践课程的学分和课时整体上升。

课程设置种种变化加深了师范生与儿童之间的联系。以2020年人才培养方案为例进行探究,在课程结构上,初教院将儿童教育课程单独划分出来,并下设儿童研究、教育理解、专业发展、儿童教育拓展四个课程模块。儿童教育课程共计35学分,560个学时,符合《小学教师教育课程标准》和《师范专业认证标准》规定的小学职前教师课程领域设置建议:教师教育类课程②学分数应大于等于32学分。儿童研究、教育理解和专业发展三个必修模块课程穿插在师范生四年的学习中,每个年级都设有课程;儿童教育拓展则是从二年级开始开设选修课,课程主要集中在二、三年级。课程内容囊括了儿童发展规

---

① 钟启泉.我国教师教育制度创新的课题[J].北京大学教育评论 2008(3):46-59.
② 等于2020年人才培养方案中的儿童教育课程群。

律、教育基本理论及教育教学技能。这些课程与儿童的生活紧密相连,能够让师范生树立正确儿童观,在施教时遵循儿童成长规律,提供他们需要的帮助;能够使师范生从儿童经验角度看儿童,关注其情感,满足他们对世界的好奇与探索;能够教授给师范生适合儿童的教育、教学的方法,帮助他们获得满意的学习成果。

兼教方向在原有的小学数学、科学、美术、音乐等学科兼教方向之外,增加了小学德育与少先队活动、综合实践活动、传统文化教育、生命教育与班主任工作、小学教育研究方向五个兼教方向。其中,小学德育与少先队活动和生命教育与班主任工作两个兼教方向是侧重于对师范生的德育理论及育人能力的培养。除此之外,这两个兼教方向对师范生设立了门槛,小学德育与少先队活动要求学生在之前的学习中修读过"小学班级管理"和"小学教师专业发展与促进"两门课。生命教育与班主任工作要求师范生必须在之前的学习中修过"生命教育""小学班级管理""儿童需要与表达"三门课程。这些课程都涉及了小学教师的专业化发展,教师对儿童的认识和了解及班级管理的技巧。虽然课程以小学教师作为主体,关注教师的行为与发展,但本质上还是在关注儿童,因为教师的行为最终作用到儿童身上。门槛的设立更从侧面表明了儿童在小学教育中的重要性,凸显出儿童在小学教师培养中的重要地位。

课程设置还通过各类课程所占学分及比重体现。通过计算2007—2022年首都师范大学初教院小学教育专业实践教育学分、学时及占比(见表4-3)发现:教育实践课程学分在24—32学分之间下波动,波幅较小;课时则是除2020年外,呈逐年增加的态势。

数据显示,实践教学课程由2007—2013年的1学分相当于18个课时,变化为2014—2017年的1学分对应16个课时,2018—2020年除实践教育课程外,其余课程仍保持1学分等同于16个课时。可见每1学分所代表的学时数量下降,而2007—2013年的学分总数整体高于2014—2017年的学分总数,因此能够看出学生所须修读的课时总数下降。但在 2018 年后的实践教育课程,尤其是教育实习部分的课时不仅没有减少,反而增加并固定为 540 个课时。

出现这种变化的原因是教育部在 2011 年颁布的《小学教师专业标准(试行)》中提出了要"重视小学教师职业道德教育,重视社会实践和教育实习"的要求。据此,初教院愈加重视对师范生的教育实习,不断提高教育实践课程的比例,增加教育实训、社会实践、科研实践等课程,为师范生创造更多教育实践机会。教育实践课程中包含思想政治理论教育实践、通识实践、科研实践、教育实践、社会实践和艺术实践多个课程模块。其中教育实践的比重最大,教育实践中包含教育感知、教育见习、教育实习和教育研习四个环节。这四个不同阶段的教育实践环节中具备渐进性和连贯性,并且每一个实践环节都具备不同的实践目标和要义,让师范生更加明确这一阶段的实习应该做什么,能学到什么。教育教学经验的积累,能够令师范生真实地感知到小学的课程教学,了解儿童的学习状态与能力,关注儿童的真实需求,将所学的理论知识加以运用,形成以儿童为本的教育教学模式。

表4-3　2007—2022年首都师范大学初教院小学教育专业实践教育学分、学时及占比

年份	实践教育课程					
	学分	总学分	占比%	课时	总课时	占比%
2007—2010	26	202	12.9%	504	3636	13.7%
2011—2012	32	196	16.3%	792	3528	22.9%
2013	32	192	16.7%	864	3456	25%
2014—2015	22	175	12.6%	860	2800	30.7%
2016	24	177	13.6%	908	2832	32.1%
2017	25	175	13.6%	940	2800	33.0%
2018	29	173	16.8%	1084	3268	33.2%
2019	25	170	14.7%	1264	3408	37.1%
2020	26	168	15.5%	1088	3424	31.8%
2021	24	162	14.8%	1092	3332	32.78%
2022	25	160	15.63%	1044	3348	31.18%

（三）蕴含德育素养的课堂教学

当前,中国式现代化教育对高校课堂教学提出了新的要求,即课程思政。课程思政,是对大学教师的授课内容提出了德育的要求,"将高等院校思想政治教育融入课程教学和改革的各环节、各方面,实现立德树人润物无声"①。作为课程的直接表现形式,课堂教学是教学知识的落实,是教师教育理念传播的途径。可以说,课堂教学是落实课程思政的主要方式,也是教师完成课程育人的主要途径。在教育部印发的《高等学校课程思政建设指导纲要》中指出,要根据不同学科专业的特色和优势,深入研究不同专业的育人目标,深度挖掘和提炼专业知识体系中所蕴含的思想价值和精神内涵,科学合理拓展专业课程的广度、深度和温度,从课程所涉专业、行业背景、国内外形势及文化、历史等角度,增加课程的知识性、人文性,提升引领性、时代性和开放性。因此,课程思政不仅要进行宏观的教学体系建设、平台搭建,更要注重知行合一,进行具体而微的课堂教学建设。②

由此看来,课程思政与本书的德育素养内涵相似,从根本上均重视对学生的德育培养,但又有所不同,课程思政侧重于描述师范生在高校接受思想道德教育的过程,而德育素养则是倾向于描述师范生在之后的小学教育工作中表现出的主动的育人过程。因此,在课程思政的背景下,初教院以学校课堂教学为依托,既强调德育融入课堂教学,更注重小学教师德育素养体现在课堂教学的师资团队、教学内容等方面,以培养师范生的育德能力。

初教院的课程具体可分为思想政治理论教育课程、通识教育课程、儿童教育课程、学科专业课程（主教）、专业方向课程（兼教）和实践与研究课程六类。在实际教学中则被分为两类,一类为思想政治理论教育课程,师范生通过对思想政治理论的学习实现了思想政治知识"量"的储备。另一类全部为

---

① 高德毅、宗爱东.思政课程:有效发挥课堂育人主渠道作用的必然选择[J].思想理论教育导刊.2017(1):31—34.
② 高宁、张梦.对"课程思政"建设若干理论问题的"课程论"分析[J].中国大学教学,2018(10):59—63.

其他课程,在这些课程中,师范生不仅学习教育类知识,更以任课教师作为榜样,感知、模仿教师的语言、行为、处事方法等,学会了育人,为"知行合一"的"质"的飞跃而积蓄力量。初教院的教师团队在其中承担着至关重要的作用,他们将教书与育人完美结合,在讲授知识中实现价值引领,在塑造心灵中凝聚知识底蕴。

所有课程都蕴含着育人的资源。[①]在课程思政的背景下,要将学科课程与思政教育合二为一,任课教师是关键。因为教师课堂教学传授的内容不仅有学科知识与教学技能,授课教师的语言、教态、穿着、课堂管理等都成为教师所传达的、传授的内容。初教院的教师团队,教育方式不仅局限于言教,还有身教,言教在于明理,身教在于示范,以教师真实的行为作为教导学生最有效的方式。他们无论是在课上授课,还是课下指导;无论是在校内参与学生活动还是校外带领学生参加实践活动,都始终把"育人"放在重中之重的位置,满足师范生培养的需要。

以初教院的学科专业课程为例,教师通过深入挖掘其中蕴含的世界观、人生观和价值观,科学精神、人文情怀等内容,将其自然地运用到课堂教学中,起到浸润学生的效果。比如小学教育中文方向中"教师语言"这门课,教师的教学目标是:"教育师范生热爱祖国语言,认真学习、积极贯彻国家语言文字工作的方针政策,增强语言规范意识。掌握科学的发声方法和发声技能,语音响亮、圆润,语流持续、顺畅。掌握一般口语交际技能,说话清晰、流畅、得体,有一定应变能力,语态自然大方。初步掌握教育、教学口语的基本技能。能够根据不同的教育、教学情境的需要,调控声音的高低强弱,掌握语气、语调、顿连等口语修辞技巧,口语表达做到严谨、生动,具有启发性和感染力。"[②]这些目标的达成不仅仅依靠课程教学中的听力训练、复述训练、态势语训练等内容,师范生还要学习教师教态、口语表达、教学方式甚至是课堂管理方

---

① 邱伟光.课程思政的价值意蕴与生成路径[J].思想理论教育,2017(7):10-14.
② 来自初教院"教师语言"的教学大纲(课程号:3300143)。

法。如，教师在对学生进行教师职业口语训练时，自己发出的指令、使用的语言、对学生提问的态度、与学生交流的神态都会被学生观察到。如果教师教导学生要穿着整齐的服饰，但自己上课时衣着邋遢；如果教师教导学生要采用多种教学方式丰富课堂，但自己选择采用念 PPT 的形式授课；如果教师教导学生管理班级时要采用科学、严谨的方法，充分调动学生的主观能动性，但自己在上课时"一言堂"，独断专行，那么教师行为与其授课内容的背离就会使学生产生矛盾感，甚至造成教育理想与现实的冲击，当学生未来成为一名小学教师时，也很有可能会采取"双标""严于律人，宽以待己"等育人方式。

(四)践行德育素养的教育教学实习

小学教师的专业化发展不仅体现在理论知识的学习上，还体现在实践经验的积累上。对师范生而言，理论知识的学习能够为其建立相应的理论背景，亲身参与教育实践能将自身所学的理论知识更好地进行教育转化和运用，在真实的教育场域下感受小学教育的价值与魅力。

初等教育学院的实践课程体系主要分为教育实践、艺术实践、科研创新实践与毕业论文、教学技能实训活动、国内外研学、社团活动与社会实践六类。教育实践是师范生培养过程中所占时间最长、比重最大、主要践行德育素养的实践课程，其中包括教育感知、教育见习、教育实习和教育研习四个环节。这四个环节贯穿师范生培养过程的始终，它们的时间、目标、内容均有所不同，整体上涵盖了师德体验、教学实践、班级管理实践和教研实践等内容，并与其他教育环节有机衔接。

首先是教育感知，它是师范生在入学第一年对小学教育、小学教师的初步认识和了解。通过专家讲座，与校友、名师进行交流并观察其工作情况，师范生能够感知、了解教育现场，得到一种真实的情感体验，从而丰富和发展自身的专业素养并热爱小学教育事业。在经过一年专业课程的学习后，师范生通过教育见习活动，将自己所学的理论知识与现实情况进行对接，从中发现自己的不足，不断发展各项能力。

在大学二年级,师范生的教育实践是在小学进行为期两周的教育见习。在见习过程中,师范生在听课和参加班级活动时接触和认识儿童,经历和体验教师的工作,观察和思考小学课堂中的教育教学现象,感受和领略学校的育人环境。教育感知和教育见习主要是以师范生的观察、了解为主,深化他们的"责任心"意识(爱、公正),开启对师范生"行动力"(倾听、奖惩化解冲突等)的培养与实践。

在师范生教育理念、教育技能不断发展与成熟的同时,教育实习对师范生提出了更高的要求。如,师范生要参与到教学设计活动和班级管理的工作中,并以自己的指导教师作为观察对象,着重关注其道德品质,建立自身的师德规范。担任实习教师时,师范生在听课之余,还要完成至少两个新教案设计并实施教学,以此达到对教学实践能力的检验与锻炼。在负责班主任工作时,师范生要了解班级管理的规范、学生的学习状态、思想状况及情绪情感的变化,并与学生建立良好师生关系。

对比实习,教育研习明显对师范生提出了更高的要求,不仅增加了教学设计的数量,还要求师范生在研习中践行已建立的师德规范,真正做到以儿童为本,全面育人。师范生在班主任的指导下学习处理班级事务,组织主题班队会活动,承担班主任和少先队中队辅导员的职责。师范生在研习过程中,能够发现小学里特有的教育现象并进行思考,完成科研课题,并为自己的毕业论文收集资料。

更为重要的是,在教育实习和研习的两个阶段里,师范生不仅能够知悉教育常规,树立师德规范,还能够仔细地观察小学教师的言行举止,关注他们的育人方式,了解小学教师是如何倾听学生、回应学生、评价学生,如何化解师生冲突与生生冲突,如何为学生树立正面的榜样,如何发展专业自我……践行德育素养的实践过程会给师范生带来长足的进步与发展,他们会对自身进行反思,重新思考自己作为小学教师的教育情怀、道德品质及育人能力是否合格。

同时,从大学二年级的教育见习开始,每一次的教育实践结束后都会有为期1~2周的学习研讨,让师范生能够对自己的实践过程进行梳理、总结和反思。这一阶段的师范生能够主动思考自己在教育教学实践情境中的行为,判断自己的决定是否合理,意识到自己关于教育的假设和价值偏好,反思自己的教育行为,从而提高自身的专业知识、管理技能及德育素养。

初教院人才培养方案无论是在培养目标内部,还是培养目标、课程设置、课程教学和教育实践四部分内容之间都紧密相关,具有等级结构性、动态平衡性及自组织性。这表明初教院的培养方案是一个成熟的人才培养计划,且无论在任何一个环节中都秉持着师德为本,德育优先的原则,致力于培养具备德育素养的小学教育人才。

二、基于德育素养的教育实践

为深入探索小学教师德育素养的培育机制,研究者对初教院人才培养方案中比重较大的教育实践(实训)展开研究,研究者认为,小学教师德育素养的形成不仅体现在理论知识的学习上,还体现在实践经验的积累上。对师范生而言,理论知识的学习能够为其建立相应的理论背景,教育实践是一个将理论知识加以运用并转化为自身经验的过程,进而使理论知识具有价值。为了促进师范生德育素养的形成,助力德育专业化的发展,初教院十分重视师范生教育教学经验的积累。

通过对初教院本科生进行访谈,多位师范生都认为,教育实践让他们感受到了育人的困难,并开始重新审视自己是否能与小学教师所必备的素养与能力相匹配。虽然教育见习和实习这一过程对大多数的师范生来说,过程艰难且充满挑战,但依然能够体现出师范生自身具备的道德品质和一定的育人能力。

(一)贯穿教育实践的"爱"与"公正"

"爱"与"公正"很早就被古代西方的圣贤们认为是道德的圣律,正是由于这条圣律的存在,使得人与人能够共存、友爱、互助。因此"爱"与"公正"成为人类道德品质中的重要基石,是一切道德情感、道德行为的基础和前提。在培养人的教育中,"爱"与"公正"早已成为不可或缺的一部分,成为儿童生存和发展的需要、教师职业道德修养的关键内涵。

1.爱具有丰富的内涵

> 我实习是在一年级,他们单纯可爱,同时也会让人感到疑惑。我班里有个小男孩,常常会在课间跑过来拉着我的手看着我,也不说话;偶尔还会重复出现扔铅笔盒、扔书等行为。最初,我猜想这个小孩是否存在生理或心理的疾病,经过一段时间的观察后,我发现,这个男孩似乎是在通过这些"异常"的行为来表达自己的不安和紧张。后来,再遇到类似场景时,我会试着轻轻地、松松地环抱住他,摸摸他的后背,然后轻声问:"好点了吗?"——1L1(20210108)

> 无论是培养目标还是课程设置,初教院的人才培养都坚持"儿童为本"的理念。因此,师范生要能在儿童的生活中认识与理解小学儿童的需要与表达,具备从成人视角转换为儿童视角的技能与方法。在教育场域中,师范生能够通过一定的情绪线索,理解学生情感、语言、行为表达的真意,准确地觉察学生的情绪内涵、强度,并预测其发展趋势,以做到充分了解学生的个性、情绪及心理状况。

> 对学生的爱,我觉得除了关心学生,尊重也十分重要。教师无论是从身体上、心理上还是地位上都是远高于学生,所以在面对学生的时候教师很容易忽视学生的想法和感受。我觉得尊重体现在教育教学中的各个方面,比如,倾听学生想要表达的内容;不随意打断学生说话;平视学生,不给学生很强的压迫感。

除此之外,我认为要尽量给每个学生机会,因为我发现在班级活动中,一些胆小的、不善于展示的学生往往是作为观众。我一直在想,这些内向、胆小的孩子是否也可以承担一部分任务呢,给他们增加参与感,在一定程度上也强化了集体意识。——2Z1(20210116)

教师的尊重不仅仅是体现在尊重学生的身心发展规律,还要尊重学生个体差异,要能够理解学生智力、身体、心理上的差异;尊重学生的文化、家庭、民族等成长背景的差异。这就要求师范生要深入学习儿童教育类课程,了解儿童生理与卫生,认识并尊重儿童生长发育的特点及身心健康发展的规律。

我在实习过程中遇到了一个学生学习成绩特别差,他五年级考试时的分数大概是三四十分。但我发现这个学生并不是自卑、消沉的状态,反而十分活泼开朗。

他在上课时拿根皮筋、一只笔、一把尺子或一张纸就能玩出各种花样。他十几分钟便拼插出一艘军舰,手特别巧。在班级活动中,布置教室的活儿总有他忙碌的身影,别的学生看到后也都特别佩服他。——1W3(20210108)

培养"全面育人"的师范生是初教院的目标,那么他们就必然站在了"唯分数论"的对立面,这是对小学教师教育智慧的考验。在学习阶段,师范生要掌握作为一名班主任必备的基本知识、基本功及基本素养,具备欣赏的眼光,具备挖掘学生蕴藏的潜能。对于大多数孩子来讲,教师要能够理解并发现学生身上的闪光点。然后在班集体中创设他展示的舞台,让他能够得到大部分同学的认可。促使学生在被赏识中认识自我、肯定自我。而不是让学生认为"学习成绩不好我就被全盘否定了,就没有价值,就得不到老师的认可了"。

我在班级中遇到了一个比较娇气的男生。他遇到任何一件小事都会来跟我交流,比如,手被书页划破皮(没留血);他的笔袋被同学不小心碰掉了;走路的时候脚不小心踢到墙了,但不疼;昨天晚上发烧了。诸如此类的交流,每天会进行多次。每当这个时候,我都会予以正面的回应"下次要小心啊""现在还疼吗? 要不要去医务室?"后来,在指导老师的提示下,我在回应时加入了"你真坚强!""以后要注意保护好自己",以及鼓励其他同学关心他的话语。——1W3(20210108)

在分析初教院的课程设置时发现,"生命教育"和"生命教育与班主任工作"中的课程内容与教师对学生的关怀相关,如"关心学生;引导学生学会保护自己的身体,减少伤害自己并试着学会帮助他人""使学生尊重生命、关怀生命;引导学生以积极的态度去面对挫折"。师范生能够在见习中关注学生,关心他们的身体健康状况和课余生活;回应学生需要被承认和关注的需要。

在短暂的教育见习过程中,我认为自己是处在一个不断输出的过程,我在向身边的每位老师、学生、家长输出我的关心和理解。一段时间下来,我感到疲惫,还有烦躁,我不理解为什么老师需要做那么多额外的、非本职的工作,明明是"专业人士"却要被家长质疑,这些都让我感到挫败。——2C3(20210116)

爱不仅仅是关爱学生,其中还包括教师的自我关怀。无论是课程任务中对老师的"要求":"要热爱生活,热爱生命",还是在受教过程中老师们所提出的"教师要正视自己的心理需要关心自己健康状况,正确看待自我情绪的表达;要知晓在道德实践中觉察自身付出关怀的限度"。由于教师和学生之间的不对等,教师群体被要求理所当然的付出,鲜少被关注其心理、情绪等方面的需求。

2."难以做到"的公平、公正

在对师范生的访谈过程中,师范生们均表示,在"儿童权利与保障""教育政策分析""小学班级管理"这三门课程的学习过程中,他们对公正的认识最为深刻。进一步追问这三门课程是如何影响师范生"公正"意识的发展时,师范生表示这三门课程从不同视角帮助他们理解了公正丰富的内涵。"儿童权利与保障"侧重培养师范生具备儿童的权利意识,让师范生懂得在教育教学中如何尊重和保障儿童权利(如,生命权、身体权、健康权、受教育权、隐私权),帮助他们分析和处理教育教学中涉及儿童的权利问题,做到依法执教,进而真正认识儿童、发现儿童,实现教育中儿童之幸福。

> 我在实习时刚好遇到了班里要竞选班委。在竞选前班里的一位家长打电话来暗示老师希望自己的孩子能够成为什么什么班委。但指导老师没有"放在心上",而是按部就班地进行竞选工作,把竞选的干部先罗列出来,中队委、组织委员、宣传委员、课代表等;接着把这些职务的职责进行梳理,让学生能够根据自己的特长去选择,设立一个目标;然后是让他回家去准备一分钟的演讲。最后,演讲过后,学生通过投票、唱票、统计票数、公示等流程选出各个班委。——1W1(20210108)

师范生通过参与班委竞选活动,对学生的情况、家长的想法都有一定的了解,初步认识小学班级活动中的复杂与琐碎,并在这个过程中感受教师的理性与克制,在面对家长引导性的语言时能够自觉抵制,减少学生所属家庭带来的影响。

"小学班级管理"是从建设班级制度、班级文化,解决班级问题的角度提升师范生如何公平、公正地进行班级管理,这门课程中包含了大量的课堂情境案例,让师范生在案例分析与情境模拟中,更好地掌握未来从事小学教育实践活动所需的技能技巧,具备班级管理的策略。

关于公正，我觉得很难真正做到。我无法时刻关注到每个学生，在面对四十多个孩子的时候，只能顾到表现特别好的，或是特别不好的孩子，处于中间的孩子被我选择性地忽视了。（说完叹了口气。）——1W3（20210108）

我觉得我在实习过程中做到了公正，接触一个新班级，我完全不了解这些学生，也就不知道他们身上原本的标签——是"好学生"还是"差生"，他们在我眼里都是一样的，都有自己的优点和特点。所以我不会偏袒学习好的孩子，认为他们都是对的；也没有因为这个孩子纪律不好而让他去背锅。——1W2（20210108）

师范生大多具有公正的意识，理解并认同要平等的分配教育资源，给予学生平等的关注和回应。上述两位师范生在教育实践中遇到了两种不同的情况，因此对于教师平等的认识出现了不同的视角。

第一种情况指向生生之间的平等。目前公立小学班额较大，绝对平等地将时间与精力分配到每位学生身上是很难实现的。无论是第一位师范生的表情、语言还是神态，能够发现对此现状他是非常无奈的，也是有些许愧疚的。也在一定程度上表明了教育理想与教育现实之间仍是存在很大差距。

第二种情况在表面上虽仍表现是生生平等，但根本上指向师生之间的平等。该生认为自己做到了公正，是因为他在师生交往时没有依赖于他人的"标签"或"刻板印象"，而是通过自己的接触去认识和了解学生，做到了师生间的对话平等、交往平等及人格平等。

在上述访谈中，研究者发现"爱"与"公正"贯穿了受访者的整个教育实践过程，他们在一个个真实、鲜活的教育情境中表现出对学生的关心、尊重、公平、理性，对教育事业的热爱等。分别处于教育见习、实习及研习阶段的三位实习生对"爱"与"公正"的理解不尽相同,但一致的是,他们都在自己的教育实践过程中展现出了"爱"与"公正",并认为"爱"与"公正"是教师必备的道德品质,是教师职业道德修养不可或缺的内容。

(二)教育实践中充分展现的育人能力

通过访谈发现,三位被访者中有两位敏锐地提出访谈过程中所涉及的"倾听""评价""榜样示范""冲突化解"等内容都包含在"爱"这一品质中。的确如此,"倾听""评价""奖惩"等行为是在"爱"与"公正"的指引之下小学教师优秀育人能力的体现,是"爱"与"公正"的"方法论"。

师范生在教育实习中展现的育人能力,多数来源于课程学习,教师(小学教育专业教师)的引导与教学示范。师范生与大学老师是一对多的关系,大学老师难以像实习指导老师一样在教育过程中给予所有师范生具体、直接的指导。但这不代表大学教师对师范生的影响弱于其他阶段的老师。有研究表明,师范生通常会将大学里的专业教师视为自己的"教学榜样",会将学科专业教师的教学行为迁移到自己的教学之中。[①]

尽管初教院小学教育专业没有开设专门的"德育素养"的相关课程,但接受专家咨询的小学教育专业的教师均认同"德育素养"是小学教师所必备的素养之一。"师范生所体现的耐心倾听,恰切地回应,多元、公正的评价等行为都是至关重要的。一名优秀的小学教师应该是能够在爱与公正的指导下,展现出自己的育人能力。"

1.倾听是基于对学生的尊重

受访的师范生表示,在学习过程中,小学教育专业的教师都十分重视培养学生展现德育要素的育人能力,也为他们作出了榜样示范的作用。他们体验到了具有良好德育素养的老师应该是什么样的。

---

① Tondeur,Johan van Braak,Guoyuan Sang,et al. Preparing Pre-service Teachers to Integrate Technology in Education:A Synthesis of Qualitative Evidence[J]. Computers &Education,2012,59(1):134-144.

"像L老师,她很少直接说德育素养要如何培养,但她会在课堂上认真倾听我们的'胡言乱语',不轻易打断,并予以恰当的回应。""情绪不好时,她总是及时表示关心。""还在我们遇到困难时,她会积极帮我们想办法。"

因此,当我作为教师出现在小学时,我总会时不时地去想我的老师的举动。我曾经遇到一个特殊的孩子,他无法控制自己的情绪,一激动或与其他孩子发生矛盾时会在班里大吼大叫,甚至动手打人。我也被误伤过两次,因此,每每看到他"情绪失控"我总是心理紧张。但总有一种念头催促、激励着我去尝试解决,尝试去平息他的情绪,也保护其他的小学生。我去解决问题的时候,会选择先安抚他的情绪,等他情绪平复后就慢慢引导他说话,给他一个输出的机会。这个时候他往往会先指责别人,老师怎么着同学怎么着,我不会随意打断,而是让他尽情发泄。等情绪发泄过后,再帮他梳理刚刚发生的事情,这时候他的情绪也渐渐冷静下来,能听得进去我的话了。——2Z2(20210116)

该生对倾听的认识来源于大学教师的言传身教,由于自己在学习中感受到了来自老师身上的敏锐、开放的态度,快速收集信息与归因的能力及恰切的回应,于是自己成为教师这一身份在面对学生时,能够平视学生,令师生之间的对话处于平等的位置。在面对特殊儿童的时候,他没有选择无视或是一味地迁就,而是将他作为一个普通的学生,极力安抚、耐心倾听、寻找缘由并与之共情,让学生感受到教师是尊重、理解他的。此外,因为有时学生表述得不充分,师范生经验不足,容易简单下结论,这对学生并不公平,容易造成师生间的误会。善于倾听,能够更好地了解事情的全貌,便于教师作出判断,客观公正地解决问题。

2.教师应以身作则,为学生树立榜样

大学教师渊博的学识、负责任的态度、正确的价值观念、与学生的交往方式以及个人魅力在潜移默化中提升了师范生的德育素养。

> 我特别喜欢我们"儿童游戏"这门课的L老师，每次她一走进教室我就觉得好像是一阵春风拂过，她的着装得体、发型适宜、体态良好，总是令人感到舒服。——2Z1（20210116）

> 不止呢，她还有特别好的行为习惯，每次下课都会检查电脑、投影是否关闭；会带走自己的物品（包括垃圾）。在校外遇到L老师，她也会和我们打招呼和聊天，特别亲切。——2Z2（20210116）

> "教师语言"这门课的Z老师，擅长朗诵，每天都会在群里打卡自己的朗读小段。因为不计考勤，我偶尔会有偷懒的想法，但Z老师总是争取第一个在群里打卡，偶尔晚了点，也会及时说明原因，这就一直激励我每天进行朗诵练习。Z老师还会在课余时间与我们交流朗诵心得，指导我们掌握科学的发声方法和发声技能，如何语态自然大方地说话等。——2C3（20210116）

大学老师的榜样示范，甚至可以说是有意识的引领示范，能够加速师范生好习惯的养成。那么，在成为小学教师后，为了达到教育目的（如，随手捡起班级中的纸屑；整理好书包和桌洞），他们也会选择在某一阶段，严格要求自己，给小学生起到榜样示范的作用，加速孩子某方面习惯或品质的形成，这会对学生产生潜移默化、深远持久的影响。

除了与德育素养相关的理论课程，小学教育专业教师的专业示范外，教育见习与实习、课外拓展活动等因素也与师范生德育素养的发展密切相关。许多师范生表示，见习与实习的经历让他们得以亲身体验到"做老师的感觉"，帮助他们逐步实现由学生到教师的角色转变。

个人体验之外，实习指导老师的教学风格、教育智慧、师生关系、家校沟通方式也对师范生产生了深刻的影响。

　　我觉得没有一个好的指导老师，很难从中汲取知识和经验。真正到了小学，接触小学生才发现，理论和现实之间存在巨大的鸿沟。而指导老师正是帮助我安全跨过鸿沟的人。——1W2（20210108）

多位师范生表示，指导教师的教学风格、教育敏感性和对教育细节的关注都为他们树立了榜样。

3.评价应该客观、多元

　　我的指导老师在评价学生的时候方式方法很丰富。比如，评价学生做得好时，不会只说"你做得很好"，而会说"你读书的声音洪亮又清脆"。"你的站姿真精神，像个训练有素的小士兵一样。"或是将鼓励的语言留在作业本上："你的书写更加工整了，作业本也更干净、整洁，令老师看着十分舒心。"每次听到老师的表扬后，我们班的孩子都特别高兴。指导老师在评价学生时，不会只考虑学生的成绩或任职，而是从学习态度、卫生习惯、同伴关系等多面对学生进行评价。——2C3（20210116）

指导教师在评价学生时，考虑到小学生正处在一个不断成长、变化的阶段，因此多使用正面的语言。且在过程中尊重小学生身心发展的特点，评价尺度适中，评价语言具体、生动，评价方式多样，评价依据不局限于学习成绩或班级任职，真正做到了客观、公正的评价。

4.奖励与惩罚都应成为教师合理、合法的权利

　　我们学校的奖励主要是以奖票兑换为主。——2Z1（20210116）

我觉得奖励不仅仅是奖品的兑换,教师的表扬和肯定也是奖励的一种形式。——1W2(20210108)

我们学校是星星兑奖,一部分奖品是由班里的孩子捐赠的,还有一些是"具有午休时选择一首歌的权利""跟老师共进午餐"等。这个兑奖是有一套由同学们自己制定的兑换标准的。——1L1(20210108)

师范生们表示,在小学教育中奖励这一教育手段已经被广泛运用,且具备了较为完整的奖励体系,学生们也十分适应奖励所带来的鼓励和表扬。小学教师在表扬或奖励学生时能够做到客观、公正,保证奖励标准具有一致性。

惩罚的话,我的指导教师主要是扣掉学生的奖票,这个直接关系到他期末兑奖,所以学生会特别重视。如果是大事儿,关系到班级荣誉那种,指导教师就会让学生写检查,自我反思,让他能够深刻认识到自己的错误。——2Z2(20210116)

我实习的班级有几个学生站队时总是乱动,或是走着走着就出队了,对此,我的指导教师就会带着学生反复练习。站不稳我们就再站一会儿,做一个一分钟站姿练习;走不齐咱们就重走一遍。而我作为实习教师,基本没有惩罚行为,但因为它太敏感了,所以为了保护自己,我更多的是进行批评教育。——2Z1(20210116)

我的指导老师认为单纯的奖励或表扬是不合理的,应该有一些适时、适度的惩罚的方法。而且国家应该赋予教师教育的权利,对教师进行保护和支持,让老师有权利进行合理的惩罚。——2C3(20210116)

教师的惩罚无疑是一个敏感话题,工作多年的小学教师都十分审慎地使用这一权利,并且希望国家、社会赋予教师合理的惩戒权,保护教师不受来自社会舆论和家长的伤害。不难看出,教师出于多种因素的考虑,对惩罚的使用少之又少。

5.化解冲突是需要教育智慧的

解决学生之间的冲突几乎贯穿了我的整个实习过程,与此同时这也让我增加了许多经验。我曾关注我的指导老师如何化解学生间的矛盾。她的处理办法是:先会把两个吵架的学生带离班级,让两个人都冷静一下,然后让他们依次把今天发生的情况做一个描述,过程中先不着急做判断对错好坏,只做一个心平气和的描述。描述之后,指导老师让两位都来说一说,"你觉得这个问题我们出现了矛盾,怎样做这个问题就不会出现?"通过这个问题去帮助学生进行反思。——1L1(20210108)

从指导教师的处理办法来看,"带离—冷静—复盘—反思"四个步骤循序渐进,能够有效平复学生情绪,解决学生间的冲突。在学生情绪缓和后,通过复盘和反思试着去让学生自己思考、辨别和解决问题。指导老师表现出了理解和包容,做到了充分信任学生,只有让学生自己意识到问题才能更好地解决问题,以后避免同类问题的发生。同时,学生能够充分感受到学校不是教师的"一言堂",每位学生都有表达自己想法的自主权。

在不断跟随着指导老师学习的同时,我也尝试着主动去化解学生间的冲突。有一天早上,一个孩子在交作业时跟小组长发生了严重的冲突。我当时就觉得不太对,因为这个引发矛盾的孩子平时状态、性格都很好,我就觉得这背后肯定有事儿。所以,我当时没有急着解决问题,而是先把这个孩子带离教室,单独问他:"怎么了?怎么早上起来就这么不开心啊?"

他说："不高兴。"

"那你肯定有事，愿意跟我聊聊吗？"然后这个学生就哭了。

他跟我讲是因为一张卷子考得不好，他妈妈特别生气，给他施加了很大的压力，再加上目前又处于期末复习阶段。来自学业和家庭的压力导致他无法控制自己的情绪，在班里爆发了。——1W2（20210108）

不难看出，指导教师的认真、智慧、耐心、有条理都对该师范生具有较大的影响，令其有勇气也有能力去自主解决问题。在学生发生矛盾时，她能及时发现这场冲突是不同寻常的，是本可以避免的。师范生并没有选择大事化小，小事化了，而是主动去探寻发生冲突的原因，了解学生目前遇到的困难，设身处地地为学生着想。以谈话的形式帮助学生释放压力，调整情绪，让学生的状态、情绪都回到正轨上。

组织良好的课外活动是提升师范生德育素养的因素之一。在访谈过程中，师范生提及最多的是各种类型的课外活动。"大小携手 美焕童心""师爱无止尽，文化永相传""璀律年华，韵动青春""五四光荣之歌"等是初教院的特色社会实践活动。每个假期，初教院的学生志愿者都会结合各自的学科背景选择合适的项目参与其中。师范生们普遍认为，参与课外活动是除了课程学习之外最能提升德育素养的途径，尤其是促进个人的发展。

6.被忽略的教师个人发展

在经历过一次见习后，我知道了在成为小学教师后，很难具有个人发展的机会，这个发展机会不是说磨课、教研，而是教师作为一个"人"的喜好、倾向的发展。我看到的都是老师在不断地付出和输出能量。我觉得长久以往教师会被掏空的，他对教师职业的信念和热爱之火会渐渐减弱，直到消亡。——1W3（20210108）

参加课外活动是非常锻炼人的。我和室友分别参加了书法展示、健美操活动,还有以班级为单位的红歌赛。——2Z2(20210116)

我还记得参加"五四光荣之歌"青春歌会的时候,一个月中除了上课和实习,我们要进行每周三次的排练,经过不断磨合与提升,我们拿出了最佳状态,演唱了《我的初教》这首歌。——2C3(20210116)

初教院一直在加强美育研究,探索美育规律,强化美育实践,坚持专业性和普及性统一,坚持全员化和个性化相统一,寓美于教、融美于学、以美育人,在潜移默化中,渗透知识、能力、情感和品质,致力于将师范生培养成为一个热爱生活的人,一个终身学习的人,一个具有未来教育家潜质的卓越小学教师,一个新时代的"大先生"。

学院会为我们提供各种类型的课外活动,我参加了在四川成都开展的倡导儿童权利与保护的社会活动,在北京基础教育阵地开展的快乐暑期课程。在这些活动中我更加了解教师的职业现状和发展前景,认识到了教师职业发展任重而道远。——1W2(20210108)

在参与活动时,我觉得教师这一职业是在阳光下闪闪发光的。——2Z1(20210116)

课外活动让更多的师范生看到了教师光辉的一面,也看到了"灾难"的一面。这些现实让其能够更加明确自己的职业选择,大部分的师范生表示参与课外活动的过程明确意识到肩负的教师使命和社会责任激发了心底的职业情感,让他们更加坚定自己的教育信念,同时增强了职业认同感。

师范生的教育实践主要涉及了小学教学、小学班级管理、校园文化活动等多个方面。从访谈中可以看出:"爱"和"公正"贯穿了师范生整个教育实践的过程,师范生能够在实习过程中展现出自己具备"倾听""评价""化解冲突"等多种育人能力。同时,师范生通过教育实践深入认识和理解了学生的独特性,能够将他们看作是能动的个体,尊重他们的想法和行为,努力构建一种平等、互动的师生关系。初教院的人才培养方案从实践的角度印证了小学教师德育素养是鲜明存在的,明确的小学教师德育素养的结构要素和培育机制有助于缓解师范生在进入真实的教育实践场域时出现的"不适应""不匹配"的情况。初教院的人才培养方案能够帮助师范生快速、有效地将自己在大学中所学的知识(主要是对教育理论的分析和理解,教育故事以及优秀教学范例)运用于小学的教育教学工作中。

当然,初教院的人才培养方案也有有待提升的地方。师范生会发现自己所学的一些理论知识在小学中无法真正运用,还是要依靠指导教师的"老办法"时,会令其感到迷茫与挫败,甚至是开始怀疑自己所学的理论知识,一直坚持的教育信念是否适宜。这也就对人才培养方案提出更高的要求:要从不同专业发展时期的教师需求出发,了解其当前的困难处境,并尝试从人才培养方案的角度进行补充和完善。

三、小学教师德育素养的培育机制的初步构建

在对初教院的小学教育专业的人才培养方案进行文本解读后,研究者发现:人才培养方案为师范生模画出了未来小学教育人才的图像(热爱小学儿童、致力小学教育事业,具有研究品质、国际视野和未来教育家潜质),通过课程、教学、实践等对其不断渗透"德育素养",形成了一个专业的、独到的、符合时代特性的培养模式,并逐渐发展成为小学教师的培育机制。从对初教院小学教育专业的人才培养方案能够清晰地看出培养目标、毕业要求、课程设置共同构成一个不可分割的整体,各个部分之间相互联结、相互依托、互为支撑。培养目标是在符合教师专业发展的基础之上,充分考虑北京市的城市战略定位,用人单位对小学教师的素质需求及小学教育专业的特

色所制定的。毕业要求则是来衡量师范生是否能成为一名合格的小学教师，从而有效地支撑培养目标。为了达成 11 条毕业要求及根据每条毕业要求分解出的 36 个指标点，小学教育专业将课程置于"三全育人"的整体架构之中，设置了相应的课程(含通识课程、专业课程、实践课程等)，以帮助每一位学生达成毕业要求。

　　本章以初教院 2020 年小学教育专业本科生人才培养方案为例，以小学教师德育素养的结构要素作为工具，从师范生的培养目标、课程设置、教师授课、教育实践等多方面都能发现德育素养的"身影"。在此基础上依托课程育人逐渐搭建起小学教师德育素养培育机制的框架，如表 4-4 所示：

表4-4　课程育人：小学教师德育素养的培育机制的初步构建

结构要素	培养目标	课程设置	毕业要求
职业认同 榜样示范	师德优秀 儿童为本 素养综合 全面育人	思想政治理论课程	师德规范 教育情怀 班级指导 综合育人 知识整合 教学能力
爱 倾听 恰切地回应 客观地评价	师德优秀 儿童为本 素养综合 全面育人 终身发展 国际视野	通识教育课程	知识整合 教学能力 综合育人 反思研究 班级指导 教育情怀 技术融合 自主学习 国际视野 交流合作
爱 公正 倾听 恰切地回应 客观地评价 合理的奖惩 解决问题 专业化发展	师德优秀 儿童为本 素养综合 全面育人 终身发展 国际视野	儿童教育课程	师德规范 教育情怀 知识整合 教学能力 技术融合 班级指导 综合育人 自主学习 国际视野

续表

结构要素	培养目标	课程设置	毕业要求
			反思研究 交流合作
职业认同 倾听 恰切地回应 客观地评价 榜样示范 专业化发展	师德优秀 儿童为本 素养综合 全面育人 终身发展 国际视野	学科专业课程	师德规范 教育情怀 知识整合 教学能力 国际视野 反思研究 交流合作 技术融合
爱 倾听 恰切地回应 客观地评价 合理的奖惩 专业化发展	师德优秀 儿童为本 素养综合 全面育人 终身发展 国际视野	跨学科专业课程	师德规范 教育情怀 知识整合 教学能力 技术融合 班级指导 综合育人 自主学习 国际视野 反思研究 交流合作
爱 公正 职业认同 倾听 恰切地回应 客观地评价 合理的奖惩 解决问题 榜样示范 专业化发展	师德优秀 儿童为本 素养综合 全面育人 终身发展 国际视野	实践与研究课程	师德规范 教育情怀 知识整合 教学能力 技术融合 班级指导 综合育人 自主学习 国际视野 反思研究 交流合作

第三节　小学教师德育素养培育机制的完善

根据前文初步建构的小学教师德育素养的培育机制，本研究认为，对师范生的道德素养表现进行量化评价较为困难，因为对有关道德维度的量化评价会"误解道德的本质,不利于提高学生的道德认知水平;把道德视为工具,不利于激发学生的道德情感;容易产生伪善行为,不利于激发学生对道德行为的兴趣"①。显然,用量化的标准去评价师范生的德育素养不符合本研究对德育素养的认知和理解,而单纯对初教院的人才培养方案和结构要素等内容进行文本分析并不全面。本章重点论述在研究过程中使用德尔菲法收集和整理学者、专家意见的过程,对初步构建的小学教师德育素养的培育机制进行补充完善。

一、选取专家

确立并完善小学教师德育素养的培育机制无论是对师范院校,还是一线教师都具有一定的导向和指引作用,借助这一机制可以调整师范生人才培养模式,完善职前小学教师道德品质和育人能力的培养,促进小学教师的专业化发展。因此,在专家组成员的选择上,研究团队选择了首都师范大学德育领域的专家约占 1/2,学院领导约占 1/3,教务老师约占 1/3。专家组在这一环节的职责主要是确定培育机制的内容是否完整,对应关系是否准确。

表4-5　完善小学教师德育素养结构要素的专家组

对象	研究职责	数量
德育领域专家小组	确定内容是否完整;对应是否准确	8人
学院领导小组	确定内容是否完整;对应是否准确	4人
教务老师小组	确定内容是否完整;对应是否准确	3人

二、确定问题

本研究中德育素养的维度来自《小学教师德育素养结构要素与培育机制研究》,是经过大量实证研究后得出的,具有较好的信效度。由于本研究是构建育人路径,所以培育机制中的维度需要尽可能全面、具体,各层级之间

---

① 李良方、李福春.道德量化评价的批判与超越[J].教育发展研究,2018,15(16):117-124.

要有逻辑性,维度之间不重复、不矛盾。综上所述,本研究确定了向专家咨询的主要问题,包括结构要素的各级维度与培养目标、课程设置及毕业要求的对应是否合理、准确;各个内容之间是否存在矛盾或包含关系;培育机制是否明确、全面,符合初教院人才培养的现状等。在此基础上,研究者将初步构建的小学教师德育素养的培育机制发送给各专家组成员,共发送 15 人,回收率 93.3%。

三、咨询过程

本研究共经历了四轮咨询过程,第一轮是由专家们对维度进行补充,提出质疑。第二轮是充分探讨培育机制的合理性、逻辑性,弥补当前培育机制的不足。第三轮是讨论阶段,讨论第二轮各专家之间的分歧。第四轮是最终评估,对收到的信息进行分析研究,最终完善培育机制。

第一轮:补充内容阶段

研究者向各位专家发放了小学教师德育素养培育机制的初建框架及具体内容,并提出了问题:培育机制中是否有遗漏、缺失的内容? 根据这个问题,对专家的答案进行收集和汇总如下:

1.培养目标和毕业要求的对应不完全,缺少相关内容。

2.“爱”不一定只和培养目标中的“儿童为本”有关系,是否可以补充关于爱祖国、爱社会等其他内容。

3.“公正”这一要素所对应的课程不完全。

4.“爱”这一维度中的课程应涉及个人修养方面的。

5.“爱”中可以容纳所有的课程。

6.列出的课程是否需要增设一个项目,即课程开设的学期。

除此之外,各位专家还对小学德育素养的结构要素提出了诸多想法:

1.“恰切地回应”“解决问题”“客观地评价”与“爱”“公正”不处于一个层次的维度。

2."公正"的内涵是否和"爱"有重叠部分。

3.责任心部分的内容是否需要呈现出具体行为。

4."客观地评价"与"合理的奖惩"是否可以合为一个维度。

5."合理的奖惩"可以作为解决问题的下级维度。

6.教师发展与反思并列似乎不妥,是否可改为教师的学习与反思。

第二轮:内容探讨阶段

在将第一轮各位专家提出的补充内容添加到初步形成的培育机制后,各位专家探讨初步形成的培育机制的合理性和准确性,以下是专家们认为可修改或存疑的内容:

1."培养目标"与"毕业要求"是否可以考虑保留其中一项。

2."结构要素"与"培养目标"之间应明确具体的逻辑关系。

3.是否考虑将"结构要素"的内容细化(将补充材料的内容加入其中)。

4."指标分解"如何理解,建议改为"毕业要求的具体说明"。

5.是否考虑加入课程大纲作为参考项。

6.是否考虑加入达标目标和优秀目标两个层级。

第三轮:分歧讨论阶段

通过前两轮的专家咨询,专家之间的分歧主要有四点:第一,结构要素的维度是否合理,内涵是否全面。第二,结构要素与培养目标、课程设置、毕业要求之间是否存在逻辑关系。第三,能否通过培育机制了解初教院师范生培养的路径。第四,初教院小学教师德育素养的培育机制是师范生培养的及格标准还是优秀标准。

首先,结构要素的维度是否合理,内涵是否全面。持肯定态度的专家认为结构要素中的维度较为合理,通过补充材料能够发现每一个维度下都具有具体内涵,比较清晰、明确。持否定态度的专家并非全盘否定,而是对结构要素中个别维度产生疑问。如,部分专家认为,"爱"主要指向对教师的关怀和对学生的关心、帮助两方面,那么《中小学生守则》中的爱祖国、爱科学、爱集体等内容也应属于"爱"的内涵。因此,要充分考虑结构要素中的具体指向和内涵,完善结构要素。

其次,结构要素与培养目标、课程、毕业要求之间是否存在逻辑关系。持肯定态度的专家认为,结构要素与培养目标、课程、毕业要求之间逻辑是贯通的。结构要素中的部分内容是与初教院的人才培养方案有所重叠的,培养目标、课程设置和毕业要求在培养方案中具有清晰的指向关系,因此,结构要素与培养目标、课程设置、毕业要求三者之间是具有明确的逻辑的。持否定态度的专家认为这一路径的逻辑性弱。其原因在于:一是"课程设置"这个名称,像是专门为了某一结构要素而特定开设的课程,语言上不严谨;二是结构要素不是与课程一一对应的关系,是否可以考虑将其从平面结构修改为一个立体结构。

再次,在培育机制中能否了解初教院师范生培养的路径。持肯定态度的专家认为,通过对培育机制的了解能够推导出初教院在培养师范生过程中的实践过程。持否定态度的专家认为,培育机制过于复杂,是否可以考虑把培育机制中的内容拆分,分为核心内容、培养过程,最终再加以组合,使人一目了然。

最后,初教院小学教师德育素养的培育机制是师范生培养的合格标准还是优秀标准。持培育机制是师范生培养的合格标准的专家认为,培育机制其中重点突出了小学教师德育素养的结构要素。既然是培养小学教师的德育素养,那么就是每一位师范生都必须具备的底线的素养。一旦涉及优秀,便会划分出等级,那么就代表着不是全部师范生都可以达到的标准,培养出的小学教师在育人方面会体现出不同的水准。

持培育机制是师范生培养的优秀标准的专家认为,初教院的教育理念是培养卓越小学教师,那么合格标准自然不适用于卓越这一要求,应为优秀标准。持培育机制是师范生培养既是合格标准又是优秀标准的专家认为,初教院的育人目标明确指向培养优秀小学教育人才,但是这不是每位师范生都能达到和胜任的目标。所以,师范生德育素养的培育机制应是一个区间,底线是合格,目标是优秀,就像考试一样,经过评估后,师范生完成了60%的"毕业要求",就达到了合格标准,完成了85%的要求,就是优秀标准,那么再高的水准就是追求卓越标准。

第四轮:最终评估阶段

最终评估阶段是对上述三轮的内容进行分析。

首先,对结构要素的维度是否合理,内涵是否全面进行讨论。结构要素是经过了大量文献梳理和与一线教师的多次访谈后形成的。以责任心部分的"爱"这一维度为例,"爱"主要包括敏感性、尊重、关怀和赏识四个维度,每一维度下都有其具体指向和内涵,并且行动力部分具有明确的具体行为指向,能够做到逻辑自洽。

其次,对于初步形成的培育机制中的逻辑关系进行分析。结构要素中的部分内容与初教院的培养目标和毕业要求是一致的,如在公正维度下,要求教师要理性、平等、民主地对待学生,直接指向"师德优秀"的培养目标与"具有正确的儿童观和教育观,尊重、理解、保护、平等对待每一位儿童"的毕业要求;课程大纲及其相关说明规定了师范生在学习课程时应达到的毕业要求,且分为H、M、L(高、中、低)三个层次;人才培养方案中也明确了每一项毕业要求所对应的培养目标。因此,结构要素与培养目标、课程、毕业要求之间存在紧密的逻辑链条,也能够清晰地看到初教院师范生培养的路径。

最后,探讨培育机制是师范生培养的及格标准还是优秀标准。研究者认为培育机制是初教院的师范生培养的优秀标准,原因如下:第一,初教院致力于培养卓越小学教师。培养目标中也明确提出要培养"师德优秀、热爱小学教育事业,能以儿童为本、全面育人,素养综合、能够终身发展,具有国际视野和未来教育家潜质的创新型小学教育人才",目标表述中直接使用"优秀""未来教育家"等词语,表明师范生培养必然不止步于及格标准。第二,横向对比全国各高校的小学教师培养现实,初教院的培养规格相对来说较高,主要体现在人才产出方面。第三,学院的人才培养方案是按照师范生能够专业认证的三级标准设计的,并已在2022年通过认证。因此,可以认定初教院小学教师德育素养的培育机制是以优秀为标准的。

四、呈现结果

本章根据初步研究得出的结论,以及专家咨询的建议,对初教院小学教育专业公共课程中的教师专业素养进行挖掘,整理后将其与"小学教师德育素养结构要素"进行对接,最终得出小学教师德育素养的培育机制。此处需要特别说明的是:表格中没有对初教院小学教育专业的专业方向课程(主教课程)进行具体分析,因为本研究的研究对象为初教院小学教育专业的全体本科师范生,不同方向有不同的主教课程,不具备统一性。因此,表格中只对小学教育专业的全部公共课程进行分析。公共课包含思想政治理论教育课程、通识教育课程、儿童教育课程及实践与研究课程四类课程,共计102学分,占总学分的60.7%,具有重要地位。

具体拆分过程如下:

表4-6　初教院小学教育专业公共课程中的教师专业素养呈现

培养目标	毕业要求	课程	课程说明	教师专业素养
师德优秀 儿童为本 素养综合 全面育人 终身发展 国际视野	师德规范 教育情怀 知识整合 教学能力 班级指导 综合育人	思想政治理论教育课程(包括"马克思主义基本原理""毛泽东思想和中国特色社会主义理论体系概论""习近平新时代中国特色社会主义思想概论""中国近现代史纲要""思想道德与法治""形势与政策"6门课程)	系统掌握科学原理;在实践中不断提高认识世界和改造世界的能力;培养大学生的理想信念、道德规范、法治意识等	能理性地看待世界;具有深厚的职业情感、坚定的教育信念
	教育情怀 知识整合 教学能力 技术融合 班级指导 综合育人	通识教育课程(必修:大学英语、大学体育;选修:"人文精神与社会认知""科学精神与自然关怀""艺术修养与审美体验""语言艺术与文	生命教育:唤起学生对生命的尊重与关怀,认识到生命的意义;引导学生学会帮助其他人,减少伤害自己、他人生命事件的发生	热爱生命,热爱生活;关心学生,关心自己

续表

培养目标	毕业要求	课程	课程说明	教师专业素养
自主学习 国际视野 反思研究 交流合作	化交流""身心健康与职业发展""教育理解与教师素养"6 个系列） 以生命教育、教育政策分析、儿童游戏、礼仪学 4 门课为例	教育政策分析:帮助学生理解现行的教育政策、法规以及理论知识;学会用法律保护自己的合法权益,增强法治观念	保护自身的合法权益,具备法治观念
			儿童游戏:了解游戏理论知识,儿童发展规律;学会设计适宜儿童玩的游戏;正确认识游戏,具备游戏意识	具备游戏意识
			礼仪学:了解礼仪的历史及其重要性;学会必要的礼仪知识,加强礼仪修养	衣着、语言、行为符合教师的特点
师德规范 教育情怀 知识整合 教学能力 班级指导 综合育人 国际视野 反思研究 交流合作	儿童教育课程 （儿童教育:儿童生理与卫生学基础、儿童发展、儿童权利与保障、儿童需要与表达、小学生心理辅导） （教育理解:初等教育学、教育心理学、小学跨学科教育、小学综合实践活动课程与教学、小学生品德发展与道德教育、小学班级管理） （专业发展:教师书法、教师语言、小学教师专业发展、教师职业道德、小学教育研究方法、现代教育技术与应用）	儿童生理与卫生学基础:了解儿童的生长发育,保障儿童的身心健康,尊重其发展特点	尊重儿童身心发展规律
			儿童权利与保障:理解和认识儿童权利,懂得在教育教学中如何尊重和保障儿童权利。能分析和处理教育教学中涉及儿童的权利的问题,做到依法执教,进而实现依法治教。真正认识儿童,发现儿童,实现教育中儿童之幸福	具有权利意识;解决问题的能力;关心儿童的发展
			儿童需要与表达:在儿童的生活中认识与理解小学儿童的需要与表达,掌握儿童学及相关知识。掌握从成人视角转换为儿童视角的技能与方法。了解儿童的立场,初步形成儿童视角,确立正确的儿童观,关爱儿童生命成长	具有教师敏感性,能够关心儿童的成长
			小学生心理辅导:通过案例分析、亲身体验等方式,了解小学生心理辅导的特点	具有教师敏感性,及时发现儿童的"问题"
			初等教育学:启发学生对教育问题的关注和思考,	具备解决问题的能力;具有先进的

续表

培养目标	毕业要求	课程	课程说明	教师专业素养
			用教育理论来解释和解决教育实际问题。引导学生形成广阔的教育视野和先进的教育理念	教育理念
			教育心理学:初步养成关注真实教育情境和问题的习惯	关心儿童的发展;具备解决实际问题的能力
			小学跨学科教育:形成小学跨学科教育的意识。初步具备小学跨学科合作教学设计、实施和评价的能力。具有一定的问题意识,能能够运用批判性思维、创造性思维分析小学跨学科教育中的现象,发现、提炼并尝试解决实践中的问题	具有问题意识和教育意识;学会反思和评价
			小学生品德发展与道德教育:理解、掌握小学生品德发展规律。学会从四大维度八个领域认识和实施小学德育	具有教师敏感性,做到关心学生发展
			小学班级管理:使师范生掌握作为一名班主任必备的基本知识、基本功以及基本素养。通过讲授、学生讨论等形式,帮助学生更好地掌握未来从事小学教育实践活动所需的技能技巧	具备解决实际问题的能力(包括生生之间的矛盾,师生之间的冲突等)
			教师书法:提升学生书写汉字的能力与技巧;增加对传统文化的了解;提高审美能力	具有榜样示范的作用
			教师语言:增强语言规范意识。掌握科学的发声方法和发声技能,语音响亮、圆润,语流持续、顺畅。掌握一般口语交际技能,说话清晰,有一定应变能力,语态自然大方。初步掌握教育、教学口语的基本技能	具有榜样示范的作用;会倾听、回应学生的话语;能够采用多种方式,恰当评价学生

续表

培养目标	毕业要求	课程	课程说明	教师专业素养
			具有榜样示范的作用;会倾听、回应学生的话语;能够采用多种方式,恰当评价学生	职业认同;了解专业发展趋势;坚定教育信念;寻找到自我价值实现的途径;自我关怀;反思意识
			教师职业道德:帮助师范生树立正确的师德观念,能积极关注师德现象,具备自觉的师德意识,坚持社会主义核心价值观指导下的自身师德提升	以身作则
			小学教育研究方法:培养科研能力、理论分析能力和反思意识;能够结合教育实践发现问题、解决问题	教师个人的专业发展;具有反思意识和解决问题的能力
			现代教育技术与应用:知道教育技术、现代教育技术、信息技术三者之间的关系。掌握交互式数字媒体的使用策略	先进的教育理念;终身学习的意识
师德规范 教育情怀 知识整合 教学能力 班级指导 综合育人 自主学习 国际视野 反思研究 交流合作		专业方向课程 – 兼教(小学语文、小学数学、小学英语、小学科学、小学信息技术教育、小学音乐、小学美术、小学书法、小学生心理辅导、国学经典教育、小学综合实践活动、小学德育与少先队教育、生命教育与班主任工作、小学教育研究)	小学生心理辅导:学生通过学习,学会用心理学知识和技术分析、解决学生的心理问题,了解和接纳学生	关爱学生;能够发现问题并解决问题
			小学德育与少先队教育:了解基本德育常识,掌握德育理论。学生能够合理地分析道德现象,构建分析问题的理性框架,探寻解决问题的方法。培养学生积极的道德情感,形成正确的道德观念和正向的道德行为	具有积极的道德情感,形成正确的道德观念和正向的道德行为;坚定的教育信念
			生命教育与班主任工作:通过教育,使学生尊重生命、关怀生命;引导学生思考生死命题,并以积极的态度去面对挫折;热爱生活,热爱生命。了解小	热爱生活,热爱生命;尊重儿童身心发展规律;关注儿童发展的个体差异;具备化解矛盾、解决问题的能力;

培养目标	毕业要求	课程	课程说明	教师专业素养
			学生行为特点,学会站在小学生的立场看问题,形成正确的学生观;学习、整合班级管理的技巧、策略;掌握班主任专业知识,不断学习和反思	具有终身学习的意识,学会反思
师德规范 教育情怀 知识整合 教学能力 技术融合 班级指导 综合育人 自主学习 国际视野 反思研究 交流合作		实践与研究课程 [毛泽东思想与中国特色社会主义理论体系概论、习近平新时代中国特色社会主义思想概论、形势与政策、大学生职业发展与就业指导、大学生心理适应与发展、军事理论、军事训练、程序设计基础(文)、计算机实践1、大学生学业规划与发展、科研实践与毕业论文、教育感知、教育见习、教育实习、教育研习、教育实训与社会实践、艺术实践]	实践与研究课程无具体教学说明或大纲,但此类课程面向小学教育专业所有方向的师范生,是实现知行合一,突出指向学生各个方面的综合素养、自身发展与育人能力的途径	关爱学生,热爱教育事业、教师职业;能够及时察觉学生的情绪并安抚;尊重学生的发展;一定程度上能做到公平、公正;具有倾听意识和行为;评价方式、依据和语言多样化,且能够客观评价;具有化解生生之间冲突的能力;具有一定的教育智慧;能以身作则,为学生树立榜样;具有反思意识

初教院小学教育专业公共课程中体现出的教师专业素养共有 50 条,其中有 24 条内容相近或重复,加以合并后得出在公共课程中初教院注重培养的师范生专业素养。将其与本书的研究工具"小学教师德育素养结构要素"进行对应,发现其中师范生培养的侧重点。

表4-7   初教院小学教育专业公共课程中
教师专业素养与小学教师德育素养结构要素的对应

公共课程中的专业素养	小学教师德育素养结构要素		
	具体指向	二级维度	一级维度
理性地看待世界		理性	公正
具有深厚的职业情感	深厚的职业情感	职业认同	教师专业化发展
具有先进的教育理念		终身学习	教师专业化发展
具有坚定的教育信念	坚定的教育信念	职业认同	教师专业化发展

续表

公共课程中的专业素养	小学教师德育素养结构要素		
	具体指向	二级维度	一级维度
热爱生命		热爱生活	爱
热爱生活		热爱生活	教师专业化发展
关爱学生	学生关怀	关怀	爱
自我关怀	教师自我关怀	关怀	爱
保护自身的合法权益，具备法治观念	保障教师权利	权利意识	公正
具备游戏意识	学生关怀	关怀	爱
衣着、语言、行为符合教师的特点	服饰、语言、行为、习惯	适宜的着装	榜样示范
		良好的习惯；言行一致	
尊重儿童身心发展规律	尊重身心发展规律	尊重	爱
具有权利意识	保障教师权利	权利意识	公正
具有发现问题、解决问题的能力	有倾听的意识；切忌先见或偏见；归因；及时反馈	敏锐地觉察；开放的态度；信息收集与处理；恰切地回应	倾听
	从客观事实出发，不掺杂教师的主观情感	客观评价	客观地评价
	个体、群体	表扬；批评	合理的奖惩
		师生(群体)冲突；师生(个体)冲突；生生冲突	化解冲突
	服饰、语言、行为、习惯	适宜的着装；良好的习惯；言行一致	榜样示范
	情绪敏感性、道德敏感性；学生关怀	敏感性；关怀	爱
	生生之间；保障学生权利	平等；权利意识	公正
关注儿童的发展	欣赏、挖掘潜质	赏识	爱
具有教师敏感性，能够关心儿童的成长	情绪敏感性道德敏感性	敏感性	爱
具有反思意识	事后反思	反思	教师专业化发展
具有榜样示范的作用，能够以身作则	服饰、语言、行为、习惯	适宜的着装；良好的习惯；言行一致	榜样示范

续表

公共课程中的专业素养	小学教师德育素养结构要素		
	具体指向	二级维度	一级维度
耐心倾听学生的话，及时反馈	及时反馈；引导和鼓励	恰切地回应	倾听
能够采用多种方式，恰当、理性地评价学生	评价方式多样；评价的尺度适中；从事实出发，不带偏见地看待评价学生	多元评价；客观评价	客观地评价
了解专业的发展趋势	自主学习	终身学习	教师专业化发展
寻找到自我价值实现的途径	自我价值的实现	职业认同	教师专业化发展
关注教师个人的专业发展	自主学习	终身学习	教师专业化发展
具有终身学习的意识	自主学习	终身学习	教师专业化发展
具有积极的道德情感，正确的道德观念和正向的道德行为	爱、公正、倾听、客观地评价、合理的奖惩、化解冲突、榜样示范、教师专业化发展		
关注儿童发展的个体差异	尊重学生个体差异	尊重	爱

在将上面两个表格合并后，最终得出初教院依托课程育人来实现小学教师德育素养培育的机制：

表4-8　课程育人：初教院小学教师德育素养培育机制

培养目标	毕业要求	课程	课程说明	教师专业素养	结构要素
师德优秀儿童为本素养综合全面育人终身发展国际视野	师德规范教育情怀知识整合教学能力班级指导综合育人	思想政治理论教育课程（包括"马克思主义基本原理""毛泽东思想和中国特色社会主义理论体系概论""习近平新时代中国特色社会主义思想概论""中国近现代史纲要""思想道德修与法治""形势与政策"6门课程）	系统掌握科学原理；在实践中不断提高认识世界和改造世界的能力；培养大学生的理想信念、道德规范、法治意识等	理性地看待世界；具有深厚的职业情感，坚定的教育信念	公正；教师专业化发展
	教育情怀知识整合教学能力技术融合班级指导综合育人自主学习	通识教育课程（必修：大学英语、大学体育；选修："人文精神与社会认知""科学精神与自然关怀""艺术修养与审美体验""语言艺术与文化交流"	生命教育：唤起学生对生命的尊重与关怀，认识到生命的意义；引导学生学会帮助其他人，减少伤害自己、	热爱生命，热爱生活；关心学生，关心自己	教师专业化发展；爱

培养目标	毕业要求	课程	课程说明	教师专业素养	结构要素
国际视野 反思研究 交流合作		"身心健康与职业发展""教育理解与教师素养"6个系列) 以生命教育、教育政策分析、儿童游戏、礼仪学4门课为例。	他人生命事件的发生		
			教育政策分析:帮助学生理解现行的教育政策、法规以及理论知识;学会用法律保护自己的合法权益,增强法治观念	保护自身的合法权益,具备法治观念	公正
			儿童游戏:了解游戏理论知识,儿童发展规律;学会设计适宜儿童玩的游戏;正确认识游戏,具备游戏意识	具备游戏意识	教师专业化发展
			礼仪学:了解礼仪的历史及其重要性;学会必要的礼仪知识,加强礼仪修养	衣着、语言、行为符合教师的特点	教师专业化发展
师德规范 教育情怀 知识整合 教学能力 班级指导 综合育人 国际视野 反思研究 交流合作		儿童教育课程 (儿童教育:儿童生理与卫生学基础、儿童发展、儿童权利与保障、儿童需要与表达、小学生心理辅导) (教育理解:初等教育学、教育心理学、小学跨学科教育、小学综合实践活动课程与教学、小学生品德发展与道德教育、小学班级管理)	儿童生理与卫生学基础:了解儿童的生长发育,保障儿童的身心健康,尊重其发展特点	尊重儿童身心发展规律	爱
			儿童权利与保障:理解和认识儿童权利,懂得在教育教学中如何尊重和保障儿童权利。能分析和处理教育教学中涉及儿童的权利问题,做到依法执教,进而实现依法治教。真正认识儿童,发现儿童,实现教育中儿童之幸福	具有权利意识;解决问题的能力;关心儿童的发展	公正;爱;化解冲突

续表

培养目标	毕业要求	课程	课程说明	教师专业素养	结构要素
			儿童需要与表达:在儿童的生活中认识与理解小学儿童的需要与表达,掌握儿童学及相关知识。掌握从成人视角转换为儿童视角的技能与方法。了解儿童的立场,初步形成儿童视角,确立正确的儿童观,关爱儿童生命成长	具有教师敏感性,能够关心儿童的成长	爱
			小学生心理辅导:通过案例分析、亲身体验等方式,了解小学生心理辅导的特点	具有教师敏感性,及时发现儿童的"问题"	爱
			初等教育学:启发学生对教育问题的关注和思考,用教育理论来解释和解决教育实际问题。引导学生形成广阔的教育视野和先进的教育理念	具备解决问题的能力;具有先进的教育理念	爱;化解冲突;教师专业化发展
			教育心理学:初步养成关注真实教育情境和问题的习惯	关心儿童的发展;具备解决实际问题的能力	爱
			小学跨学科教育:形成小学跨学科教育的意识。初步具备小学跨学科合作教学设计、实施和评价的能力。	具有问题意识和教育意识;学会反思和评价	倾听;教师专业化发展;客观地评价

续表

培养目标	毕业要求	课程	课程说明	教师专业素养	结构要素
			具有一定的问题意识,能够运用批判性思维、创造性思维分析小学跨学科教育中的现象,发现、提炼并尝试解决实践中的问题		
			小学生品德发展与道德教育:理解、掌握小学生品德发展规律。学会从四大维度八个领域认识和实施小学德育	具有教师敏感性,做到关心学生发展	爱
			小学班级管理:使师范生掌握作为一名班主任必备的基本知识、基本功以及基本素养。通过讲授、学生讨论等形式,帮助学生更好地掌握未来从事小学教育实践活动所需的技能技巧	具备解决实际问题的能力	爱;公正;倾听;客观地评价;化解冲突;合理的奖惩;榜样示范
		(专业发展:教师书法、教师语言、小学教师专业发展、教师职业道德、小学教育研究方法、现代教育技术与应用)	教师书法:提升学生书写汉字的能力与技巧;增加对传统文化的了解;提高审美能力	具有榜样示范的作用	榜样示范
			教师语言:增强语言规范意识。掌握科学的发声方法和发声技能,语音响亮、圆润,语流持续、	具有榜样示范的作用;会倾听、回应学生的话语;能够采用多种方式,恰当评价学生	榜样示范;倾听;客观地评价

培养目标	毕业要求	课程	课程说明	教师专业素养	结构要素
			顺畅。掌握一般口语交际技能,说话清晰,有一定应变能力,语态自然大方。初步掌握教育、教学口语的基本技能		
			小学教师专业发展:了解内涵及发展趋势;掌握教师职业生涯发展规律;理解和掌握在实践过程中实现自身专业发展的路径和方法	职业认同;了解专业发展趋势;坚定教育信念;寻找到自我价值实现的途径;自我关怀;反思意识	教师专业化发展
			教师职业道德:帮助师范生树立正确的师德观念,能积极关注师德现象,具备自觉的师德意识,坚持社会主义核心价值观指导下的自身师德提升	以身作则	榜样示范
			小学教育研究方法:培养科研能力、理论分析能力和反思意识;能够结合教育实践发现问题、解决问题	教师个人的专业发展;具有反思意识和解决问题的能力	教师专业化发展
			现代教育技术与应用:知道教育技术、现代教育技术、信息技术三者之间的关系。掌握交互式数字媒体的使用策略	先进的教育理念;终身学习的意识	教师专业化发展

培养目标	毕业要求	课程	课程说明	教师专业素养	结构要素
师德规范 教育情怀 知识整合 教学能力 班级指导 综合育人 自主学习 国际视野 反思研究 交流合作		专业方向课程－兼教 (小学语文、小学数学、小学英语、小学科学、小学信息技术教育、小学音乐、小学美术、小学书法、小学生心理辅导、国学经典教育、小学综合实践活动、小学德育与少先队教育、生命教育与班主任工作、小学教育研究)	小学生心理辅导:学生通过学习,学会用心理学知识和技术分析、解决学生的心理问题,了解和接纳学生	关爱学生;能够发现问题并解决问题	爱; 化解冲突
			小学德育与少先队教育:了解基本德育常识,掌握德育理论。学生能够合理地分析道德现象,构建分析问题的理性框架,探寻解决问题的方法。培养学生积极的道德情感,形成正确的道德观念和正向的道德行为	具有积极的道德情感,形成正确的道德观念和正向的道德行为;坚定的教育信念	爱; 公正; 倾听; 客观地评价; 合理的奖惩; 化解冲突; 榜样示范; 教师专业化发展
			生命教育与班主任工作:通过教育,使学生尊重生命、关怀生命;引导学生思考生死命题,并以积极的态度去面对挫折;热爱生活,热爱生命。了解小学生行为特点,学会站在小学生的立场看问题,形成正确的学生观;学习、整合班级管理的技巧、策略;掌握班主任专业知识,不断学习和反思	热爱生活,热爱生命;尊重儿童身心发展规律;关注儿童发展的个体差异;具备化解矛盾,解决问题的能力;具有终身学习的意识,学会反思爱	化解冲突; 教师专业化发展

续表

培养目标	毕业要求	课程	课程说明	教师专业素养	结构要素
	师德规范 教育情怀 知识整合 教学能力 技术融合 班级指导 综合育人 自主学习 国际视野 反思研究 交流合作	实践与研究课程 [毛泽东思想与中国特色社会主义理论体系概论、习近平新时代中国特色社会主义思想概论、形势与政策、大学生职业发展与就业指导、大学生心理适应与发展、军事理论军事训练、程序设计基础（文）、计算机实践1、大学生学业规划与发展、科研实践与毕业论文、教育感知、教育见习、教育实习、教育研习、教育实训与社会实践、艺术实践]	实践与研究课程无具体教学说明或大纲,但此类课程面向小学教育专业所有方向的师范生,是实现知行合一,突出指向学生各个方面的综合素养、自身发展与育人能力的途径	关爱学生,热爱教育事业、教师职业;能够及时察觉学生的情绪并安抚;尊重学生的发展;一定程度上能做到公平、公正;具有倾听意识和行为;评价方式、依据和语言多样化,且能够客观评价;具有化解生生之间冲突的能力,具有一定的教育智慧;能以身作则,为学生树立榜样;具有反思意识	爱; 公正; 倾听; 客观地评价; 合理的奖惩; 化解冲突; 榜样示范; 教师专业化发展

五、结语

　　小学教师是基础教育阶段最重要的教育资源,是影响教学质量、儿童发展的关键因素,承担着教育奠基的重大使命。因此,培养具备专业素养的小学教师兹事体大。教师专业素养包括理论知识和专业技能,更为关键的是教师的德育素养。德育是五育中的基础,而德育素养是小学教师立德树人的基础。

　　本章基于小学教师德育素养结构要素的基础理论模型,对首都师范大学初教院师范生培养模式进行探索,攫取其中培养小学教师德育素养的关键信息,明确其培育机制。选择初教院的小学教育专业作为研究样本,原因在于它是全国最早一批设置本科小学教师培养专业的院校,经过20多年的发展,初教院形成了良好的专业发展基础、自身特色与人才培养模式,特设德育学科和德育研究团队,取得了一系列标志性成果,产生了广泛的社会影响。因此,初等教育学院在培养小学教师的过程中,始终秉承着"师德为先、学生为本、能力为重、终身学习"的原则,形成了"综合培养、发展专长、注重研究、全程实践"的小学教师培养模式,凝练出"爱心、童心,乐学、乐教"的"初教学子精神"。无论是在培养目标、课程群建设、教师教学、教育实践及课外活动中,首都师范大学初教院都在关注和培养师范生德育素养上做出了有价值的重要示范。

附　录

调查问卷:

不同专业发展阶段下的小学教师德育素养的结构要素问卷

尊敬的教师:

　　您好! 非常感谢您百忙之中协助填写此调查问卷。本调查旨在全面了解不同专业发展阶段的小学教师所具备的德育素养现状与结构特征，为进一步提升小学教师的育德能力提供理论依据。本问卷不记名,内容仅作研究使用。您的回答无对错之分,不作为评价您本人和学校的依据,请您以客观、理性、专业的视角,放心填写。感谢您的合作和支持!

首都师范大学

2023 年 2 月

第一部分　个人基本信息

1. 您的性别是:

2. 您的年龄是:

3. 您的教龄是:

4. 您的职称是:

    A. 三级　　　　　　B. 二级　　　　　　C. 一级

    D. 高级　　　　　　E. 正高级　　　　　F. 未评

5. 您当前的校内职务是:

6. 您的最高学历是:

    A. 专科　　　　　　B. 本科　　　　　　C. 硕士研究生及以上

7. 您是否毕业于师范专业:

8. 如果是,您的专业方向是:

9. 您现在的主教学科是:

10. 您是否曾经主教或兼任过道法教师:

    A. 主教过　　　　　B. 兼教过　　　　　C. 从未教过

11. 如果主教或兼教过,您教过几个学期?

12. 您是否参加过道德与法治相关的教师培训?

    A. 参加过 1—2 次　　　　　　　　B. 参加过 3—5 次

    C. 参加过 5 次以上　　　　　　　D. 从没参加过

13. 您现在是班主任吗?

14. 您工作后是否主持过教科研项目:(最少选择一项)

    A. 从没有　　　　B. 主持过校级　　　C. 主持过区级

    D. 主持过县市级　　E. 主持过省部级及以上

15. 您工作后是否参与过教科研项目:(最少选择一项)

    A. 从没有　　　　B. 参与过校级　　　C. 参与过区级

    D. 参与过县市级及以上　　　　　　E.参与过省部级及以上

16. 您工作后获得荣誉的最高级别是:

    A. 国家级　　　　B. 省部级　　　　　C. 市级

    D. 区县级　　　　E. 校级

17. 您学校所在的省份是：

18. 您目前工作的学校位于：

    A. 直辖市　　　　　B. 省会级城市

    C. 地级市　　　　　D. 县级市/县城

19. 您学校所在的位置是：

    A. 城区　　　　　B. 郊区　　　　　C. 乡镇/农村

第二部分　德育素养内部结构要素各级维度重要性的评定

（本研究中所指的以下 8 个变量均为教师的责任心和行动力维度之下的结构要素，因此将这 8 个变量作为责任 / 行动一级维度，各变量之下又分解为责任 / 行动二级维度，责任 / 行动二级维度下的具体指向作为三级维度。）

20. 对于小学教师而言，您认为以下德育素养的重要性如何？请在每一项里符合您观点的选项上打"√"：

表一　一级维度的重要性排序

责任/行动一级维度	很不重要	不太重要	一般	比较重要	非常重要
爱					
公正					
倾听					
客观地评价					
合理的奖惩					
化解冲突					
榜样示范					
教师专业化发展					

21. 对于小学教师而言，您认为以下行为或者特质的重要性如何？请在每一项里符合您观点的选项上打"√"：

表二　二级维度的重要性排序

责任/行动一级维度	责任/行动二级维度	很不重要	不太重要	一般	比较重要	非常重要
爱	敏感性					
	尊重					
	关怀					
	赏识					
公正	理性					
	仁慈					
	平等					
	民主					
	权益意识					
倾听	敏锐地觉察					
	开放的态度					
	信息收集与处理					
	恰切地回应					
客观地评价	多元评价					
	公正评价					
合理的奖惩	表扬					
	批评					
化解冲突	冷静沉着					
	机智应对					
	理解包容					
榜样示范	适宜的着装					
	良好的习惯					
	言行一致					
教师专业化发展	职业认同					
	终身学习					
	反思					
	热爱生活					

22. 您是否赞同以下表述？请在每一项里符合您观点的选项上打"√"：

表三　三级维度的重要性排序

责任/行动 一级维度	责任/行动 二级维度	责任/行动 三级维度	很不 赞同	不太 赞同	一般	基本 赞同	非常 赞同
爱	敏感性	教师应当具备很强的情绪敏感性					
		教师应当具备很强的道德敏感性					
	尊重	教师应充分遵循学生身心发展规律					
		教师应高度尊重学生个体差异					
		教师应以发展的眼光看学生					
	关怀	教师应具备高度的自我关怀					
		教师应高度关怀学生					
	赏识	教师应充分欣赏学生					
		教师应能充分调动学生的积极性					
		教师应擅于挖掘学生潜质					
公正	理性	教师应能自觉克制烦躁、失望等不良情绪					
		教师不应轻易受外部环境影响					
		教师应能根据情况沉着、准确地作出决定					
	仁慈	教师应具有良好的共情能力					
		教师应时常具有宽恕心态					
		教师应能及时救助学生					
	平等	教师应坚持公平分配资源					
		教师必须给学生以客观评价					
		教师应勇于在学生面前承认自己的不足与过失					
		教师应能积极向学生学习					
	民主	教师应允许学生提出意见					
		教师应鼓励学生进行公开选举					
		师生间应具备和谐愉悦的氛围					

续表

责任/行动 一级维度	责任/行动 二级维度	责任/行动 三级维度	很不 赞同	不太 赞同	一般	基本 赞同	非常 赞同
	权益意识	教师必须充分保障学生权利					
		教师应充分保障自己的权利					
倾听	敏锐地觉察	教师应具备优秀的倾听意识					
		教师应对学生言语或非言语行为有高度的敏感性					
	开放的态度	教师应避免"先见"或"偏见"					
		教师应鼓励学生的"异向交往"话语					
		教师应尽量倾听来自学生的多样化内容					
	信息收集与处理	教师应高度关注来自同事、学生及其家长的多渠道信息					
		教师应能准确地从各种信息中分析出前因后果					
	恰切地回应	教师应能对学生释放的信号给予及时反馈					
		教师应能给予学生明确的引导和鼓励					
客观地评价	多元评价	教师对学生的评价标准和方式应因人而异					
		教师的评价尺度要适中					
		教师应善于发现学生的变化并及时给予评价					
		教师的评价依据不应局限于学习成绩					
		教师的评价语言要多样化、人性化					
	公正评价	教师的评价要就事论事,不溯及既往					
		教师的评价要一视同仁					
		教师的评价要严格按照班里共同制定的规则而公平公正进行					
合理的奖惩	表扬	教师的表扬要因材而异					
		教师的表扬要客观公正,标准一致					

续表

责任/行动 一级维度	责任/行动 二级维度	责任/行动 三级维度	很不 赞同	不太 赞同	一般	基本 赞同	非常 赞同
	批评	教师的惩戒要充分考虑到学生的具体情况					
		教师的惩戒要客观公正,标准一致					
化解冲突	冷静沉着 (师生群体 冲突)	教师应学会冷静与合理退让					
		教师不能用命令、斥责、高压、威胁的语言和姿态和学生交谈					
		教师在必要时应真诚道歉					
	机智应对 (师生个体 冲突)	教师应给予学习障碍、学习困难儿童更多的耐心、包容与指导					
		学生故意寻求他人关注时,教师应暂不理睬,课后进行处理					
		学生挑战教师权威时,教师应首先保证课堂的持续进行					
	理解包容 (生生冲突)	教师禁止刻薄讥讽、全盘否定,甚至人身攻击学生					
		教师处理学生问题时要就事论事					
		教师必须把握好批评教育尺度					
榜样示范	适宜的着装	教师着装必须简单大方					
		教师在学校不能戴花哨夸张的饰品					
		教师的发型不能夸张					
		教师的行走姿势必须挺直、端正					
	良好的习惯	教师应高度重视个人卫生					
		教师必须有良好的个人生活习惯					
		教师必须有良好的文明习惯					
		教师必须有高度的安全意识和习惯					
	言行一致	教师在文明习惯上必须言行一致,以身作则					
		教师在劳动中必须以身作则					
		教师答应学生的事情必须做到					

续表

责任/行动 一级维度	责任/行动 二级维度	责任/行动 三级维度	很不 赞同	不太 赞同	一般	基本 赞同	非常 赞同
教师专业化 发展	终身学习 （自主学习）	教师应积极参加德育工作培训					
		教师应积极学习德育知识和教学技能					
	反思	教师要勤于前期预设					
		教师要勤于事后反思					
	热爱生活	教师必须风趣幽默					
		教师必须有积极乐观的态度					

23. 您认为,您学校里教师的德育素养中,最重视的是哪些?(最多选3项)

　　A. 爱　　　B. 公正　　　C. 倾听　　　D. 客观地评价　　　E. 合理的奖惩

　　F. 化解冲突　　　　　G. 榜样示范　　　　　　H. 教师专业化发展

24. 您认为,您学校里教师的德育素养中,最薄弱的是哪些?(最多选3项)

　　A. 爱　　　B. 公正　　　C. 倾听　　　D. 客观地评价　　　E. 合理的奖惩

　　F. 化解冲突　　　　　G.榜样示范　　　　　　H. 教师专业化发展

25. 除以上所提及的内容外,您认为教师的德育素养还应该包含什么?

参考文献

一、中文专著

1.[美]丹尼斯·海斯;王智秋主编,李敏副主编,周琳等译.小学教育百科全书[M].天津人民出版社,2021:311.

2.[美]古德莱德、索德、斯罗特尼克编;汪菊译.提升教师的教育境界 教学的道德尺度[M].教育科学出版社,2012:243.

3.[美]加雷斯·马修斯、陈国容译.哲学与幼童[M].生活·读书·新知三联书店,1989:4.

4.[美]休·索科特;王凯译.教师专业素养的道德基础[M].福建教育出版社,2018:13.

5.陈向明.质的研究方法与社会科学研究[M].教育科学出版社,2000:103.

6.陈玉琨.教育评价学[M].人民教育出版社,2014:59.

7.冯婉桢.教师专业伦理的边界以权利为基础[M].教育科学出版社,2012:76–77.

8.傅维利主编.教师职业道德教育指南[M].高等教育出版社,2009:51.

9.高德胜.道德教育的时代遭遇[M].教育科学出版社,2008:27-28.

10.何怀宏.伦理学是什么[M].北京大学出版社,2002:9.

11.李政涛.倾听着的教育[M].华东师范大学出版社,2017:3.

12.连榕.教师专业发展[M].高等教育出版社,2007:116.

13.刘慧、李敏等.小学生品德发展与道德教育[M].高等教育出版社,2015:148.

14.刘淑兰主编.教育评估和督导[M].华东师范大学出版社,2000:144.

15.刘晓东.儿童精神哲学[M].南京师范大学出版社,1999:35.

16.[加]马克斯·范梅南;李树英译.教学机智——教育智慧的意蕴[M].教育科学出版社,2014:63.

17.任学印.教师入职教育理论与实践比较研究[M].东北师范大学出版社,2005:8-9.

18.檀传宝等.走向新师德 师德现状与教师专业道德建设研究[M].北京师范大学出版社,2009:20.

19.陶行知.陶行知教育文集[M].四川教育出版社,2007:61.

20.王海明.伦理学原理(第三版)[M].北京大学出版社,2009:3.

21.吴康宁.课堂教学社会学[M].南京师范大学出版社,1999:194.

22.夏鹏翔.日本教师专业化研究[M].天津人民出版社,2022:68.

23.谢维和、李敏.小学教育原理[M].高等教育出版社,2021:191.

24.[古希腊]亚里士多德;苗力田译.尼各马科伦理学[M].中国社会科学出版社,1999:94.

25.朱小蔓.中国教师新百科(小学教育卷)[M].中国大百科全书出版社,2002:416-417.

二、报刊文章

1.陈琴、庞丽娟、许晓晖.论教师专业化[J].教育理论与实践,2002(1):

38–42.

2.邓洪涛、刘堤仿.实施多元评价 促进教师发展——中小学教师校本培训质量评价体系的实践研究[J].中小学教师培训,2006(11):6–9.

3.董辉、张晨.国外新手教师与专家教师比较研究综述[J].哈尔滨师范大学社会科学学报,2014(2):144–148.

4.顾彩红.新教师反思重建教学的路径探析[J].上海教育科研,2018(10):72–74.

5.顾明远.教师的职业特点与教师专业化[J].教师教育研究,2004(6):3–6.

6.韩东屏.论道德困境[J].哲学动态,2011(11):24–29.

7.韩文根、田丽阳.美国教育职业伦理准则及其启示[J].教学与管理,2020(6):117–120.

8.李良方、李福春.道德量化评价的批判与超越[J].教育发展研究,2018(16):117–124.

9.李敏."教师道德"与"教师职业道德"辨析[J].当代教育科学,2009(4):12–14.

10.李敏.教师德育素养新模型[J].人民教育,2016(23):20–24.

11.李敏.优良道德与关键道德:小学教师专业伦理的内容思考[J].教育科学,2020(4):44–50.

12.李颖.解读教师专业化发展的系统结构[J].东北师大学报,2005(6):131–136.

13.李镇西.教学民主的意义[J].四川教育,2003(10):23.

14.连榕.教师教学专长发展的心理历程[J].教育研究,2008(2):15–20.

15.连榕.新手—熟手—专家型教师心理特征的比较[J].心理学报,2004(1):44–52.

16.刘曼、李敏.小学教师专业伦理建构的国际经验及反思[J].教育科学研究,2022(11):84–90.

17.刘庆昌.反思性教学的两个问题链[J].课程·教材·教法,2006(8):13-17.

18.刘颂迪.教师专业标准比较研究及启示——以中国、澳大利亚为例[J].继续教育研究,2021(1):80-85.

19.卢乃桂、王丽佳.西方教学伦理研究的路向与问题[J].全球教育展望,2011,40(8):10-14.

20.宋立华.解释学视域下教师的倾听意识及其萌生[J].教育理论与实践,2016,36(26):6-8.

21.苏秋萍.教师专业发展阶段论对教师教育的启示[J].广西教育学院学报,2009(6).

22.檀传宝.德育教师的专业化与教师的德育专业化[J].教育研究,2007(4):32-34.

23.檀传宝.论教师"职业道德"向"专业道德"的观念转移[J].教育研究,2005(1):48-51.

24.王光明、张永健、吴立宝.教师核心能力的内涵、构成要素及其培养[J].教育科学,2018(4):47-54.

25.王建勤.终身学习:教师专业化的根本要求[J].中国成人教育,2009(12):74-75.

26.吴军其、王薇.中小学教师专业发展标准的比较分析——基于6份典型教师专业发展标准的质性研究[J].现代教育管理,2021(5):77-85.

27.许如聪、董艳、鲁利娟.基于九因子模型的新手教师TPACK知识结构分析[J].现代远程教育研究,2015(1):98-105.

28.张娜、申继亮、张志祯.新入职教师工作价值观的对偶比较研究[J].教师教育研究,2008,20(3):50-54.

29.张小菊、管明悦.如何实现小学教师工作量的减负增效——基于某小学教师40天工作时间的实地调查[J].全球教育展望,2019(6):98.

30.邹渝.厘清伦理与道德的关系[J].道德与文明,2004(5):15-18.

三、英文文献

1.Michael A. Boylan. The ethics of teaching. Great Britain by The Cromwell Press, Trowbridge, Wiltshire, 2005: 13-14.

2.Tondeur, Johan van Braak, Guoyuan Sang, et al. Preparing Pre-service Teachers to Integrate Technology in Education: A Synthesis of Qualitative Evidence[J]. Computers & Education, 2012, 59(1): 134-144.

3.KatzL G. Developmental Stages of Preschool Teachers[J]. Elementary School Journal, 1972, 73(1): 50-54.

4.Huberman M. The professional life cycle of teachers[J]. Teachers College Record, 2005, 91(1): 31-57.

5.Musset P. Initial teacher education and continuing training policies in a comparative perspective: Current practices in OECD countries and a literature review on potential effects[J]. OECD education working papers, 2010(48): 3-47.

6.Mayer D. Forty years of teacher education in Australia: 1974-2014[J]. Journal of education for teaching, 2014, 40(5): 461-473.

后　记

　　清晰地记得,2016 年 8 月 2 日我刚刚抵达澳大利亚悉尼,欲开启为期半年的访学工作,就接到《人民教育》冀晓萍编辑的约稿邀请,希望能围绕教师素养做一篇研究和讨论。①也是从那时起,在悉尼大学相对"放空"的时间里,我开始思考教师素养与教师专业发展之间的时代关联与历史脉络。

　　2007 年时,我参与了导师檀传宝教授的"新时代师德发展"的科研项目并作为项目主要联络人。那个时期的师德研究,更多的是围绕教师个人及群体其职业存在的外部要求来对教师做反思与研究,教师在研究中多为消极的客体,在研究结果中也多以"终结性"的评价数据被呈现。当时在做课题研究时,课题组接触到全国大量的教师,我们入校发放问卷、对他们进行面对面的访谈、听取他们的个人故事……我们一方面依从课题量化方法为主的设计,获得了宝贵的研究数据,另一方面于我个人而言,我开始反思、观察以"规范性"为主要视角推进师德研究的大量文献和研究,同与我相遇的鲜活个体之间所存在的理论与实践之间的鸿沟。后来我将一部分思考在《师德崇高性与底线师德》(《课程·教材·教法》2008 年第 6 期)、《"教师道德"与"教师职业道

---

　　①　当时正是"中国学生发展核心素养"刚刚发布没多久,教育界人士围绕学生核心素养的讨论如火如荼。

德"辨析》(《当代教育科学》2009年第4期)两篇文章中做了分析和讨论。在这两篇论文中，我集中反思了作为外部规范的师德要求的合理性甚至合法性、讨论了师德要求究竟是"面向教师职业提出的"还是"面向教师个体提出的"等当时借助文献无法厘清的问题。现在回想起来，我从那时起就萌生了从教师个体和教师职业内部去探求师德内容和师德价值的想法了。

2010—2012年，我参与了《小学教师专业标准（试行）》（2012）国家标准的研制工作。这项工作在我国的师德研究与发展中具有里程碑意义。这份指导教师行业工作的政策文件，第一次将师德要求纳入教师的专业规范，具体是将"专业理念与师德"作为教师专业标准的第一个重要内容领域/维度。之后我在近十多年的师范生教育教学工作中，一直在思考"师德之于教师的内在规范与价值究竟是什么"这一问题。

从2016年《人民教育》上提出了教师德育素养的"冰激凌模型"再到2023年即将完成"小学教师德育素养的结构要素与培养机制研究"（2019年教育部人文社科一般项目）课题研究，研究团队关于师德研究的重心已完全转向基于教师专业属性和职业内部来思考教师的育人态度和育人能力。

这本专著即为2019年教育部人文社会科学一般项目"小学教师德育素养的结构要素与培养机制研究"（19YJA880023）的课题研究成果。作为课题负责人，在该项研究中进一步细化了小学教师德育素养的"冰激凌模型"这一理论模型，主要在第一章中做了集中分析与论述。之后，本研究尝试从小学教师的工作领域和小学教师的专业发展阶段两种视角入手，以质化和量化的方式分别对理论模型进行验证型研究，又以首都师范大学初等教育学院作为个案开展培养机制研究，其中刘曼及其团队具体负责子课题"基于工作领域的小学教师德育素养结构要素研究"（第二章），唐璇及其团队具体负责子课题"基于不同专业发展阶段的小学教师德育素养研究"（第三章），王紫薇及其团队负责子课题"小学教师德育素养的培育机制研究"（第四章）。李佳蕾、李媛、郭威、杨茗淳协助李敏做了两轮统稿。在研究过程中，整个研究团队也随着研究的推进更深切地感受到本研究的意义与价值,我们领会到师德研究不仅是一项教育研究领域,更是一项"立己达人"的师德发展实践。

这项研究的推进与实现,有幸邀请到许多小学校长、教研员及教师们的支持和参与,在此向每一位参与课题研究的教育同人表达感激和敬意。此外,感谢首都师范大学初等教育学院对此项研究的支持和关注,以及天津人民出版社武建臣编辑对此项研究的后期编辑出版工作付出的辛苦努力。

师德研究与实践,应无终点,唯有过程和努力!